선지서 주해 연구

Interpreting the Prophetic Word

Interpreting the Prophetic Word

by Changhak Hyun, B.S., M.Div., Th.M., M.A., Ph.D.

Copyright ⓒ 2013 Changhak Hyun
Professor of the Old Testament
Hapdong Theological Seminary

Pubilshed by Hapdong Theological Seminary Press
Kwangkyojoongang-ro 50, Yeongtong-gu, Suwon, Korea
All rights reserved

선지서 주해 연구

초판 1쇄 발행 | 2013년 11월 1일
초판 2쇄 발행 | 2017년 1월 11일
초판 3쇄 발행 | 2022년 3월 02일

지은이 | 현창학
발행인 | 김학유
펴낸곳 | 합동신학대학원출판부
주 소 | 16517 경기도 수원시 영통구 광교중앙로 50 (원천동)
전 화 | (031) 217-0629
팩 스 | (031) 212-6204
홈페이지 | www.hapdong.ac.kr
출판등록번호 | 제22-1-2호
인쇄처 | 예원프린팅 (031) 957-6551
총 판 | (주)기독교출판유통(031) 906-9191

값 12,000원

예언서[豫言書]
233.4-KDC5
224-DDC21

ISBN 978-89-97244-13-3 93230: ₩ 12000
*잘못된 책은 교환해드립니다

「이 도서의 국립중앙도서관 출판시도서목록(CIP)은 e-CIP홈페이지(http://www.seoji.nl.go.kr/ecip)와
국가자료공동목록시스템(http://www.nl.go.kr/kolisnet)에서 이용하실 수 있습니다.
(CIP제어번호: CIP2013024086)」

선지서 주해 연구

현창학 지음

합신대학원출판부

이 책은 선지서를 설교하려는 목회자들과 신학생들을 위해 쓰인 책이다. 선지서 자체에 관한 이론을 다듬기 위한 목적이기 보다는 보다 실제적인 목적, 즉 선지서를 설교하는 이들의 본문 주해를 돕기 위해 쓰여졌다. 시중에 선지서 자체에 대한 연구나 입문서는 많이 나와 있는 편이지만(주로 외국저자의 책이긴 하지만) 까다로운 선지서를 어떻게 설교해야 하며 어떻게 설교할 수 있는지에 대해 적절히 안내해 주는 책은 별로 없기 때문에 이 책은 그 필요에 응답하고자 하는 것이다.

구약은 그 자체가 어렵기도 하고 잘못 이해되는 부분이 많은 책이다. 선지서는 그중에도 대표적이라 할 것이다. 시로 되어 있어 히브리 시의 문체, 어법, 수사기법 등에 대한 이해가 있어야 의미를 제대로 파악할 수 있고, 내용도 주로 꾸짖고 위협하는 내용들이어서(회복이나 구원의 내용도 있긴 하지만) 제대로 설교하기가 용이하지 않다. 그 결과로 구약 전체가 설교 빈도가 낮지만 특히 선지서는 강단에서 거의 설교되지 않는다(설교된다 해도 선호되는 특정 몇 본문에 국한될 뿐이다). 아니 의식 무의식적으로 기피된다고 말하는 편이 정확할 것이다. 의미 파악이 쉽지 않을 뿐더러 내용이 무겁고 부정적인(?) 것들이어서 위로를 구하러 오는 청중들에게 설교해 줄 내용이 못된다고 판단하게 되기 때문이다.

선지서를 어떻게 주해하고 그 내용을 어떻게 소화해야 할 것인지에 대해 익히지 못한다면 이런 불행은 계속될 수밖에 없을 것이다. 액면만 보면 선지서는 심판의 말씀이 많기 때문에 십중팔구 부담이 되는 본문들이다. 그러나 깊이 따지고 보면 그것들은 하나님의 지극한 사랑의 표현에 다름 아니다. 이는 잘 소화하기만 하면 성도로 하여금 온전한 하나님의 사람으로 성장하게 하는 필수 영양분이 된다. 믿음의 장성한 분량에 이르게 하는 "단단한 음식"인(히 5:14) 것이다. 당장의 위로만을 위하여 "젖"만(히 5:12) 먹이는 일을 지양하고 따갑지만 회개하여 변화받게 하는, 참 성숙에 이르게 하는 말씀을 선포하기 위하여 설교자는 선지서 주해에 익숙하고 또 숙련되어 있어야 한다.

선지서는 그것에 관련된 오해를 풀고 있으면 바른 해석으로 나아가게 된다. 본서는 선지서와 관련된 오해를 푸는 작업에 유념하면서 바른 주해에 이르기 위한 제반 필요 사항을 차근차근 해설하였다. 어려운 전문 용어의 사용이나 전문 지식을 전제로 한 논리의 비약 같은 것을 가급적 피했다. 구약학에 대해 따로 훈련 받지 않은 일반 독자라도 선지서 전반에 대해 쉽게 이해할 수 있도록 기초적인 것부터 설명하고자 하였다.

책은 I부와 II부로 나누어져 있다. I부에서는 선지서 주해의 원리 일반을 다루고, II부에서는 대선지서 세 권을 분석한다. I부의 첫 장에서는 선지자는 누구인가에 대해 다뤘다. 선지서에 대한 오해는 선지자가 누구인가에 대한 오해로부터 출발하기 때문에 선지자의 정체, 즉 임무와 기능을 먼저 다룬 것이다. 선지자의 정체를 바로 아는 것이 선지서의 바른 해석에 우선적으로 중요하다. 다음으로 심판 본문 해석법을 다뤘다(2장). 설교자든 일반 독자든 선지서가 거북하게 느껴지는 것은 주로 심판 본문을 어떻게 해석해야 할지를 몰라서이다. 심판 본문을 해석하는 법을 익히게 되면 심판의 말씀을 소화할 수 있는 길이 열려 심판 본문이 오히려 꼭 필요한 은혜의 말씀으로 다가오게 되고 따라서 선지서에 대한 종래의 거부감이 사라지게 된다. 다음으로 선지서 해석의 기본지침 네 가지를 상세히 해설하였다(3장). 선지서 주해를 위해 반드시 기억해야 할 요소 네 가지이기 때문에 이는 본서에서 가장 중요한 내용이라할 수 있다. I부의 마지막에서는 선지서의 문학에 대해 다뤘다(4, 5장). 선지서를정확하고 풍부하게 주해하려면 문학적 전략에 대한 지식이 필수적이기 때문이다. 4장에서는 선지서 분석을 하는 데 가장 기본적인 도구가 되는 문학 장르에대해 살폈고, 5장에서는 선지서가(사실상 구약의 시가) 즐겨 채용하는 수사기법네 가지, 즉 평행법, 반복, 봉투구조, 교차대칭구조 들을 취급하였다. 선지서해설서들은 보통 문학적 수완 같은 것은 별도로 취급하지 않는다. 그러나구약의 시에 대해 공부할 기회가 신학생들이나 목회자들에게 잘 주어지지않는 우리의 현실을 감안하여 문학을 여기서 군이 취급하였다. 최근까지 되어진연구 결과를 망라하여 포괄적인 이해가 가능하도록 제시코자 했으므로 필요한도움을 얻기 바란다.

II부는 대선지서 세 권을 분석하고 메시지를 탐구한 것이다. I부에서 주해원리를 공부했기 때문에 실제로 선지서 각 권은 어떻게 구성되어 있고 그메시지는 무엇인지 알아본 것이다. 선지서 본문을 설교할 때 그 본문이 속한한 선지서 전체의 내용, 신학, 메시지를 아는 일은 반드시 필요한 일이다.개별 본문은 책 전체의 문맥 아래서 비로소 정확히 이해되기 때문이다. 선지서각 권을 문헌학적 문학적 역사적으로 분석하고 책의 (신학과) 메시지를 정해보는 작업은 개별 본문 어디를 설교하든 꼭 필요하고 도움이 되는 일이다.

이 책은 주로 2004년부터 지금까지 10년 가까이 「신학정론」에 기고한글들을 모은 것이다(8장 한 장만 2005년 윤영탁 교수님 은퇴기념 논총에 기고한내용임). 책으로 묶으면서 여기저기 고치고 조금은 새로 써넣기도 하였다.오래 전에 쓴 것도 있지만 당시에 절실함을 가지고 쓴 것이기에 지금도 같은절실함으로 다가온다. 이 글들은 거의 모두 합신 강의실을 배경으로 하여쓰여진 것들이다. 합신에서 강의하는 동안 학생들에게 선지서를 주해하는 법을 가르치기 위해 준비한 것들이 이 책의 내용이 되었다. 열의를 가지고 강의를 들어준 사랑하는 학우들이 없었다면 이 책은 태어나지 못했을 것이라고 하면 옳은 말이 될 것이다. 미래의 목회자들이 선지서를 의미 있게 설교하는 것을 상상하며 이 책의 내용은 빚어져 온 셈이다. 이제는 졸업하여 실제 목회 현장에서 선지서에 나타난 하나님의 아픈 사랑을 전하고 있을 그들이 이 책의 공동저자인 셈이다. 책의 II부는 아쉽게도 시간 관계상 대선지서까지만 분석하고 소선지서는 취급하지 못했다. 소선지서까지 마저 연구하려면 족히 3~4년의 시간은 더 필요할 것 같아 이런 종류의 책이 시급히 필요한 것 아니냐는 합리화와 더불어 일단 책을 내는 바이다. 독자 제현의 넓은 아량과 용서를 구한다. 빠른 시일 내에 소선지서 열두 권에 대한 연구서도 출간되도록 노력하겠다.

본서의 출간을 위해 배려를 아끼지 않으신 오덕교 전 총장님, 격려해 주신 성주진 전 총장님, 그리고 조병수 총장님께 깊은 감사를 드린다. 또한 이 연구를 가능토록 사랑으로 지원해 주신 합신 18회 동문 목사님들께 깊은 감사의 말씀을 드린다. 책의 출간을 위해 편집과 교열로 말할 수 없는 수고를 아끼지 않으신 출판부 신현학 편집실장님, 책을 아름답게 디자인 해주신 북디자이너 최문하 선생, 바쁜 학업 중에 색인 작업을 맡아준 조교 박원일 전도사에게 또한 심심한 감사를 표한다. 이분들의 사랑의 봉사가 큰 힘이 되었다.

모든 것은 하나님 은혜로 되었다. 하나님께 영광을 돌린다.

2013년 11월
수원 광교 캠퍼스에서
현 창 학

■ 약어표

AB Anchor Bible

BDB F. Brown, S. R. Driver and C. A. Briggs, *A Hebrew and English Lexicon of the Old Testament* (Oxford, 1907)

DSB The Daily Study Bible Series

FOTL The Forms of the Old Testament Literature

GKC E. Kautzsch ed., *Gesenius' Hebrew Grammar*, trans. A. E. Cowley, 2nd English ed. (Oxford, 1910)

HALOT L. Koehler and W. Baumgartner, *The Hebrew and Aramaic Lexicon of the Old Testament*, rev. W. Baumgartner and J. J. Stamm, trans. M. E. J. Richardson, Study Edition, 2 vols. (Leiden: Brill, 2001)

Int *Interpretation*

ISBE G. W. Bromiley et al. eds., *The International Standard Bible Encyclopedia: Fully Revised*, vols. 1-4 (Grand Rapids: Eerdmans, 1979/1988)

JBL *Journal of Biblical Literature*

JSOT *Journal for the Study of the Old Testament*

JSOT Sup Supplementary volume to *JSOT*

KJV King James Version

MT The Masoretic Text

NASB New American Standard Bible

NICOT The New International Commentary on the Old Testament

NIV New International Version

NRSV   New Revised Standard Version

TDNT   G. Kittel ed., *Theological Dictionary of the New Testament*, trans. and ed. G. W. Bromiley, vols. 1-10 (Grand Rapids: Eerdmans, 1964/1976)

TDOT   G. J. Botterweck and H. Ringgren eds., *Theological Dictionary of the Old Testament*, trans. J. T. Willis et al., vols. 1-15 (Grand Rapids: Eerdmans, 1977/2006)

VT   *Vetus Testamentum*

VT Sup   *Vetus Testamentum, Supplements*

WBC   Word Bible Commentary

제 I 부
선지서 주해의 원리

제 I 부
선지서 주해의 원리

1. 선지서는 어떤 책인가

선지서란 구약에서 이사야, 예레미야, 에스겔 등 대선지서 세 권과, 호세아, 요엘, 아모스, 오바댜, 요나, 미가, 나훔, 하박국, 스바냐, 학개, 스가랴, 말라기 등 소선지서 열두 권을 가리키는 말이다.

기독교 성경에서 선지서로 분류되는 이 책들은 유대인의 정경에서는 조금 다른 분류로 되어 있다. 유대인의 정경은 크게 율법, 선지서, 성문서로 나눠지는 데,1) 이 중 선지서는 다시 전선지서(前先知書, the Former Prophets)와 후선지서

---

1) 유대인의 정경의 구조는 다음과 같다.

　가. 율법 (律法, תורה) (5권): 창세기, 출애굽기, 레위기, 민수기, 신명기
　나. 선지서 (先知書, נביאים) (8권)
　　　전선지서 (4권): 여호수아, 사사기, 사무엘(상하), 열왕기(상하)
　　　후선지서 (4권): 이사야, 예레미야, 에스겔, "열둘"(호세아 ~ 말라기)
　다. 성문서 (聖文書, כתובים) (11권)
　　　시가서 (3권): 시편, 잠언, 욥기
　　　오축(五軸) (5권): 아가, 룻기, 예레미야애가, 전도서, 에스더
　　　역사서 (3권): 다니엘, 에스라-느헤미야, 역대기(상하)

유대인의 히브리어 정경은 이와 같이 사무엘 상하, 열왕기 상하, 열두 소선지, 에스라와

(後先知書, the Latter Prophets)로 나눠지고, 본서가 다루는 위의 선지서들은 이 중 후선지서로 분류된다. 전선지서에는 여호수아, 사사기, 사무엘(상하), 열왕기(상하) 들이 들어간다.2)

선지서는 하나님과 이스라엘 사이의 언약에 기초를 둔 하나님의 역사해석이다. 하나님이 자신의 백성 이스라엘의 삶을 평가하신 것으로 이스라엘을 권면하고 책망하는 내용들이다. 이스라엘로 하여금 그릇 간 길에서 돌이켜 하나님과의 바른 관계로 돌아오며 하나님 나라를 이루는 삶을 살도록 질타하고 촉구한다.

느헤미야, 역대가 상하를 각각 한 권으로 묶어 도합 24권으로 계수하는 것이 보통이다(호세아에서 말라기까지의 열두 소선지서는 "열둘"[the Twelve]이라는 이름으로 한 권으로 취급되고 있음). 또한 여기서 더하여 룻기를 사사기와 합치고, 애가를 예레미야와 합쳐서 22권으로 분류하는 계수법도 전해져 내려오는데(예: 주후 1세기의 요세푸스) 어느 쪽이 본래의 계수 방법이고 오래된 것인지에 대해서는 학자들 사이에 이견이 있다. 개신교의 구약성경은 (39권) 헬라어 칠십인역의 분류를(오경, 역사서, 시편과 지혜서, 선지서) 따르면서, 정확한 책의 순서는 라틴어 벌게이트를 따르고 있다. 벌게이트는 70인역의 분류를 따르면서 책의 순서를 조금 바꾼다(예컨대 칠십인역은 소선지서가 대선지서 앞에 나오는데 반하여 벌게이트는 대선지서가 앞에 나옴). 개신교 구약성경은 칠십인역과 벌게이트에는 들어 있는 외경을 삭제하고 순서는 벌게이트를 따르고 있기 때문에, 내용에 있어서는 유대인의 정경인 맛소라 본문을, 순서에 있어서는 벌게이트를 따르고 있다고 말할 수 있다.

2) 왜 유대인의 정경이 이 책들을 '선지서'로 간주했는지 정확한 이유는 알려져 있지 않다. 아마 이 책들의 저자를 선지자들로 생각했거나, 적어도 이 책들이 후선지서의 사상(신학)과 유사한 사상을 전한다고 생각했기 때문일 것이다. 우리가 통상 선지서로 알고 있는 후선지서들은 하나님께서 자신의 백성 이스라엘의 삶을 평가하신 것이다(그 평가의 내용을 설교한 것임). 이스라엘이 하나님과 맺은 언약에 성실한가 그렇지 못한가가 평가의 기준이었다. 후선지서는 이 기준을 가지고 이스라엘의 종교적 사회적 삶이 하나님 앞에 바로 되지 못한 것에 대해서 꾸짖으면서 언약에 충실한 삶으로 돌아올 것을 촉구한 것이다. 만일 선지서의 성격이 이런 것이라면 여호수아, 사사기, 사무엘, 열왕기 들도 마찬가지이다. 이 책들도 하나님과의 언약이란 기준을 가지고 이스라엘의 삶을 평가했다. 이스라엘이 언약과 배치되는 길로 그릇 가는 것에 대해 꾸짖고 바른 삶으로 돌이킬 것을 촉구한 것이다. 하나님의 삶의 평가, 즉 하나님의 역사해석이라는 점에 있어 이 책들은 후선지서와 동일한 성격의 책들이었다. 아마 이 점이 후선지서와는 장르가 전혀 다른 이 책들을 '선지서'로 분류하게 한 것이 아닌가 한다. 장르가 전혀 달라도 하나님께서 내리신 역사해석이라는 점에서 두 종류의 책은 히브리인들의 눈에 같은 '선지서'였던 셈이다. 정리하여 말한다면, 여호수아, 사사기, 사무엘, 열왕기 들, 즉 전선지서는 "이야기로 된 역사해석"이요, 후선지서는 "설교로 된 역사해석"이라 할 수 있을 것이다.

선지서는 하나님의 백성의 신앙과 삶이 어떤 것이어야 하는지, 또 그러한 삶을 살기 위해 필요한 능력을 어떻게 공급 받아야하는지를 가르쳐주는 책이다.

선지서는 일차적으로는 구약 이스라엘에게 주신 말씀이다. 그러나 선지서는 오늘날의 교회를 위해서도 꼭 같이 적실한 책이다. 교회는 완성된 복음의 은혜 안에 살지만 여전히 하나님 나라 건설에 대한 책임을 지되 더 포괄적이고 더 막중한 책임을 진다. 전 세계에 복음을 전파하고 전 우주적으로 하나님 나라를 건설하는 일에 도구로 사용되어야 하기 때문이다. 따라서 선지서는 교회의 삶과 실천이라는 견지에서 볼 때 더욱 적극적인 의의를 지니는 책들이라 해야 할 것이다. 선지서의 말씀에 순종함으로 성도 개개인은 신앙의 미성숙을 탈피할 수 있고 교회 공동체는 그것을 향해 주어진 세상을 향한 사명을 수행할 수 있다. 오늘날 교회가 하나님의 백성으로서 하나님의 원하시는 뜻과 목적을 이 땅에 이루어 드리는 일에 온전히 충성하기 위해 선지서의 의미와 선지자들의 정신을 바르게 깊이 공부하여 실천하는 일이 절실히 필요하다.

2. 선지서 주해 연구의 의의

구약은 신약에 비해 큰 분량임에도 불구하고 교회 강단에서 훨씬 적게 설교된다. 그 중에서도 선지서는 더욱 적게 설교되는 것 같다. 잘 알려진 본문 몇 개가 간혹 채택되는 것은 사실이나 그것도 신약의 내용이거나 또는 조직신학적인 주제를 전달하기 위한 방편으로 원용하는 경우가 많고 구약(선지서) 본문 자체를 주해하여 그 본문의 메시지를 전달하고자 하는 설교는 좀처럼 찾기 어려운 것이 현실이다. 신약과 구약은 함께 서서 하나님이 하신 일을 증거하고 인간의 구원과 삶에 대한 진리를 나타내 보인다는 점을 생각하면3)

이러한 현상은 성경에 대한 바른 이해를 통해 적절히 개선되어야 하리라 본다.

이와 같이 선지서가 기피(?)되는 현상은 여러 가지 설명이 가능하겠지만 우선 선지서가 이해하기 어렵다든지, '은혜롭지 않은' 꾸지람과 심판의 내용이 많다든지 하는 기본적인 선입견이 주된 원인이 아니었나 싶다. 게다가 한국의 보수교회는 60-70년대에 진보적인 교회들과 첨예한 신학적인 대립을 경험했다. 이 과정에서 진보적인 교회들이 교회의 사회 참여를 정당화하기 위하여 선지서를 많이 사용하였는데 이것이 보수교회의 설교자들로 하여금 반동적 심리를 가지게 하여 선지서가 한국교회 강단에서 더욱 기피되어 오지 않았나 한다. 게다가 설교자들이 신약과 구약의 관계에 대해 충분한 이해를 갖고 있지 못한 점, 구약 책들의 다양한 장르에 대한 해석 원리와 지침 등에 대해 숙지하지 못하는 점도 선지서를 비롯해서 전체적으로 구약성경을 피하게 하는 데 일조를 해 왔다.

어쨌든 선지서는 이러저러한 이유로 많은 오해를 사서 정당치 못한 대접을 받아온 것이 사실이다. 그러나 선지서는 선지자들 당시를 위해서도 하나님이 말씀하신 바이지만 오늘 우리를 위해서도 여전히 말씀하고 계신 치열한 하나님의 말씀이다. 선입견에 얽매이지 말고 참으로 겸허히 이 '역사를 해석하시는 말씀'에 귀를 기울여, 영적으로 나태해지고 냉담해지며 도덕적으로 날로 부패해 가는 이 시대를 위해 정신적 나침반을 찾아야 하리라 본다. 이처럼 선지서의

---

3) VanGemeren 교수가 이에 대해 적절한 진술을 제공한다: "구약과 신약은 나란히 함께 서있고 그 어느 쪽도 다른 쪽에 대해 우위를 주장하는 대치의 관계에 있는 것이 아니다(tota Scriptura)... 구약을 이차적이고, 물질적이며 열등한 것으로 격하할 수는 없다. 구약은 하나님이 지금도 여전히 그의 종들, 즉 선지자들을 통해 말씀하고 계신 하나님의 말씀(the word of God)이다." Willem VanGemeren, "Theological Systems and the Testaments: Systems of Continuity," Continuity and Discontinuity: Perspectives on the Relationship between the Old and New Testaments, ed. J. S. Feinberg (Wheaton, IL: Crossway Books, 1988), 62.

가치를 새롭게 발견하고 그를 통해 하시는 말씀을 바로 들을 수 있기 위해서는 선지서 주해의 원리를 다시 한번 찬찬히 정리해보는 것이 필요한 일이라 생각된다. 이러한 정리로 말미암아 설교자는 선지서를 정당히 해석하고 설교할 수 있게 되고 교회는 선지서를 통해 주시는 하나님의 사랑과 강권의 말씀을 다시 한번 들을 수 있게 될 것이기 때문이다. 이미 지적한 대로 선지서는 많은 면에서(명칭, 정의, 해석 원리, 적용 방법 등) 오해를 받아 왔기 때문에 주해의 원리를 정리하는 본서의 작업은 불가피하게 이러한 오해들을 시정하는 일에 상당 부분의 노력을 할애할 수밖에 없을 것으로 보인다.

제1장

선지자는 누구인가?: 선지자의 임무와 기능

선지서를 바로 이해하기 위해서는 무엇보다도 먼저 선지자가 누구인가를 정확히 아는 것이 중요하다. 선지자는 누구이며 그들의 역할은 무엇인가에 대한 오해가 선지서들에 대한 오해의 시작이었다고 해도 과언이 아니기 때문이다. 이 장에서는 선지자라는 칭호 자체, 선지자들의 소명기사, 선지자들이 사용한 사자공식(使者公式) 등을 살핌으로 선지자들은 누구이며 그들의 임무와 기능은 무엇이었는지에 대해 명확히 밝혀보고자 한다.

I. 칭호(명칭)를 통해 본 선지자의 임무와 기능

구약성경에서 왕 앞에서 그리고 백성들 앞에서 설교하고 또 일부는 그 내용을 기록으로 남긴 사람들을 가리켜서 "선지자"(先知者)라고 하는데 이 선지자라는 칭호의 뜻은 무엇인가? 이 칭호는 그 사람들의 임무와 기능을 적절히 대변해 주는가? 우리말과 영어(독일어), 히브리어 원문의 '나비'(נביא;

국제 음역 *nābî'*), 그리고 그의 헬라어 번역이요 구미어(歐美語)의 어원이 되는 '프로페테스'(profh,thj; 음역 *prophētēs*)를 살펴보고 이들의 (어원론적) 의미와 이 단어들로 인해 생긴 오해 등에 대해 알아보고자 한다.

우리말 이름 '선지자'(先知者)는 곧바로 이 사람들은 미래의 일을 미리 알고 이에 대해 앞서 말하는 즉, "앞일을 예언(豫言)하는" 사람들이라고 생각하게 한다. 이 점은 앞으로 상당 지면을 할애하여 논하겠지만 선지자에 대해 잘못 이해하게 하는 데 가장 큰 원인이 된 부분이다. 선지자들이 하나님께 받은 임무 중 앞으로 올 사건에 주된 관심을 가지고 말한 것은 전체 설교 분량으로 볼 때 겨우 몇 퍼센트(혹은 그 미만)에 불과한데 선지자들은 "예언(豫言)하는" 일에 주요 임무를 부여받은 사람들인 양 쉽게 치부되어 왔다.

이것은 서양의 경우도 마찬가지이다. 영어나 독일어의 "prophet"이라는 단어는 그리스어에서 나온 pro-와 phet가 결합되어 만들어진 말이다.[1] Phet은 "말하다"라는 동사 '페미'(Fhmi,)에서 나온 작위자 명사(agent-noun)이므로 "말하는 자"란 뜻인데 pro-를 "앞의"(before)로만 이해함으로 말미암아 서구에서도 prophet은 무리없이 "앞일을 예언(豫言)하는 사람," 즉 예견자(豫見者) 또는 예언자(豫言者)로 받아들여져 온 것이다. 실제로 대표적인 영어사전이라 할 수 있는 Oxford English Dictionary부터도 "prophet"을 정의하는데 가장 먼저 "예언(prediction)"이라는 이미지가 떠오르도록 정의하고 있는 것을 본다.[2]

영어(또는 독일어)가 유래한 것으로 보이는 헬라어 '프로페테스'

---

1) *Webster's Third New International Dictionary of the English Language Unabridged* (Springfield, MA: Merriam-Webster Inc., 1993), 1818b.

2) *Oxford English Dictionary*는 "prophet"이라는 표제어를 정의(定義)하는 데 "예언"(prediction)," "감정적인 설교"(emotional preaching), "사회 운동"(social activism), "계몽시키는 능력"(power to enlighten) 등의 면에 강세를 둔다. 이에 대한 평가를 Joseph Blenkinsopp, *A History of Prophecy in Israel* (Philadelphia: Westminster Press, 1983), 36에서 찾아볼 수 있다.

(profh,thj)의 뜻을 고찰하면 "선지자" 또는 "prophet"의 의미가 분명해질
것인가? 사실은 헬라어도 접두사 '프로'(pro)의 의미가 모호하기 때문에 단어의
정확한 의미를 결정하는 데 그리 도움이 되지 않음을 알 수 있다. '프로'는
그 뜻이 "앞의"(before)도 되지만 "향하여"(forth, forward)도 될 수 있다.3) '프로페
테스'라는 단어는 고전 그리스(Classical Greek) 문헌에서는 B.C. 5세기경부터
나타나는 것으로 보고된다. 초기 문헌에서 '프로페테스'는 아폴로나 제우스의
신탁을 받은 사람에게 주어지고 있다. 따라서 이 단어는 애초에 신의 메시지를
"발설하거나"(speak forth) "선포하는"(proclaim) 자를 지칭하는 말이었던 것으로
보인다. 물론 이들은 신탁을 구하는 사람들에게 신의 뜻을 풀어 해석해 주는
일까지 맡고 있었다. 따라서 '프로페테스'는 인간과 신들 사이에서 중재적
(mediatorial) 역할을 담당하는 자들이었다.4) 그러나 문제는 그리스 문헌에서도
'프로페테스'가 이와 같은 본래적 뜻으로만 쓰이지 않았다는 데에 있다. 신의
메시지들은 미래의 일에 대해 "예언"(豫言)하는 수도 종종 있었기 때문에
이 단어는 시간이 지나면서 차차 "미래의 일을 말하는 자" 즉, 어떤 사건이
일어나기 전에(before) 미리 말하는 자라는 뜻으로도 쓰이게 된 것이다.5) 따라서
애초 고전 그리스 문헌들에서부터 '프로페테스'는 그 의미의 모호함을 지니고
있었던 것이다. '프로페테스'는 신의 메시지를 선포하고 해석하는 매개자
(medium)라는 의미와 앞일을 내다보는 사람(diviner)이라는 의미 두 가지를

---

3) Liddell과 Scott의 사전은 '프로'(προ)가 공간적인 의미로 쓰일 때는 "before," "in front of,"
   "forth," "forward"를, 시간적인 의미로 쓰일 때는 "before," "beforehand," "prematurely"를
   의미한다고 설명한다. H. G. Liddell and R. Scott, *An Intermediate Greek-English Lexicon*
   (Oxford, 1889), 669b.

4) Robert R. Wilson, *Prophecy and Society in Ancient Israel* (Philadelphia: Fortress Press, 1980),
   22.

5) Wilson, *Prophecy and Society*, 23.

동시에 가지고 있었던 것이다.6)

　칠십인경에서 '프로페테스'의 용도를 보더라도 사정은 많이 나아지지 않는다. 히브리어 구약성경의 헬라어 역인 칠십인경은 선지자를 뜻하는 대표적인 히브리어 '나비'(נביא)를 번역하는 데 일관되게 '프로페테스'(profh,thj)를 사용하고 있다. 그러나 그러면서도 선지적 기능을 가진 사람을 나타내는 다른 단어들, 즉 '로에'(ראה; rōëh)와 '호쩨'(חזה; hōzeh)(둘 다 "보는 자"[seer]라는 뜻임)도 때에 따라 '프로페테스'(profh,thj)로 번역하고 있다(대상 26:28; 대하 16:7, 10 등). 칠십인경의 번역자들에게도 '프로페테스'의 의미는 그리 명료하지 않았던 것 같고 다소 넓은 의미로 이해되고 있었던 것으로 보인다. 칠십인경에 쓰인 용도로도 '프로페테스'의 의미는 명확히 결정되기 어려운 것 같다. 그러므로 우리가 밝히고자 하는 '나비'의 의미는 그리스어 '프로페테스'나 영어(독일어) prophet의 어원적 추론으로는 충분히 밝혀지지 않음을 알 수 있고 단어가 쓰인 구약성경의 문맥을 자세히 살핌으로써만 가능하다. 기존의 선입견인 "선지"라는 말이나 "pro"라는 단어를 시간적인 선행으로 이해하는 것만은 일단 피할 일이다.

　이번에는 히브리어 '나비'(נביא)의 의미를 어원적으로 살펴보자. 어떤 단어의 의미를 어원론적 접근에 의해 결정하는 것이 정확성에 한계가 있는 것은 사실이다. 그러나 번역어가 충분한 의미를 전해주지 못하는 상황일 뿐더러 히브리어 자체의 의미를 살펴보지 않을 수는 없는 문제이다. '나비'의 어원에 대해서도 통일된 의견이 있는 것은 아니다. 먼저 악카드어 '나부'(nabû)에서 왔다는 주장이 있다.7) '나부'는 "부르다"(call), "불러내다"(call out), "말하다

---

6) Wilson, *Prophecy and Society*, 23.

7) 대표적인 학자들의 글은 다음과 같다. W. F. Albright, *From the Stone Age to Christianity* (Garden City, NY: Doubleday, 1957), 303; R. Rendtorff, "*Prophētēs: nābî'* in the Old Testament,"

(speak)"라는 뜻의 동사인데 히브리어 '나비'는 이 동사에서 능동의 의미 또는 수동의 의미를 취해 만들어진 단어일 것이라는 것이다.8) 히브리어 카틸(qātīl) 형의 명사는 수동의 의미를 지닐 수도, 능동의 의미를 지닐 수도 있다. 만일 '나비'가 '나부'를 어원으로 하여 수동의 의미를 지니는 단어라면 "부름받은 자"(one who has been called)라는 뜻이 될 것이며, 만일 능동의 의미를 지닌다면 "부르는 자"(one who calls), "말하는 자"(one who speaks), 더 나아가 "선포하는 자"(one who announces)라는 뜻이 될 것이다. 윌슨(Robert R. Wilson)은 고대 악카드어(Old Akkadian)에서 왕에 대한 칭호나 문장으로 된 고유명사 등에 쓰이는 '나비움'(nabīum)이란 명사가 "부름받은 자"(one who has been called)라는 수동의 의미를 가지고 있는 사실을 지적하면서 이 사실로써 비슷한 어형의 '나비'도 수동의 의미를 가진 단어였을 가능성이 높다고 주장하고 있다.9) 그러나 성경 기자들이 외래 어근에서 온 이 단어를 정확히 어떤 의미에서 썼는지는 사실상 확인할 길이 없다. 수동의 의미라면 '하나님이 부르신 자,' 즉 하나님과 직접 교통한 면(그래서 하나님의 위임을 받은 면)이 강조된 단어일 것이고, 능동의 의미라면 '선포하는 자,' 즉 사람들을 접하며 (하나님의 뜻을) 사람들에게 선포한 면이 강조된 단어일 것이다. 어쩌면 이미 다른 나라 말(히브리어)에 들어 와서 많이 쓰이는 가운데 수동과 능동의 의미가 혼합되어 이 단어는 하나님께 부름받은 자인 동시에 사람들을 부르는 자(one who has

---

TDNT 6 (1968), 796-97; F. Haeussermann, *Wortemphang und Symbol in der alttestamentlichen Prophetie* (Giessen: Alfred Töpelmann, 1932), 8-10; A. Haldar, *Associations of Cult Prophets among the Ancient Semites* (Uppsala: Almqvist & Wiksell, 1945), 109.

8) Albright와 Rendtorff는 수동의 의미를 취한 것이라 보고 있고 Haeussermann과 Haldar는 능동의 의미를 취한 것이라 보고 있다.

9) Wilson, *Prophecy and Society*, 137. Blenkinsopp 역시 대다수의 의견(the majority opinion)임을 말하면서 이 견해에 동의를 표하고 있다. Blenkinsopp, *A History of Prophecy*, 37.

been called and calls/announces)라는 이중의 의미로 쓰였을 가능성도 완전히 배제할 수 없을 것이다. 만일 그렇다면 '나비'는 하나님과 교통하는 사람이라는 뜻과 사람들에게 하나님의 뜻을 선포한 사람이라는 뜻 두 가지를 다 지니고 있는 것이 된다.

다음으로는 '나비'(נביא)가 히브리어 동사 '나바'(נבע)에서 왔다는 주장이다. 아인(ע)과 알렙(א)은 모두 후음으로서 교차 사용되는 수가 종종 있었다. '나비'(נביא)의 경우, '나바'(נבע)의 아인(ע)이 약화되어 알렙(א)이 되므로 '나바'(נבע)가 '나바'(נבא)가 되고10) 이 약화된 '나바'(נבא)가 '나비'의 어근이 되었다는 것이다.11) 이 주장이 옳다면 '나바'(נבע)가 "부글부글 끓어오르다"(bubble up), "쏟아내다"(pour forth)라는 뜻이므로 '나비'는 "끓어오르는 말씀을 쏟아내는 자" 정도의 의미가 될 것이다.12)

그 외에도 비교셈어학적으로 어원론적 규명을 하려는 시도가 많았으나 여기 다 밝힐 필요는 없을 줄 안다.13) 다만 중요한 것은 번역어인 영어와 같은 서구어나 헬라어의 의미에서부터 선지자의 성격을 파악하려는 노력보다는 원어(히브리어)의 의미를 살피는 것이 정당한 태도라는 것일 뿐, 어원론적 접근이 직접적이고 결정적으로 단어의 실제적인 의미를 가르쳐 주지는 않는다는 것을 유념해야 한다는 점이다.14) 따라서 중요한 것은 어원학보다는 단어가

---

10) נבע는 "예언하다"라는 뜻으로 쓰이기는 하나(니팔과 히트파엘 형으로) נבע("부글부글 끓다, 붓다")와 같은 뜻으로 성경에 쓰인 예는 없다.

11) F. Brown, S. R. Driver and C. A. Briggs, *Hebrew and English Lexicon of the Old Testament* (Oxford: Clarendon Press, 1907), 611b는 W. Gesenius와 A. Kuenen이 이와 같은 주장을 한 것으로 보고하고 있다(이하 이 사전은 BDB라 약함).

12) BDB, 615b 및 611b 참고.

13) 기본적인 것들만 참고하려면 BDB, 611a와 b를 볼 것.

14) 이 점에 대해 효과적으로 주의를 환기시켰던 사람은 잘 알려진 바와 같이 James Barr이다. J. Barr, *The Semantics of Biblical Language* (Oxford University Press, 1961) 참조 (특히 pp.

쓰이고 있는 문맥을 살피는 일일 것이다.

　그러나 이미 단어의 의미론에 대한 논의를 시작했기 때문에 "선지자"의 명칭에 대한 논의를 종결하기에 앞서 '나비'의 명사유래동사(denominative verb)인15) '나바'(נבא)의 용도에 대해서도 살펴본 다음 문맥 연구로 들어가는 것이 옳은 순서일 줄 생각한다. '나바'(נבא)는 '나비'(נביא)의 활동, 즉 "예언하다"라는 의미를 나타내는 데 쓰이는 말이다. 이 '나바'의 용도를 살피는 것이 '나비'의 (셈어적) 어원을 연구하는 것보다 오히려 '나비'의 기능에 대해 더 적절하고 의미 있는 정보를 얻을 수 있는 길인지도 모른다. '나바'는 니팔(נבא; nibbā')과 히트파엘(התנבא; hitnabbē')로만 쓰이고 있다.16) 어떤 학자들은 히트파엘형은 무아경(ecstasy) 상태의 행동을 지칭하는 데, 니팔형은 선지적 신탁을 전달한다는 의미를 나타내는 데 쓰였다고 주장하기도 했다. 이렇게 주장하는 학자들은 적어도 이른 시기의 히브리어에서는 이러한 구별이 있었을 것이라고 보는 것이다.17) 그러나 성경에서의 두 형태의 용도를 조사해볼 때

158-160). 그는 희귀한 히브리어의 의미에 대해 비교셈어학적으로 어원론적 해석을 시도하는 것은 하나의 개연적인 설명은 될 수 있으나 결정적("authoritative")인 해법은 될 수 없음을 강조한다. 어원론적 접근은 불가피하게 임의성을 띨 수밖에 없으며 설령 추정된 다른 셈어의(많은 경우에 아랍어이거나 악카드어임) 어근이 맞는 것이라 할지라도 단어(여기서는 히브리어)의 뜻이란 그 단어가 쓰이는 사회언어학적 환경(문맥)에 따라 얼마든지 달라질 수 있는 것이기 때문이다. 그렇기 때문에 어원학은 희귀한 단어의 의미에 대해 부분적이고 역사적인 정보를 얻어내는 데 국한되어 사용되어야 하고 그 이상의 "권위적" 결론을 내릴 수 있는 것으로 치부되어서는 안 된다는 점을 분명히 하고 있다.

15) 히브리어에서 명사유래동사(denominative verb)란 원래는 명사밖에 없던 단어인데 그 명사의 작위를 나타내기 위해 동사가 파생되어 나온 경우를 말한다. 예컨대 דָּבָר("말씀")에서 나온 דִּבֶּר("말하다")라든가 אֹזֶן("귀")에서 나온 הֶאֱזִין("귀를 기울이다")라든가 יְהוּדִי("유대인")에서 나온 הִתְיַהֵד("유대인 행세를 하다") 등이 그러한 예이다. 성경 히브리어에는 명사유래동사가 적지 않게 발견된다. 다른 예들을 더 보려면 C. L. Seow, A Grammar for Biblical Hebrew (Nashville, TN: Abingdon Press, 1987), 112, 121, 228을 참고할 것.

16) 명사유래 동사 נבא의 쓰임에 대한 자세한 논의는 다음의 글들에서 찾아볼 수 있다: Wilson, Prophecy and Society, 37-138; Blenkinsopp, A History of Prophecy, 37.

17) Wilson, Prophecy and Society, 138.

이와 같은 구별은 사실상 불가능한 것으로 나타난다. 두 형태가 같은 문맥에서 사용되기 일쑤이고 같은 의미를(선지적 말씀을 전한다는 의미) 나타내는 데 교차적으로 쓰이고 있어(예컨대 삼상 10: 5, 6, 10, 11, 13; 렘 26:20; 겔 37:9-10) 두 형태 사이의 의미론적 구별은 사실상 존재하지 않는 것처럼 보인다. 고전 선지자들(classical prophets)의[18] 시대에 오면 니팔이 선지자의 활동을 대변하는, 좀더 보편적인 대표 어형으로 자리 잡는다.[19] 설령 히트파엘이 원래에는 엑스타시적인 행동을 의미했다 하더라도 고전 선지자의 시대에는 니팔의 의미로 어의가 수렴되어 있었던 것이 틀림없다. 그렇다면 동사 '나바'는 기본적으로 "선지적 신탁을 전하는 활동," 즉 "말하는 활동"(speaking)을 의미하는 말이었을 것이다. 그리고 "'나바'(נבא)"하는 선지자 '나비'는 "말하는 사람"(speaker)이라는 기본적인 인식이 성경 저자들의 마음속에 자리잡고 있었을 것이다.[20]

II. 소명 기사를 통해본 선지자의 임무와 기능

이제는 선지자들의 임무와 기능에 대해 말해주는 성경의 문맥을 살펴볼 차례이다. 선지자들이 어떠한 임무와 기능을 부여받은 사람들이었는가 하는

---

18) 고전 선지자들이란 선지적 말씀을 기록한 선지자들, 즉 이사야부터 말라기까지 15명의 선지자를 지칭한다. 정경 선지자(canonical prophets), 기록 선지자(writing prophets), 문헌/문학 선지자(literary prophets) 등으로 불리우기도 한다. 말씀을 기록하지 않고 역사서에 활동만 나오는 선지자들, 즉 갓, 나단, 엘리야, 엘리사 등은 이들과 대조하여 전(前)고전 선지자(preclassical prophets) 혹은 비(非)기록 선지자(non-writing prophets)라 부른다.

19) 참고: Wilson, *Prophecy and Society*, 138.

20) 선지자를 의미하는 히브리어로 חזה(hōzeh)("환상가"), ראה(rō'eh)("보는 자, 선견자"), איש אלהים('îš ᵉlōhîm)("하나님의 사람") 등이 더 있으나 נביא에 비해 현저히 적게 쓰이고 또한 사실상 대표어 נביא에 그 의미가 수렴되었으므로 이 단어들에 대해서는 본서가 별도로 다루지 않았다.

것은 소명 기사에 가장 잘 나타나 있다. 소명 기사들은 하나님이 선지자들을 어떠한 사람으로 부르셨는지와 선지자들이 자신들을 어떠한 사람으로 인식(이해)했는지를 알 수 있는 중요한 자료이다. 먼저 이사야의 소명기사를 살펴보자.

> ...
> 그 때에 내가 주의 목소리를 들으니 말씀하시기를,
> "내가 누구를 보내며 누가 우리를 위하여 갈꼬?" 하시니
> 내가 말하기를,
> "내가 여기 있나이다; 나를 보내소서!" 하였다.
> 그때 그가(주가) 말씀하시기를,
> "가서 이 백성에게 말하라[21]:
> '계속 들으라, 그러나 이해하지 마라;
> 계속 보아라, 그러나 깨닫지 마라'..."하셨다. (사 6:8 이하)[22]

이사야의 죄가 제거된(7절) 후에 여호와께서는 선지자에게 "말하는"(9절) 사명을 주고 있다. 말하게 될 내용의 시제에 관해서는 특별한 수식이 없고 다만 마음이 강퍅할 대로 강퍅해진 백성들에게 심판을 선포하는 임무만이 명시되어 있다(10-12절). 이사야의 소명 본문은 선지자의 기능이 오직 하나님의 뜻을 대신 "말하는" 기능이라는 것을 말해준다.

예레미야의 소명 기사는 1:4-10에 나온다. 이 기사는 선지자의 임무 내용을 보다 상세히 언급할 뿐만 아니라 선지자(נביא)라는 단어 자체가 본문에 나오고 있어 선지자의 기능을 파악한다는 점에 있어서는 이사야의 소명 기사보다

---

21) 앞으로 소명 기사를 다루는 동안은 인용 본문 중에 "말하는" 임무에 대해 명령한 부분은 밑줄을 그어 표시하기로 함. 여기 "말하라"는 동사 אמר을 쓰고 있음(ואמרת).

22) 성경 인용은 특별한 사유가 없으면 개역개정을 따랐음. 개역개정의 번역이 정확치 않거나 뜻이 모호하거나 한 경우 또는 원문의 의미나 어순 등을 특별히 살려야 할 필요가 있는 경우 등에는 사유를 명시하고 사역(私譯)했음. 이 장의 성경 인용은 모두 본문의 정확한 의미를 전달하기 위해 사역한 것들임.

더 적합하다. 여호와께서 예레미야를 태중에서부터 선지자(נביא)로 택하셨다는 말씀과(5절) 예레미야의 사양이(6절) 나온 다음에 다음과 같은 말씀이 이어진다.

> 그러나 여호와께서 내게 말씀하시기를,
> "나는 겨우 소년이라고 말하지 마라;
> 너를 내가 너를 보내는 모든 사람에게 가서
> 내가 너에게 명하는 모든 것을 말하게23) 하겠다.
> 그들을 두려워하지 마라,
> 내가 너와 함께 있어 너를 구해내리라, 여호와의 말이니라"하셨다.
> 그때 여호와께서 그의 손을 내밀어 내 입에 대셨다.
> 그리고는 여호와께서 나에게 말씀하시기를,
> "자, 내가 나의 말씀을 네 입에 두노라.
> 보라 내가 오늘 너를 나라들과 왕국들 위에 지명하여 세우노니,
> 그것들을 뽑고 무너뜨리며,
> 파괴하고 전복시키며,
> 세우고 심게 하기 위함이니라"하셨다. (렘 1:7-10)

이 본문은 선지자(נביא)의 기능이 "말하는"(דבר) 기능임을 명백히 보여주고 있다. 하나님이 명하시는 것은 무엇이든지("whatever I command you," 7절) 전해야 하는 것이 '나비'(נביא)이다. 그 이상은 아무것도 없다. 그가 특정한 시제의 어떤 내용에 대해 책임이 있다는 따위의 언급은 없는 것이다. 말하는 기능을 강조하기 위해 6절과 7절에 각각 한 번씩 "말하다"라는 동사가 쓰이고 있고(소명을 받은 선지자가 6절에서 한 말은 다른 아무것도 아닌 자신의 "말하는" 능력에 대한 것이고 보면 예레미야 자신도 이미 선지자의 직무는 말하는 것이라는 선이해를 가지고 있었던 것으로 보인다) 9절에는 "입"이라는 말이 두 번 사용되고 있다. 선지자는 하나님이 그의 말씀을 입에 넣어 주셔서(9절) 그의 뜻이면

---

23) 여기 쓰인 동사는 דבר의 피엘임(דבֵּר).

무엇이든지 말해야 하는 임무를 띤 사람이었던 것이다.

에스겔의 소명 기사는 1장에서 시작하여 3장까지 걸쳐 있는데 포로로 간 이스라엘 백성의 마음 상태에 대한 서술과 더불어 여러 차례 언급되어 나타난다. 소명에 관계된 기술들만을 선별하여 검토하기로 한다.

> 그가 나에게 말씀하셨다,
> 인자야, 내가 너를 이스라엘 백성, 나에게 반역한 반역의 나라들에게[24] 보내노라...
> 내가 너를 그들에게 보내노니,
> 너는 말하기를,[25] '여호와 하나님이 이같이 말씀하신다' 하라...
> 그들이 그들 중에 한 선지자(נביא)가 있는 줄 알리라...
> 그들이 듣든지 듣기를 거부하든지 너는 내 말을(דבר) 그들에게 말하라[26]...
> 그러나 너 인자야, 내가 네게 말하는 것을 들으라;
> 너는 그 반역하는 집과 같이 반역하지 말아라;
> 네 입을 열라 그리고 내가 네게 주는 것을 먹으라.
> 내가 보니 한 손이 나에게 뻗쳐 있는데 그 안에 글이 적힌 두루마리가 있었다.

---

24) 맛소라 본문은 개역개정("패역한 백성")처럼 단수가 아니고 복수로 되어 있어 어려움을 준다: אל-גוים המורדים("반역하는 나라들에게"). 아마 "나라들"(גוים)이라는 복수는 유다와 이스라엘 두 왕국을 가리키려고 쓴 것이 아닌가 생각된다(선지자 자신이 35:10과 36:13이하, 37:22등에서 "두 나라들"이라는 말을 쓰고 있음). Moshe Greenberg, *Ezekiel 1-20*, AB 22 (New York: Doubleday, 1983), 63 참조. Greenberg 자신은 "나라들"이 "지파들"을 의미할 수 있다는 데 더 무게를 두고 있다. 이 해석에 의하면 여기 "반역하는 나라들"이란 아직 망하지 않은 유다 왕국의 유다, 베냐민, 시므온 세 지파를 뜻할 수도 있고 아니면 이미 망한 이스라엘 왕국의 지파들까지 합쳐 열두 지파 전체를 가리키는 것일 수도 있다. 어쨌든 개역개정과 NIV가 גוים을 별다른 고민 없이 단수로 번역해 버린 것은 유감이다(NIV: "to a rebellious nation"; 이들이 페쉬타 *l 'm' mrwd* ["반역하는 백성"]를 따라 단수를 취하고 있지는 않을 것으로 보임). NASB는 복수의 의미를 살려서 "to a rebellious people"이라 하고 있는데 수에 주의한 것은 잘된 것이나 여기 "people"은 저자의 취지가 충분히 살아나지 않을 뿐더러 원문(גוים)에 충실한 것도 못된다. 기타 영역본들도 단수를 취해 간단히 문제를 피하고 있다.

25) ואמרת.

26) ודברת.

> 그가 내 앞에 그것을 폈는데 앞면과 뒷면에 글이 적혀 있었고
> 적힌 것들은 애가와 조곡과 재앙의 말들이었다...
> 그가 나에게 말씀하셨다,
> 인자야, 너에게 주는 것을 먹으라;
> 이 두루마리를 먹고, 가서 이스라엘 집에 말하라[27]...
> 그가 나에게 말씀하셨다,
> 인자야, 이스라엘 집에 가서 내 말로(בדברי) 그들에게 말하라[28]...
> 그가 나에게 말씀하셨다,
> 인자야, 내가 너에게 말하는 모든 나의 말을(דברי) 네 마음에 받고 네 귀로
> 들으라;
> 그리고는 포로들, 곧 너의 백성에게 가서 그들에게 말하라.[29]
> 그들이 듣든지 듣기를 거부하든지,
> 그들에게 말하기를,[30] '여호와 하나님이 이같이 말씀하신다' 하라...
> 너는 그들에게 말하기를,[31] '여호와 하나님이 이같이 말씀하신다' 하라;
> 듣고자 하는 자는 듣게 하고, 듣기를 거부하는 자는 거부하게 하라;
> 왜냐하면 그들은 반역하는 집이기 때문이니라.
>
> (겔 2:3, 4, 5, 7, 8-10; 3:1, 4, 10-11, 27)

위의 에스겔 소명 기사에는 "말하는" 임무 부여가 적어도 7번 이상 나타난다. 전해지는 내용의 시제에 대한 언급은 없고 다만 설교 대상인 이스라엘이 반역적인 민족이라는 것과 그들 가운데서 사역하는 것이 가시와 찔레 사이에 처하며 전갈의 위협을 받는 것 같은 어려움이 계속되는(2:6) 것이라 거듭 설명하면서 "말씀을 전하는" 사명을 부여하고 있다. 에스겔의 소명 기사는 선지자가 일하게 되는 상황과 주어진 임무에 대해서 집요하게 거듭 깨우친다는 점이

---

27) דבר.

28) ודברח.

29) ודברח.

30) ואמרת.

31) ואמרת.

두드러진다. 국가와 민족은 패망의 위기 앞에 놓여 있는데 이스라엘은 전혀 하나님의 음성을 들을 준비가 되어 있지 않은, 한심하고 절망적인 상황이다. 그러나 하나님은 집요하게 선지자에게 부여된 임무를 깨우치신다. 선지자는 이스라엘에 대해 죄를 깨닫게 하는 파수꾼으로 세움 받아 하나님의 입으로부터 나오는 말씀을 가감 없이 이스라엘에게 경고로 주어야 하는 임무를 띠는 것이다(3:16).

선지자들의 사명에 특이한 내용은 그들이 "재앙"을 선포하기 위해 부름 받은 사람들이라는 점이다. 선지자들의 설교 밑바닥에 언약에 기초한 하나님의 사랑이 전제되어 있고 먼 미래에는 결국 하나님께서 이스라엘을 구원해 주시리라는 희망이 깔려있었던 것은 사실이다. 그러나 당장 오늘 현재 문제가 되고 있는 것은 이스라엘의 신앙적 도덕적 반역이었기 때문에 이스라엘의 선지자들은 기본적으로 하나님의 분노와 그에 따르는 심판적 재앙을 선포하게 되어 있었던 것이다.[32] 이사야 6:11, 12, 예레미야 1:14, 16, 에스겔 2:10 등은 선지자의 소명 기사와 더불어 그들의 임무가 재난이 임박했다고 알려주는 것이었음을 잘 보여준다. 선지자들의 일차적인 임무는 현재를 향한 것이었다. 현재의 잘못을 지적하고 재앙의 선포라는 극단적 수단을 통하여 현재에 돌이키도록 촉구하는 것이었다.

이처럼 대표적인 소명 기사들을 살펴보았다. 이 기사들이 주는 선지자의 기능에 대한 공통적인 설명은 간단히 말하면 두 가지라 할 수 있을 것이다.[33]

---

[32] 이처럼 선지자들의 소명 기사가 선지자의 임무를 꾸짖음과 재앙의 선포에 초점을 맞춰 규정하고 있는 사실이 비평학자들로 하여금 선지서에 나오는 회복과 위로의 내용을 선지자 자신의 것이 아닌 후대의 삽입으로 치부하게 하는 근거가 되었다. 그러나 이러한 방식의 단순한 판단은 지나치게 일양성(一樣性)만을 고집하는 서구 사고방식의 자가당착이라는 생각이 든다. 일차 임무가 재앙의 선포인 것은 사실이었지만 선지자들은 그보다 훨씬 깊은 것을 전하고 있었고 그보다 훨씬 먼 것을 보고 있었다. 선지서에 깔려 있는 하나님의 사랑과 선지 사상의 깊이에 대해서는 다음 장에서 자세히 다루게 될 것이다.

첫째, 선지자는 "말하는 사람"이다. 즉, 하나님의 말씀을 받아 그것을 그대로 전하는 사람, 즉 대변인(spokesperson)이었다.34) 자신의 사유의 결과를 말하거나 어떤 종교 또는 사회 개혁 프로그램을 개진하는 사람이 아니었다. 철저히 하나님의 뜻과 하나님의 말씀만을 전하게끔 되어 있는 심부름꾼이요 사자(messenger)에 불과했다. 둘째, 선지자는 일차적으로 자신과 자신의 동료 백성이 살고 있는 그 때 그 자리에 관심이 있었고, 그들은 그 자리를 향해 재앙을 선포한 사람들이었다. 미래에 대한 내용이 없는 것은 아니나 그러한 내용을 포함해서 선지자들은 어디까지나 기본적으로 현재를 향해서 말했다. 현재를 향해 계고적(戒告的)인(monitory) 목적을 가지고 재앙을 선포한 것이다. 하나님 자신이 이스라엘과 그들의 현재의 삶에 극진한 관심이 있으셨기에 언약의 길을 떠난 이스라엘에 대해 하나님은 극한 불만을 표현하지 않으실 수 없었던 것이다.

---

33) 이스라엘 선지자들의 활동을 보면, 오랜 시간이 경과하는 중에도 그 메시지의 일관성이 놀라울 정도로 유지된 것으로 나타난다. 기록 선지자의 시대 300여년간(8세기 중엽부터[요엘서를 9세기로 본다면 9세기부터] 5세기 중엽까지) 각 선지자들은 각기 다른 나라에서, 다른 국제 환경적 상황에서, 각기 다른 문제를 해결하려고 애썼지만 그들의 메시지는 한결같이 하나님의 언약의 관점에서 이스라엘의 역사를 해석하는 내용들이었다. 이 해석의 과정 중 이스라엘의 종교적, 사회윤리적 삶이 하나님의 명령에서 얼마나 떠났고 따라서 어떠한 징계가 따를 것인가 하는 것들이 말해졌다. 이와 같은 선지 활동의 균질성(homogeneity)은 비기록 선지자까지 포함하는 약 550년의 시간 경과(갓과 나단의 시기인 B.C. 1000경부터 말라기의 시대까지)를 고려한다 하더라도 크게 달라지지 않는다. 선지자의 전통은 기록, 비기록 선지자를 막론해서 시대와 상황이 달라지는 중에도 한가지로 꾸준히 보존되었던 것이다(선지 전통의 일관된 계승에 대한 적절한 언급은 John Bright, 『이스라엘의 역사』 개정판, 김윤주 옮김, 상권[上卷] [경북 왜관: 분도출판사, 1978], 422-23 참고). 이러한 이스라엘에서의 선지활동의 특수성을 놓고 볼 때 선지자들의 역할과 기능에 대해 어떤 공통되는 성격을 규정하려 한다고 해도 거기에 특별한 무리가 따를 것으로 보이지는 않는다.

34) 이 경우 물론 하나님께서 단어 한 자 한 자까지 불러 주셨고 선지자는 그것을 그대로 되풀이하기만 했다는 말하자면 기계적으로 스피커 역할만 했다는 뜻은 아니다. 선지자는 신비라고 할 수 밖에 없는 어떤 종류의 경험, 즉 하나님과 직접 교통하는 경험을 했고 그 경험의 내용을 자신의 말, 즉 그의 언어와 수사를 통하여 백성이 이해할 수 있게 전달한 것이다.

여기서 본문 하나를 더 살펴보지 않을 수 없다. 신명기 18:15-22이다. 이 본문은 선지자가 어떤 사람인지를 말해주는 최초의 본문인데 기록 선지자들은 물론 (갓, 나단 이래의) 비기록 선지자들도 나타나기 아주 오래 전에 모세에게 주신 하나님의 말씀이다. 하나님께서는 앞으로 올 이스라엘 왕정의 역사를 내다보시며 자신의 선지자들을 보낼 것을 미리 말씀하셨고 이와 동시에 그들의 역할과 기능에 대해서도 정확한 규정을 내려 주셨다.

> 주 너의 하나님이 너희를 위하여 너희 백성 중에서 나와 같은 선지자를 세우실 것이다; 너희는 그 선지자에게 귀를 기울여라...
> 그 때 여호와께서 나에게 응답하셨다:
> "그들이 한 말이 옳도다.
> 내가 그들을 위하여 그 백성들 중에서 너와 같은 선지자(נביא)를 세우리라;
> 내가 내 말들을 그의 입에 둘 것이요,
> 그는 내가 그에게 명령하는 모든 것을 그들에게 말할35) 것이다."
>
> (신 18:15; 17-18)

신명기의 선지자의 역할에 대한 중요한 기술은 예레미야의 소명 기사에 나오는 선지자의 역할에 대한 설명과 단어 하나에 이르기까지 일치한다. 신명기 18:18의 "그는 내가 그에게 명령하는 모든 것을 그들에게 말할 것이다"가 예레미야 1:7에 거의 같이 반영되어 있다(신명기에서는 "말하다"라는 동사가 와우계속법 완료인데 예레미야에서는 미완료인 것과, 신명기에서는 주어가 "그"인데 예레미야에서는 "너"인 것과, 신명기에 있는 "그들에게"라는 부사구가 예레미야에는 빠져 있는 것만 다르다). 신명기 18:18의 "내가 내 말들을 그의 입에 둘 것이요"는 예레미야 1:9에 "그의 입"이 "너의 입"으로만 바뀌었을 뿐 꼭 같이

---

35) הדבר.

반복되었다. 이로써 적어도 예레미야는 신명기에서 하나님께서 모세를 통해 예언하신 것과 같은 바로 그러한 선지자였음을 알 수 있다. 어쨌든 하나님께서는 선지자들이 역사에 등장하기 오래 전에 이미 그들의 존재에 대한 계획을 가지고 계셨고 또한 그들이 어떠한 기능으로 선민과 세계에 봉사하게 될 것인가 하는 것도 분명히 정해 놓고 계셨음을 알 수 있다. 그들은 하나님이 명하시는 것을 "말하는" 직종의 사람들이었다. 여호와의 말씀 그 자체를 말한(렘 43:1) 사람들이었다.36)

III. 사자 공식(使者 公式)을 통해 본 선지자의 임무와 기능

소명 기사에 대한 조사에 덧붙여 선지자들이 습관적으로 사용한 상용구를 살펴봄으로 선지자의 기능에 대한 탐구를 마치고자 한다. 선지자들은 말씀을 전할 때 여러 종류의 상용구('공식'이라 부름)를 쓰고 있는 것을 볼 수 있다.37)

---

36) 이 진술은 Greidanus교수의 관찰에서 도움을 받았다. Sidney Greidanus, *The Modern Preacher and the Ancient Text* (Grand Rapids: Eerdmans, 1988), 229.

37) 선지자들은 선지 말씀을 전할 때마다 정형화된 어구를 많이 사용하는데 이를 학자들이 '공식'(formulas)이라 부르고 있다. 선지서에 쓰인 여러 공식에 대해서는 Ronald M. Hals, *Ezekiel*, FOTL, vol. 19 (Grand Rapids: Eerdmans, 1989), 359-63을 보면 상세한 설명을 볼 수 있다. Hals가 정리하여 제시하고 있는 성경(특히 선지서)의 공식들 중 흔한 것 몇 가지만 발췌하여 소개하면 다음과 같다:

  1. 임무부여 공식 (Commissioning Formula, Aussendungsformel): "가서 말하라"("Go and speak")하며 말씀 수신자를 지정함 (겔 3:1, 4, 11);

  2. 결론 공식 (Conclusion Formula for Divine Speech, Schlussformel eines Gottesspruchs): 하나님의 말씀을 마치면서 쓰는 "나 여호와가 말하노라"("I the Lord have spoken") (겔 5:13, 15, 17; 21:17; 24:14; 30:12; 34:24);

  3. 언약 공식 (Covenant Formula, Bundesformel): "나는 네 하나님이 될 것이요 너는(또는 그들은) 내 백성이 될 것이라"("I will be your God, and you[they] shall be my people") (렘 7:23; 11:4; 24:7; 31:33; 겔 11:20; 14:11; 36:28; 37:23, 270);

그 중 우리의 관심을 끄는 것은 사자 공식(使者 公式, Messenger Formula)이라는
것인데 선지자가 설교할 때마다(경우에 따라 빠뜨리기도 하지만) "여호와께서
이와 같이 말씀하시기를"('코 아말 아도나이'[כה אמר יהוה])이라는 도입문을
쓰는 것을 말한다.38) 이는 선지자가 보낸 이(하나님)의 메시지를 전하는 것임을
나타내는 말이기 때문에 사자 공식이라고 부르게 된 것이다.39) 선지자들은
말씀을 선포할 때 이 말을 거의 습관적으로 사용하는데 이는 선포 내용이
자신의 주장이거나 사유의 산물이 아닌 보낸 이(여호와)의 말씀이라는 점을
분명히 하는 태도인 것이다. 이 공식이 쓰인 예는 일일이 들 수 없을 정도로

---

4. 여호와의 손 계시 공식 (Hand of Yahweh Revelatory Formula, Hand Yahwes Offenbarungsformel): 계시 수납 상황을 설명하는 "여호와의 손이 내 위에 임했다"("The hand of the Lord was upon me") (겔 1:3; 3:14, 21; 왕하 3:15);

5. 사자 공식 (Messenger Formula, Botenformel): 사자가 보낸 이의 말을 전할 때 그 메시지의 서두에 "이렇게 말씀하신다"("Thus says"; כה אמר)를 씀 (창 32:4; 45:9; 민 22:15-16; 왕하 18:29); 선지서에는 특히 "여호와께서 이와 같이 말씀하신다"("Thus says the Lord"; כה אמר יהוה)로 정형화되어 많이 쓰임 (이 공식이 특히 많이 쓰이는 책은 예레미야와 에스겔; 호세아, 요엘, 하박국, 스가랴에는 전혀 쓰이지 않음);

6. 선지적 언설(言說) 공식 (Prophetic Utterance Formula, Prophetische Offenbarungsformel): "여호와의 언설/말씀이라"("the utterance of the Lord"; נאם יהוה)로서 말씀 단위의 제일 끝에 붙여져 말씀의 한 단락이 마침을 보임 (암 2:11,16);

7. 선지적 말씀 공식 (Prophetic Word Formula, Prophetische Wortereignisformel): "여호와의 말씀이 나에게 임했다"("the word of the Lord came to me"; ויהי דבר יהוה אלי) (겔 12:8);

8. 인지(認知) 공식 (Recognition Formula, Erkenntnisformel): 하나님의 행동(심판 또는 구원)의 목적(목표)을 나타내는 "너희가(그들이) 나를 여호와인 줄 알리라"("you[they] shall know that I am the Lord) (겔 12:16, 20; 13:14, 23).

38) 이 구절은 영역들에서는 'Thus says the Lord'로 비교적 일관되게 번역되었으나 한글 번역들에서는 "여호와께서 가라사대," "여호와의 말씀이 이러하시다" 등으로 조금씩 다르게 번역되어 있다.

39) 공식이란 일상 언어에서도 흔히 발견되는 것들이다. 예컨대, 이제는 거의 사어가 되었지만 편지를 쓸 때는 으레 "o o o 전상서"라는 말을 썼었다. 이것은 서신서두공식이라 할 수 있을 것이다. 또 정치지도자들이 대국민담화를 할 때마다 "친애하는 국민 여러분"이라는 말로 연설을 시작한다. 이것은 연설공식이라 할 수 있다. 사극 등에 보면 왕의 명령을 전달하는 사신이 수신자(신하나 백성)에게 어명이 적힌 두루마리를 건네기 전에 반드시 "어명을 받으라"고 크게 외치는 것을 본다. 이것은 성경에 "여호와께서 이렇게 말씀하신다" 하는 외침과 같은 성격의 것으로 이것도 사자 공식이라 할 수 있다.

많다. 예레미야와 에스겔에 특히 많이 쓰이고 있고 아모스 한 권의 경우만
보아도 1:3, 6, 9, 11, 13, 2:1, 4, 6 등 수없이 많은 보기를 들 수 있다. 에스겔은
아예 소명 시점부터 설교시마다 이 공식을 쓸 것을 명령받고 있는 것을 볼
수 있다(2:4; 3:11, 27). 이 공식이 이처럼 '공식'으로 사용된 것은 선지자들의
임무가 하나님의 말씀을 대언(代言)하는 것이었음을 단적으로 보여주는 것이다.
선지자들 자신도 자신들이 여호와의 대언자/사자라는 강한 자의식을 가지고
있었을 것임에 틀림없다.[40]

IV. 선지자의 임무와 기능에 대한 결론

이와 같이 선지자의 역할과 기능에 대하여 명칭과 소명 기사, 그리고 사자
공식을 중심으로 살펴보았다. '프로페테스'(profh,thj)의 pro를 시간적인 의미로
취하지 말고 공간이나 방향의 의미로 취해서, 선지자를 "foreteller"(미리 말하는
자)로 해석하지 말고 "forthteller"(향하여 말하는 자, 곧 선포자)로 해석하자는
그레이다너스 교수의 의견은 매우 타당하다고 본다.[41] 어차피 영어(독일어)나
헬라어 명칭을 어원론적으로 분석해서 단어의 정확한 의미를 결정하기는
어렵다. 히브리어 어원론에 의하면 "선포자," "대변인" 쪽에 상당히 무게를

---

40) Blenkinsopp, *A History of Prophecy*, 38. Blenkinsopp는 몇몇 선지자들이 여호와의 임재
   앞에 나아가 하늘 어전회의에 참석한 (그리고 그 후에 보내심을 받은) 자신들의 경험을
   말하면서 다른 이들(거짓 선지자들)에게는 그러한 특권이 주어지지 않았음을 강조한 사실들
   도(왕상 22:19-23; 사 6; 렘 23:18) 선지자들의 사자로서의 강한 자의식을 증명하는 것이라고
   지적하고 있다. Blenkinsopp, 38.
41) Greidanus, *The Modern Preacher and the Ancient Text*, 230. Greidanus 자신이 선지자의 일차적
   관심은 현재였음을 말하면서 이 점을 오해 없이 전달하려면 "prophet"은 "forthteller"로
   이해해야 한다고 역설하고 있다.

두는 결론을 낼 수 있으리라 본다. '나비'(נבֿיא)의 명사유래동사 '나바'(נבֿא)의 용도를 살핀 바로도 유사한 결론에 이르게 된다. 가장 정확한 어의(語義) 결정은 성경 본문에서 문맥이 말하는 바를 따르는 것이다. 소명 기사나 사자 공식은 무엇을 말해주는가? 어원론에서 내린 잠정적 결론처럼 선지자는 "말하는 사람," 즉 "대변인/대언자," "선포자/사자"라는 결론에 이르게 된다. 로버트 알터(Robert Alter)도 선지 말씀의 기능은 예언(prediction)이 아닌 꾸짖음(reproof)이라고 말하면서[42] '나비'는 "대변인"(spokesman)으로 이해하는 것이 마땅하다고 역설한다.[43] 그레이다너스의 주장처럼 선지자를 현재에 우선적 관심을 가진 "forthteller"로 해석하는 것이 적절한 이해로 보인다.[44]

통념적 오해(또는 선입견)처럼 선지자를 예고자(豫告者) 또는 예보자(豫報者), 즉 미래의 일을 "예언"(豫言)한 사람(predictor)으로 간주하는 것은 선지자에 대한 이해로서 충분하지도 적절하지도 않다. 선지자를 대변인으로 이해하는 것이 이러한 오해를 푸는 데 중요하다. 물론 선지자는 미래의 일을 말했다. 미래에 재앙이 올 것이라는 것과 더 먼 미래에 회복이 올 것, 그리고 아주 먼 미래에 하나님의 의가 실현되는 그분의 왕국이 올 것이라는 것까지 말했다. 그러나 선지자의 일차적인 임무는 그 자신이 살던 당시를 향해 말하는 것이었다는 점을 결코 간과해서는 안 된다. 이 점을 놓친다면 선지자들이 자신의 안전과 생명까지 걸고 당시의 종교적 사회적 타락에 항의하면서 할 수 있는 데까지 민족의 현실을 고쳐보려 한 "선지" 정신 그 자체를 놓치게 되기 때문이다.

---

42) Robert Alter, *The Art of Biblical Poetry* (New York: Basic Books, 1985), 141.

43) Alter, *The Art of Biblical Poetry*, 140-41.

44) '나비'를 "향하여 말하는 사람"(forthteller), "대변인"(spokesperson) 또는 "사자"(messenger, emissary) 정도로 해석하는 것이 적당할 것이다. '나비'의 기능을 mouthpiece("주둥이")로 표현하는 사람도 있으나 불러주는 말을 기계적으로 읊조리기만 하는 창의력 없는 전달자라는 인상을 주기도 하기 때문에 피하는 경향이 많다.

"예언적 메시지의 날카로운 칼끝은 현재를 겨냥하고 있었다."45) 앞으로 논하게 되겠지만 선지자는 심판을 말할 때에도 현재의 개혁을 목표하고 있었다. 현재에 대한 경고와 견책, 그리고 위로와 격려, 이러한 것들이 그 자체로 선지서의 핵심을 이룬다. 역시 다음에 논하게 되겠지만 선지서는 미래에 관한 여러 해석적 지평을 가지고 있는 것이 사실이다. 그러나 그러한 지평들도 선지서의 현재에 대한 적실성이 무시되는 상황에서는 의미를 가질 수 없는 것이란 점이 중요하다. 선지자들은 자신이 속한 시대를 향한 하나님의 간절한 부름을 읽었다. 그리고 외쳤다. 그러면서 자신의 시대에서는 희망을 발견할 수 없는 좌절의 상황 속에서 (먼) 미래의 소망을 보았던 것이다. 미래의 의미는 항상 현재를 향한 선포 속에서 그리고 그 선포와 더불어 주어졌다는 사실이 간과되어서는 안 된다. 이러한 이유들로 인해 선지자는 미래의 일을 말한 사람이기 이전에 하나님의 말씀을 전한 사람으로 이해하는 것이 기본적으로 중요하다. 그동안 현재를 향한 메시지를 소홀히 읽고 지나쳤던 시기가 많았기 때문에 더욱 그러하다. 선지자를 대변인/선포자로 이해하는 것이 선지서를 건전하게 해석하는 데 불가피한 첫걸음임을 재차 강조하지 않을 수 없는 이유가 여기에 있다.

---

45) Joel B. Green, 『어떻게 예언서를 읽을 것인가?』 한화룡 옮김 (서울: 한국기독학생회출판부, 1987), 64. Douglas Stuart 교수는 선지서의 내용 중 미래의 약속에 관한 부분은 일반적으로 생각되는 것과는 달리 매우 적은 분량임을 다음과 같이 말한다. "구약 예언 중 2퍼센트 미만이 메시야적이다. 5퍼센트 미만이 특별하게 새 언약 시대를 묘사하며, 앞으로 올 사건과 관련된 것은 1퍼센트 미만이다." Gordon D. Fee and Douglas Stuart, *How to Read the Bible for All Its Worth* (Grand Rapids, MI: Zondervan, 1981), 150.

제2장
심판 본문의 해석법

　선지서의 말씀들은(prophetic speeches) 크게 심판의 말씀(oracles of judgment)
과 구원의 말씀(oracles of salvation) 둘로 나뉘어진다.1) 구원(또는 회복)의
말씀은 내용이 긍정적이기 때문에 설교 본문으로 쓰고자 할 때 큰 문제가
없다. 그러나 심판의 말씀은 부정적이고 어두운 내용을 담고 있기 때문에
설교하기가 용이하지 않다. 따라서 선지서를 설교하거나 가르치려면 이 심판의
말씀을 어떻게 다루어야 하는지 알지 않으면 안 된다. 선지서 본문 전체에
대한 일반적 해석 원리는 나중에 다루기로 하고2) 이 장에서는 먼저 심판
본문을 해석하는 법에 대하여 살피기로 한다.

---

1) 1960년대 Westermann의 연구 이래 선지 말씀(prophetic speeches)은 대체로 이 두 가지로
나뉘어 생각된다. 참고: Claus Westermann, *Basic Forms of Prophetic Speech*, trans. H. C.
White (Philadelphia: Westminster/John Knox Press, 1991), 90-98 (특히 pp. 94, 95, 96). Alter는
Westermann의 "분류"가 너무 현학적이라고 불만을 나타내면서 "monitory poems"(계고적
시), "poems of consolation"(위로의 시) 등 덜 전문적인 용어로 선지 말씀을 나눈다. Robert
Alter, *The Art of Biblical Poetry* (New York: Basic Books, 1985), 155-56, 217 (Chapter VI,
n. 3).
2) 선지서 본문 전체에 대한 해석 원리는 다음 장에서 다루게 된다.

I. 심판 본문의 해석법

심판의 말씀은3) 주제(theme)와 목적(purpose)을 나누어 생각해야 한다고 그레이다너스 교수가 바르게 지적하고 있다.4) 심판의 말씀은 말 그대로 심판(다가올 재난)을 선포하는 것이다. 사실 선지자들은 앞 장에서 예를 든 소명 기사들에서 보았듯이 기본적으로 심판을 선포하도록 부름 받은 사람들이었다. 따라서 이들의 메시지는 두려움을 자아내며 그것 자체로는 암울하기 짝이 없는 것들이다. 선지서의 심판의 내용을 어둡다고 다 폐기 처분하는 것도 옳은 일이 아니요, 그렇다고 그 말씀들을 아무 생각 없이 액면 그대로 전하는 것도 (상당한 부작용을 부를 것이 분명하기 때문에) 추천할 일이 못된다. 그렇기 때문에 설교자가 심판의 본문을 설교하려면 심판의 말씀이 주어진 목적에 대해서 숙고할 필요가 있다. 심판의 말씀의 주제는 말 그대로 심판이다. 얼마 있으면 이스라엘이, 유다가, 또는 이방의 어떤 성읍이 망한다는 것이다. 그러나 심판이 끝이 아니다. 심판의 말씀에는 회개라는 목적이 들어있다. 즉 심판이라는 주제를 선포하고 있지만 심판은 목적을 이루기 위한 방편일 뿐이며, 그것을 선포하는 목적은 듣는 이들을 회개시키기 위한 것이다. 즉 말씀을 듣는 사람들이 두려움을 느끼고 삶의 방식을 바꾸어 하나님께 돌아오도록 하기 위한 것이다.

여기서 선지서에서 선포되는 심판의 특징을 살필 필요가 있다. 그것은

---

3) 심판의 말씀(oracles of judgment)은 다시 "직접 꾸짖음"(direct accusation), "다가오는 재난에 대한 선포"(announcement of impending disaster), "풍자"(satire) 등으로 나눠질 수 있는데(이에 대해서는 4장에서 상세히 다루게 됨), 여기서 심판의 말씀이란 논의를 간단히 하기 위해서 다가오는 재난에 대한 선포를 주로 의미하는 것으로 하기로 한다. 심판의 말씀의 분류에 대해서는 Alter를 참고: *The Art of Biblical Poetry*, 141.

4) Sidney Greidanus, *The Modern Preacher and the Ancient Text* (Grand Rapids: Eerdmans, 1988), 259.

항상 조건적이다.5) 사람들이 말씀을 듣고 회개하면 하나님은 계획했던 심판도 바로 거두어 버리신다. 애초부터 벌을 주는 것이 하나님의 목적이 아니었음을 알 수 있다. 예컨대, 요나를 통해서 니느웨 심판이 선포된 경우에도(3:4) 성읍이 회개함에 따라(3:5, 8, 10) 하나님은 "뜻"을 돌이키셔서(3:10) 이어 선포된 재앙을 내리지 않으시는(3:10) 것을 볼 수 있다.

설교자들은 이 점을 염두에 두어야 한다. 즉 심판의 말씀들을 버리지 말고 설교하되 다만 그 말씀들의 목적을 이해하고 설교하면 되는 것이다. 설교자는 심판의 말씀을 주시는 하나님의 마음(목적)을 읽고 그 마음을 설교하면 된다. 이렇게 하여 폐기 위기에 처해 있는 수많은 심판의 본문을 구해낼 수 있다. 하나님이 죄인인 개인과 죄에 빠진 사회를 부르시는 부르심을 읽어내기만 하면 다 살려낼 수 있는 것이다. 그레이다너스의 말을 빌어 결론을 맺으면 심판의 본문은 그 주제를 설교의 주제로 삼는 것이 아니라 그 목적을 설교의 주제로 삼아서 설교하면 된다는 것이다.

II. 선지서에 나타나는 하나님의 공의와 사랑

심판의 말씀을 어떻게 설교할 것인가 하는 것은 아브라함 헤셸(Abraham Heschel)의 견해를 통해서도 도움을 받을 수 있다. 헤셸은 하나님이 의(righteousness)와 공의(justice)의 심판을 말씀하시지만6) 그 저류에는 그분의

---

5) Greidanus, *The Modern Preacher and the Ancient Text*, 259.
6) 의(righteousness)는 '처다카'(צדקה)(또는 '체델'[צדק])를, 공의(justice)는 '미쉬팥'(משפט)을 번역한 말이다. 한글 번역들에서는 각 단어를 일관되게 번역하지 않고 있어 약간의 혼동이 있다. 본서는 의와 공의로 표준화하여 번역하기로 한다.

깊은 사랑이 흐르고 있다는 점을 거듭 강조하고 있다. 헤셸은 이 사랑을 하나님의 파토스(divine pathos)라 부른다.[7]

우선 헤셸은 하나님의 의(義)라는 것 자체가 사랑을 의미하는 것임을 강조한다. 그는 공의(justice)는 '형태'(form)에 해당하고 의(righteousness)는 '의미'(meaning)에 해당한다고 말하면서 하나님이 원하시는 '의미'로서의 의는 자선(benevolence), 호의(kindness), 관대(generosity)를 의미한다고 본다.[8] 즉 의란 하나님의 "불타는 듯한 동정심"(burning compassion)이다.[9] 서양 신학에서 의의 개념이 과도히 법정화되고 비인격화 중성화되어 있는 점을 감안하면 의를 파토스로 이해한 헤셸의 관점은 매우 적절한 도움을 준다. 공의도 통상적으로 이해되고 있는 것과 다르다. 선지서에서 주장되는 하나님의 공의(justice)에 대해 헤셸은 다음과 같이 말하고 있다:

> 공의란 (무조건) 동등한 공의(equal justice)가 아니었고 가난한(약한) 자들에게 호의를 베푸는 편의(偏倚)(a bias in favor of the poor)였다. 공의는 언제나 고아와 과부를 위한 자비에로 기울고 있었다.[10]

즉, 하나님의 공의란 비인격적이고 기계적인 사회적 법적 평등을 말하는 게 아니고 약자들에 대해 자비를 베풀며(merciful) 동정을 주는(compassionate)

---

7) Abraham J. Heschel, *The Prophets*, 2 vols. (New York: Harper & Row, 1962)의 1권 10장과 11장(pp. 187-220)을 참고할 것. Heschel은 1권에 이어 2권에서도 계속해서 여러 개의 장을 할애하여 하나님의 파토스에 대해 다루고 있으나 2권의 파토스 취급은 다소 철학적 논증에 치우치는 경향을 보이고 있다. 1권의 10장과 11장이 성경을 이해하는 데 보다 도움이 되는 내용을 제공한다.

8) Heschel, *The Prophets*, vol. 1, 201.

9) Heschel, *The Prophets*, vol. 1, 201.

10) Heschel, *The Prophets*, vol. 1, 201. Heschel은 이 표현을 R. Niebuhr, *Pious and Secular America* (New York, 1958), 92에서 인용하여 사용하고 있다.

그러한 공의였다는 것이다. 다음의 성경 구절이 공의와 자비의 관계를 잘
설명해 준다.

> 그러므로 여호와께서 너에게 은혜를 주시려고[11] 기다리시도다;
> 그러므로 그는 너에게 자비를 보이시려고[12] 그 자신을 높이시도다.
> 왜냐하면 여호와는 공의의 하나님이시기[13] 때문이다;
> 그를 기다리는 모든 이에게 복이 있도다! (사 30:18)[14]

그러므로 공의란 것도 사실은 무인격적인 법률성(legality)을 의미하는 것이
아니라 사랑의 행위(act of love)에 다름 아니었던 것이다. 모든 공의의 배후에는
하나님의 동정(compassion)이 있었던 것이고 모든 공의의 시행(또는 그 시행의
명령)은 다름 아닌 관심이었고 사랑이었으며 파토스였던 것이다.[15]

하나님의 의 또는 공의의 요구와 그 결과에 대해 책임을 묻는 심판을
모두 통틀어 하나님의 에토스(divine ethos)라고 이름해 보자. 이것은 인간에
대해 매우 냉혹하고 메마르며 잔인하기까지 한 어떤 것으로 여겨지곤 한다.
그러나 성경의 에토스는 그러한 비인간적이고 중성적인 무엇이 아니라 관심으
로 표현되고 인격화되어 나타나고 있다는 것을 인식하는 것이 선지서 이해에
무엇보다 중요하다. 하나님이 설교 대상에게 의를 요구하고 의를 이루지 못할
때 심판을 거론한 것은 심판 그 자체가 목표가 아니었고 돌이켜서 바른 길에
섬으로 참된 복을 받기를 원하시는 그분의 사랑 때문이었다. 즉 하나님의
에토스는 바로 그의 파토스에서 우러나온 것이요, "그의 에토스는 파토스

---

11) לחננכם.
12) לרחמכם.
13) אלהי משפט.
14) 필자의 사역.
15) 참고: Heschel, *The Prophets*, vol. 1, 201.

없이는 도대체 작용할 수 없는 것이었다."16) 즉, "하나님의 에토스와 파토스는 (둘이 아닌) 하나라는"17) 말이다.

비근한 예로 요나가 멸망을 선포한 니느웨의 경우를 살펴보자. 하나님이 선지자로 부르셔서 처음에는 기피했지만 순종할 수밖에 없었던 요나는 니느웨에 가서 마지 못해 하면서 임박한 멸망을 선포한다.

사십일이 지나면 니느웨가 무너지리라. (욘 3:4)

이 말씀이 전해질 때 요나서의 여러 기적 중의 하나라고 할 수 있는 사건인 니느웨 전체가 회개하는 사건이 발생한다. 이때 요나서는 하나님이 "뜻을 돌이키셨다"고 보도하고 있다. 하나님이 뜻을 돌이키시는 것을 강조하고자 함인지 뜻을 돌이키신다는 말을 세 번이나 반복하여 언급하고 있다(3:9, 10; 4:2). 비록 전달하는 자가 부적절한 자세로 전한 말씀이었고 쉽사리 돌이킬 것으로 기대되지도 않은 성읍이었지만 니느웨는 "악한 길에서 돌이켜 떠났으며"(3:10) 하나님은 내리시겠다고 예고하신 재앙을 즉각 취소해 버리셨다. 심판은 애초부터 하나님의 목표가 아니었던 것이다. 돌아오기를 고대하시면서 선언한 사랑의 부르심일 뿐이었다는 것을 알 수 있다. 이방에 대해서 이러하신데 하물며 언약을 맺으신 이스라엘에 대해서야 말할 것이 없을 것이다.

하나님의 파토스는 선지서 자체의 구성 속에서도 확연히 엿볼 수 있는 바이다. 선지서를 처음 읽으면 선지자들의 정서가 불안정하게 느껴질 정도로 메시지에 일관성이 없는 경우를 본다. 즉, 심판의 말씀을 열심히 선포하다가 불현듯 회복과 구원의 말씀을 내뱉는 경우들이다. 너무 예상 밖의 일이어서

---

16) Heschel, *The Prophets*, vol. 1, 218.
17) Heschel, *The Prophets*, vol. 1, 218.

그 단절성이 독자를 당혹하게 한다. 한 예를 든다면 호세아 2장 14절의 경우이다. 2장 2절에서부터 13절까지는 이스라엘이 바알을 사랑하여 좇고 축제를 벌인 것 때문에 이스라엘을 벌하겠다고 심각한 어조로 위협을 하고 있었다. 그러나 14절을 넘어서면서부터는 갑자기 하나님께서 이스라엘을 조용히 광야로 불러서 부드럽게 속삭이겠으며 포도원을 주고 희망을 주겠다고 하신다(14, 15절). 그리고는 이스라엘을 참된 아내로 삼고 언약을 회복시키겠다고 말씀하시는 것이다(16-20절). 이것은 무슨 종류의 변화 또는 변덕인가? 독자는 이러한 예기치 못한 일관성 없는 변화를 어떻게 이해해야 하는가? 아마 한 가지 적절한 답이 있다면 그것은 하나님의 본마음이 드러난 결과라고 설명하는 길이 아닐까 생각한다. 즉, 하나님의 마음속에는 죄를 꾸짖고 엄포로 심판을 말할 때부터 즉 아예 처음부터 억제할 수 없는 사랑이 끓고 있었던 것이다. 사람들이 죄를 짓고 있었기 때문에 그 사랑의 심정은 더욱 간절했을지도 모른다. 심판을 말씀하시는 동안도 진정으로 하나님의 마음속에 있었던 것은 유일하게 이 애끓는 동정심이었다. 그렇기 때문에 심판을 말하다가도 하나님의 파토스가 억제되지 못하고 새어 나오곤 한 것이 돌연히 불쑥불쑥 튀어나온 구원의 말씀이 아닌가 한다. 이상하게 보일 정도로 불연속적으로 표출되는 구원의 말씀을 하나님의 마음속에 내재되어 있던 그러나 억제하기 어려울 정도로 끓어오르고 있던 그분의 파토스의 표출로 본다면 우리는 선지서 내에 일어나는 매우 이해하기 어려운 현상 하나(구원의 말씀이 급격히 나타나는 것)를 새롭게 이해하게 되는 셈인 것이다. 호세아 2:14에 나타나는 구원의 말씀으로의 급격한 국면 전환은 바로 하나님의 파토스의 예기치 못한 표출에 다름 아닌 것이다. 이러한 돌연한 파토스의 표출은 선지서 전체의 특징인 점이 주목할 만하다. 의와 심판을 말하는 선지서의 역사 해석의 저류에는 바로 하나님의 파토스가

흐르고 있다는 사실이 기억되어야 한다. 메마른 법률의 적용이 아니라 하나님의
통렬한 심정이 선지서의 역사 해석의 기조였다는 사실을 기억할 때만 선지서는
바른 각도로 읽혀질 수 있는 것이다.

하나님의 파토스는 선지서의 결론 부분들을 볼 때도 분명해진다. 많은
심판의 말씀을 하고 있으나 선지서들은 거의 모두 구원과 회복의 말씀으로
끝을 맺는다. 물론 이 구원과 회복은 징계를 거친 구원이요 회복인 것은 사실이다.
그러나 어쨌든 하나님은 심판을 마지막 목표로 삼으신 것이 아니었고 궁극적으
로 자신의 백성을 회복시키려 하셨다는, 즉 인간의 역사를 보시면서 그 마음
깊은 곳에는 파토스를 가지고 계셨다는 사실을 말해준다. 선지서의 결론 부분에
대해서 몇 경우만 예를 들어보자.

이사야 40-66장: 위로
에스겔 40-48장: 하나님의 새 왕국의 계획
아모스 9:11-15: 다윗 왕국의 회복
호세아 14:4-9: 용서의 확신
미가 7:11-17: 회복의 예언; 7:18-20: 하나님의 동정하심과 불변적인 사랑
스바냐 3:14-20: 기쁨의 노래
학개 2:20-23: 스룹바벨에 대한 하나님의 약속
스가랴 14:1-21: 미래의 전쟁과 최후의 승리
말라기 4:1-6: 여호와의 위대한 날.

III. 1장과 2장의 요약

1장에서는 선지자의 기능이 점쟁이처럼 미래를 예측하는 것이 아니고
하나님의 말씀을 대언하는 것임을 보였다. 이와 더불어 선지자의 첫째 관심도

미래가 아닌 현재임을 분명히 하였다. 선지서에 미래의 지평이 있지 않다는 것이 아니다. 선지서야말로 당시를 넘어서서 미래에 성취되는 바에 대해 해석의 시평을 넓히지 않으면 안 되는 책들이다.18) 그러나 그럴수록 선지서는 더욱 그 말씀들이 당시에 대해 가졌던 의미를 진지하게 살피지 않으면 안 된다. 그렇지 않으면 말씀들이 미래에 대해 가지는 함축도 바로 찾을 수 없고 말씀이 말하고자 했던 핵심도 놓치게 되고 말 것이기 때문이다.

2장에서는 선지서는 (특히 심판 본문의 경우) 본문의 주제가 아닌 목적을 설교의 주제로 삼아야 함을 말하였다. 선지서의 말씀들에는 하나님의 파토스가 녹아 있다. "하나님은 그 사랑하시는 자를 징계하시기를 마치 아비가 그 기뻐하는 아들을 징계함같이 하신다"(잠 3:12) 하신 말씀처럼 어려운 꾸지람과 심판의 말씀들이라 하더라도 그것은 하나님의 자비와 관심과 사랑의 표현에 다름 아닌 것이었다는 것을 기억하는 것이 중요하다.19) 표면적으로 선지자들은 메마른 공의의 선포자들처럼만 보이나 실상 그들은 "하나님의 파토스의 선포자들"이었음을20) 유념하면 선지서를 더욱 깊이 그리고 바르게 주해할 수 있는

---

18) 이 점은 다음 장(3장)에서 상세히 논하게 된다. 예수께서 자신을 선지서의 주제 또는 완성이라고 말씀하고 계시기 때문에 선지서의 해석은 자연스레 신약 시대에로 그 지평이 넓혀질 수밖에 없게 되어 있다. 참고할 신약의 말씀: 마 5:17 "내가 율법이나 선지자를 폐하러 온 줄로 생각하지 말라 폐하러 온 것이 아니요 완전하게 하려 함이라"; 눅 24:27 "모세와 및 모든 선지자의 글로 시작하여 모든 성경에 쓴 바 자기에 관한 것을 자세히 설명하시니라"; 눅 24:44 "모세의 율법과 선지자의 글과 시편에 나를 가리켜 기록된 모든 것이 이루어져야 하리라" 등.
19) 벌이란 역사적으로 3가지 의미로 나타난다 한다. 즉, 응보적(retributive) 벌, 억제적(deterrent) 벌, 개혁적(reformatory) 벌 등이다. 선지서의 심판과 징계는 이들 중 억제적 벌과 개혁적 벌에만 해당하고 응보적 벌의 성격은 띠지 않는다는 것이 Heschel의 주장이다. 즉 하나님은 형벌을 말씀하시지만 죄 값을 물으려고 하시는 것이 아니었고 더 범죄하는 일을 방지하고 이스라엘의 성품을 개혁하고 정화하려는 목적만 가지고 계셨다는 말이다. 하나님의 징계는 파괴적인 것이 아니었고 순화의 목적을 지닌 것이었다. 참고: Heschel, *The Prophets*, vol. 1, 187.
20) Heschel, *The Prophets*, vol. 1, 219.

것이다.21) 인류 역사상 가장 아름다운 시라 해도 과언이 아닐 이사야 12:2는 큰 진노 중에도 그의 백성을 사랑하시는 하나님의 구속적 사랑이 잘 나타나 있는 말씀이다.

> 보라 하나님은 나의 구원이시라;
> 내가 의지하고 두려워 아니하리로다;
> 왜냐하면 여호와 하나님은 나의 힘이요 내 노래이시기 때문이다,
> 그는 나의 구원이 되셨도다!22)

선지자가 누구인가 하는 것과 심판 본문을 어떻게 해석할 것인가 하는 것은 선지서 주해에 있어 가장 기초가 되는 사항이다. 1, 2장의 논의를 기초로 3장에서는 선지서 본문 해석의 일반 원리에 대해 다루게 된다.

---

21) VanGemeren은 엘리야와 그의 전통을 잇는 기록 선지자들을 "covenant prosecutors"(언약 기소자들)라 부르고 있다. Willem A. VanGemeren, *Interpreting the Prophetic Word* (Grand Rapids: Zondervan, 1990), 36-38. 선지자들이 언약에 기초하여 이스라엘 역사를 해석하고 비판했다는 점에서 이 표현은 옳다. 그러나 이스라엘의 선지자들은 고발하는 일에만 머무르지 않고 비판을 넘어서서 하나님의 파토스를 전한 사람들이었다는 본질적 이해가 전제되어야 이 표현은 오해의 소지 없이 쓰일 수 있을 것이다.

22) 필자의 사역.

제3장

선지서 해석의 기본 지침

앞의 1장과 2장에서는 선지자의 임무와 기능은 어떤 것이었는지와 심판 본문을 어떻게 해석할 것인지에 대해 다뤘다. 이 장에서는 선지서 본문 일반에 대한 해석 지침을 다루게 된다. 선지서 본문을 설교하려는 사람에게 이 지침은 가장 기본적인 길잡이가 될 것이다. 선지서는 주로 시로 되어있으며 성경 다른 부분의 시들처럼 많은 상징이 사용되고 있다. 또한 하나의 본문은 당시의 현재를 향하여 날카로운 일성을 발하는가 하면 역사의 끝에 이루어질 미래적 약속에 대해 깊은 운을 띄우기도 한다. 이러한 특수성 때문에 선지서들은 일정한 해석 지침이 반드시 필요하고 바른 해석을 위해서는 이 지침에 대한 숙지가 성경의 어느 부분보다도 더 요망된다 하겠다. 선지서 해석 지침을 정립하는 것은 선지서에 관한 여러 오해들을 푸는 데도 도움이 된다.

I. 선지서 해석을 위한 기본 지침

선지서는 당시의 이스라엘에게 선포된 치열한 설교일 뿐만 아니라 예수 그리스도의 초림과 재림, 내지는 영원한 하나님의 나라의 비전까지 포함하는 광범위하며 깊은 내용을 담고 있는 책들이다. 게다가 선지서의 대부분을 이루는 시에는 고도의 세련된 시작 기법들이 다양하게 채용되고 있다. 선지서 해석 지침을 세우는 데는 이러한 선지서 본문만이 갖는 특수성들이 충분히 고려되어야 한다. 다음의 네 가지를 선지서 해석을 위한 지침으로 삼고 본문 주해에 활용한다면 적절할 것으로 생각된다.

1. 말씀이 전해진 당시의 역사적 정황을 이해할 것
2. 그 구체적 정황에서 무슨 말씀을 하고 계시는지를 찾을 것
3. 그림언어(picture language)와 상징(symbolism)에 주의/주목할 것
4. 해석의 다른 지평들에 대해서도 고려할 것.

지침을 정하기 위하여 본서는 여러 학자들의 다양한 제안들을 검토했는데 그 중에도 시드니 그레이다너스,[1] 칼 에멀딩,[2] 데니스 레인[3] 등의 견해를 집중적으로 참고하였다. 특히 지침의 제목들은 데니스 레인의 제안이 가장 적절한 것으로 보고 그를 따랐다. 레인 목사는 전문 구약 학자가 아님에도 신학생과 목사들을 위한 안내로서 매우 잘 정돈된 지침들을 제시하고 있다. 이제 이 네 가지 지침을 하나씩 살펴보기로 하자.

1. 말씀이 전해진 당시의 역사적 정황을 이해할 것

선지서 본문을 바로 해석하려면 무엇보다 먼저 말씀이 전해진 역사적

---

1) Sidney Greidanus, *The Modern Preacher and the Ancient Text* (Grand Rapids: Eerdmans, 1988), 228-62.
2) Carl E. Emerding, "구약의 예언을 어떻게 이해할 것인가?," 「그말씀」 (1997. 6), 56-68.
3) Dennis Lane, "선지서를 어떻게 설교화할 것인가," 「그말씀」 (1997. 6), 180-88.

정황에 대한 정확한 이해가 필요하다. 선지서의 내용은 한마디로 이스라엘의 삶에 대한 '하나님의 역사 해석'이라고 할 수 있다. 하나님께서 자신의 백성 이스라엘의 삶을 보시면서 그들과 맺은 언약(특히 모세 언약)의 관점에서 그것의 잘잘못을 평가하신 것이다. 이스라엘의 당시의 종교, 사회, 문화, 도덕, 정치 생활이 하나님의 해석(평가)의 대상이었고 선지자들은 이러한 역사에 대한 하나님의 해석(평가)을 사람들의 귀에 전달한 사람들이었다.4) 따라서 선지서의 말씀들은 그것이 전달된 실제적 상황인 역사와 분리되어서는 존재할 수 없는 것이다.

선지자들은 역사적 상황이라는 '현실'에 대해 말씀을 증거한 사람들이었다. 선지자의 원래 이름은 "보는 자"(seer)였는데,5) 이 말은 선지자들이 이스라엘의 현실을 직시했으며 동시에 그들에게 하나님이 하시고자 하는 말씀도 알 수 있었다는 의미를 지니고 있는 것으로 보인다.6) 역사가 하나님이 원하시는 방향과 어긋나게 가고 지도층은 일반 백성을 기만하고 있었지만 선지자들은 사회를 포장하고 있는 거짓의 베일 뒤에 가려진 사태의 진상을 꿰뚫어 보고 있었던 것이다. 그리고 그 진상에 대해 하나님의 추상같은 평가(심판)를 읽어 내었고 그것을 사람들의 귀에 거리낌 없이 공포하였다. 이러한 관계로 선지서의 말씀을 정확히 이해하려면 당시 이스라엘의 삶, 즉 역사적 정황에 대한 이해는 반드시 필요하다.

선지서 본문을 주해하는 사람은 당시 사람들의 사고방식과 생활 방식, 그리고 그들의 두려움과 문제점들이 무엇인지 알아내야 한다.7) 대부분의 선지

---

4) 이러한 의미에서 보면 오늘날의 성경해석자(주석자) 또는 설교자들은 '해석을 해석하는' 사람들이라 불릴 수 있을 것이다.

5) '하짜'(חזה)와 '라아'(ראה) 두 단어가 쓰임.

6) 참고: Lane, "선지서를 어떻게 설교화할 것인가," 180.

7) 참고: Lane, "선지서를 어떻게 설교화할 것인가," 180.

서들의 배경이 되는 역사, 즉 열왕기 이후의 정치사에 대한 숙지가 필요하다.[8] 선지자들이 말씀을 선포한 역사적 상황은 이 정치사에 있어 이스라엘이 받은 압력과 관계가 있다.

> 이스라엘은 당시 두 열강 사이에 끼어 있었다. 서쪽에는 지중해가, 동쪽에는 사막이 안전한 방벽을 치고 있었지만, 남쪽에는 이집트라는 열강이, 북쪽에는 시리아나 앗시리아 혹은 바벨론 같은 열강이 자리잡고 있었다... 이스라엘의 문제는 열강 사이에 위치해 있었다는 것이다. 만약 한 열강이 북쪽으로부터 남쪽의 이집트를 멸하고자 내려올 때에는 이스라엘의 광대한 평야를 반드시 통과하게 되는 형국이었다.[9]

열강들이 내외부적 이유로 약해지거나 팽창정책이 일시적으로 소강상태를 보일 때에는 이스라엘에게 안정이 찾아오곤 했다. 이러한 기회를 이용하여 국경을 넓히거나 물질적 부와 군사력이 축적되기도 했다. 그러나 일단 열강들이 서로 싸우게 되면 그 사이에 끼어 영락없이 희생제물이 되곤 했다. 열강들은 이스라엘을 서로 자기편으로 끌어들이려 했는데 이 때 어느 한 쪽을 지지하게 되면 다른 쪽은 이스라엘을 멸하고자 했다. 설령 이스라엘 자체가 그들의 목표가 아니었다 해도 이 나라는 상대 열강을 향해 나아가는 길목이었고 작은 나라라 하더라도 적이 바로 옆에 위치하고 있는 것을 방치할 수는 없었기

8) 선지서를 이해하려는 사람들에게는 선지서 전체의 배경이 되는 역사, 즉 구약사에 대한 지식은 필수적이라 하겠다. 적절한 구약사 서적 한 권을 정하여 정독하는 것이 필요하다. 추천할 만한 서적들: Leon J. Wood, *A Survey of Israel's History* (Grand Rapids: Zondervan, 1970); 김희보, 『구약이스라엘사』 (서울: 총신대학출판부, 1981); 김의원, 『구약역사』 (서울: 개혁주의신행협회, 1995); Walter C. Kaiser, *A History of Israel* (Nashville, TN: Broadman & Holman, 1998). John Bright, *A History of Israel*, 4th ed. (Louisville, KY: Westminster John Knox Press, 2000)은 외국 신학교들에서 많이 쓰이는 구약사 교과서인데 창의적인 저술이고 구약사의 배경에 대해 풍부한 정보를 얻을 수 있으나 비평적인 입장에서 쓰였다는 점을 감안하여 주의하여 읽어야 한다.
9) Lane, "선지서를 어떻게 설교화할 것인가," 180-81.

때문이다. 이처럼 이스라엘은 열강 사이에 끼인 소국으로서 그 존립을 유지하려
면 큰 나라들의 눈치를 볼 수밖에 없는 위태한 상황에 늘 처해 있었다. 이러한
지정학적 여건과 사정이 대선지서들 전부와 대부분의 소선지서들의 배경에
해당한다. 이것을 염두에 두면 선지서를 주해하는 데 도움이 될 것이다.10)

많은 선지자들은 인내심이 부족한 이스라엘이 여호와 하나님을 버리고
이방의 신들을 열렬히 섬기던 시대에 살았다. 사람들은 높은 도덕적 기준으로
강도 높은 신앙 훈련을 요구하시는 하나님 대신 당장의 풍요와 안전을 약속하는
이방의 신들에 훨씬 매료되었다. 인간의 마음속에 있는 쉬운 방법으로 평화를
얻고자 하는 충동만이 지배한 시대였다. 사회는 물질만능의 가치에 휩쓸려
부패와 부도덕으로 얼룩졌다. 끝없는 탐욕으로 엘리트들은 폭력을 활용하여
부와 권력을 확대하기에 급급했다. 신앙의 순수함과 높은 가치로서 정의(正義)
는 소멸되고, 우상 숭배와 부조리, 그리고 억압과 착취가 사회를 갈기갈기
찢고 있던 때였다.11) 모든 사회 구조가 분해 위기 앞에 있었고, 그야말로
심판은 임박해 있었다.

그러나 물론 선지서 본문을 주해하는 사람은 특정한 예언의 말씀(a prophetic

---

10) 참조: Lane, "선지서를 어떻게 설교화할 것인가," 181.

11) Abraham Heschel은 선지자들이 역사를 어떻게 생각했는지에 대해 잘 정리했다. 선지자들이
보기에는 역사란 인간 또는 인간의 복지 따위와는 거리가 먼, 오직 권력만 지향하고 권력의
논리로만 움직인 생물체였을 뿐이었다는 것이다. 역사는 권력을 지향하는 오만 방자한
인간들이 목적을 이루기 위하여 온갖 수단과 방법을 가리지 않으며 미쳐 돌아간 장(場)이다.
권력과 부의 확대를 위하여 검과 폭력만이 난무한 비극의 마당이었다. 이러한 탐욕의
바다에 하나님의 계명이나 정의란 것은 찾아 볼 수 없었다. 인간의 가치와 존엄성이란
것도 설 자리가 없었다. Heschel의 말을 빌면, 역사는 선지자들에게 하나의 '악몽'(nightmare)이
었다. 이 미친 듯이 돌아가는 권력(그리고 더불어 부[富])에 대한 탐욕(그리고 그 수단인
폭력)에 대해서 최초로 비판하고 정죄한 사람들이 성경의 선지자들이었다. 선지자들은
이스라엘을 포함한 세상의 국가들이 힘에 의지하여 자신의 목적을 달성해 나가는 것을
악(evil)으로 규정한 역사상 최초의 사람들이라는 것이다. Abraham J. Heschel, *The Prophets*,
vol. 1 (New York: Harper & Row, 1962), 159-86.

speech)이 어떠한 구체적인 상황에서 선포된 것인지 항상 정확하게 알 수는 없다는 사실을 인정해야 한다. 말씀이 선포된 날짜가 명시되어 있는 경우라든지 선포된 상황이 산문으로 설명이 된 경우 등 몇 경우를 제외하고는 대체로 말씀들은 아무 설명 없이 선포된 내용만 기록되어 있는 경우가 많다. 이러한 경우는 선지자가 활동한 시기의 역사적 정황을 대강 전제해서 말씀을 해석하는 수밖에 없다.12) 선지서의 말씀들은 해석자의 이러한 추론에 의존하여 해석되는 경우가 많다고 해야 할 것이다. 그리고 그 중에 많은 경우는 그러한 추론이 무리 없이 적용될 수 있다고 본다. 왜냐하면 선지서의 말씀들은 애초에는 특정한 상황을 위해 주어진 것이지만 기록하실 때에는 하나님께서 인간 역사의 일반적인 상황에 대해서도 말씀하시려고 하신 것이기 때문에13) 상황에 대한

---

12) 물론 이것도 선지자의 활동 연대가 비교적 분명히 알려진 경우나 가능하고, 요엘, 하박국, 요나, 오바댜 등, 선지자의 활동 연대가 명확치 않은 경우는 그나마 그런 추론마저 어디까지나 가설에 그칠 어려움은 있다.

13) 이 점에 관해서는 최근의(대략 1980년대 이후) "정경적 접근법"(Canonical Approach)이라는 해석법이 새롭게 주장하는 바도 흥미롭다. 정경적 접근법은 전통적인 보수주의 성경해석과는 다른, 비평주의 틀 안에서 새로이 제기된 성경 해석 방법인데 전통적인 비평주의가 성경을 더 이상은 교회의 신앙에 유용한 책으로 서 있을 수 없도록 만들어 놓은 데 대한 자체적 반성과 비판의 결과로 생긴 접근법이라 할 수 있다. 전통적인 비평주의가 성경 본문의 "역사적 정체"를 밝힌다고 하면서 있는 그대로의 본문의 의미를 무시 또는 등한시해온 데 대해 정경적 접근법은 현재 정경의 정경적 형태(canonical shape)가 형성된 데는 나름의 (신학적) 이유가 있는 것이기 때문에 그 이유를 파악하는 것이 중요하며 따라서 현재 문맥 속에서 갖는 정경 본문의 의미가 궁극적으로 중요하다는 입장을 취한다. 이 접근법의 주창자인 B. S. Childs가 선지서에 관한 그의 논문에서 밝힌 바가 이 입장을 잘 대변한다: "어떤 중대한 문학적 그리고 신학적 힘이 현재의 히브리어 성경을 형성하는 데 작용했다. 이 작용에 의해 원래는 어떤 특정한 세대만을 향해 주어졌던 선지적 말씀들은 정경적 과정에 의해 성경이 되면서 (오고 오는) 다른 세대도 쓸 수 있도록 재형성된 것이다"(A major literary and theological force was at work in shaping the present form of the Hebrew Bible by which prophetic oracles directed to one generation were fashioned in Sacred Scripture by a canonical process to be used by another generation). B. S. Childs, "The Canonical Shape of the Prophetic Literature," *Int* 32 (1978), 46. 이러한 Childs의 생각은 다음의 두 언급을 보면 더욱 명백해진다. "어떤 전승이란 것이 일단은 어떤 특수한 상황(milieu)에서 발생하여 다양한 역사적 상황(situations)에서 선포되었다 하더라도 그것은 (정경이 될 때) 그러한 원래의 역사적 상황에는 참여한 적도 없고 그에 대한 지식도 없는 이스라엘의 후세대들을

일반적인 추론이 그리 무리한 작업은 아닐 수 있다. 그러나 왜 그러한 특정한 말씀이 주어졌는지, 어떠한 정황이었기에 그 말씀이 주어졌던 것인지 하는 것을 파악하기가 매우 어려운 경우도 적지 않은 게 사실이다. 그러한 경우는 해석자의 상상력이 상황에 대한 추론과 본문의 해석에 상당한 영향을 미치게 될 수밖에 없다. 에스겔 14:12-23의 경우를 한 예로 들어보자.

에스겔 14:12-23에서 하나님은 이스라엘 땅에 대해 그것이 자신에 대해 신실하게 행하지 못했다고 꾸중하시면서 기근을 보내 심판하시겠다고 하신다 (12-13절). 그런데 그 다음에 느닷없이 노아, 다니엘, 욥 세 사람의 이름을 거명하시면서 그들이 그 땅에 산다고 하더라도 그들이 아무 힘도 되지 못할 것이라고 말씀하신다.

> 비록 노아 다니엘 욥 이 세 사람이 거기에 있을지라도 그들은 자기의 의로14) 자기의 생명만 건지리라 주 여호와의 말씀이니라.15) (14절)

향하여 하나님의 뜻을 하나의 규범으로 전달해 주기 위한 목적을 가지고 새로운 방식으로 제시되었다"(이해를 돕기 위해 필자가 어느 정도 의역함). Childs, "The Canonical Shape of the Prophetic Literature," 47. "(논의가 많은 이사야 40-55장은) 그 최종 형태(지금 성경 본문에 주어진 형태)가 어떤 선지적 메시지를 제공하기 위해 완전히 새롭고 비역사적인 틀(framework)을 가지고 주어진다. 그와 같이 주어진 최종 본문은 메시지를 원래의 역사적 정박지(original historical moorings)에서 분리시켜 미래에 오는 모든 세대들이 접근할 수 있도록 새롭게 제시된 것이다." B. S. Childs, *Introduction to the Old Testament as Scripture* (Philadelphia: Fortress Press, 1979), 337. Childs는 기존의 역사비평적 방법(historical-critical methodology)이 성경 본문의 원래의 역사적 자리를 찾는다면서 정경을 형성하는 핵심적인 요소들을 제거하여 성경으로 하여금 믿음의 공동체(교회)의 경전이 되지 못하도록 하는 우를 범해왔다고 강력히 비판한다(Childs, "The Canonical Shape of the Prophetic Literature," 47, 49 참조). 이처럼 일반 학계 자체에서도 성경 본문은 오고 오는 세대들을 위한 (일반적) 교훈의 의의가 있다는 것을 인정하기에 이르렀다. 성경 본문의 역사적 "배후"에 대해 그리도 강한 집착에서 벗어나지 못해온 서양의 비평학계가 이제 성경 본문들이 가지는 "무시간성," "영원성"에 근거한 진리들에 대해 인정하기 시작한 것은 매우 흥미로운 일이며 그동안 비평주의가 역사적 비평과 학문적 일관성이란 이름 아래 성경을 얼마나 황폐케 해왔는지를 가늠케 하는 대목이다.

14) '처다카'(צְדָקָה)는 "의"로 옮기는 것이 좋을 것이다. 개역개정의 "공의"는 의미 전달이나 일관성 면에서 적절치 않다. 개역개정이 개역한글의 "의"를 굳이 "공의"로 바꾼 이유가 분명치 않다.

그런데 이 말씀은 이후에도 세 번이나 반복하여 나타난다. "비록 이 세 사람이 거기에 있을지라도 나의 삶을 두고 맹세하노니 그들도 자녀는 건지지 못하고 자기만 건지겠고 그 땅은 황폐하리라 주 여호와의 말씀이니라"(16절); "비록 이 세 사람이 거기에 있을지라도 나의 삶을 두고 맹세하노니 그들도 자녀는 건지지 못하고 자기만 건지리라 주 여호와의 말씀이니라"(18절); "비록 노아, 다니엘, 욥이 거기에 있을지라도 나의 삶을 두고 맹세하노니 그들도 자녀는 건지지 못하고 자기의 의로16) 자기의 생명만 건지리라 주 여호와의 말씀이니라"(20절).17)

여러 무시무시한 방법으로(칼, 기근, 사나운 짐승, 온역 등) 심판이 내려질 것이라고 말씀하실 때에 이 세 사람의 이름을 거론하시는 이유는 무엇인가? 이 말씀을 하시게 된 정확한 배경은 알 수 없으나 아마 바벨론 유민들 사이에 예루살렘은 그 안에 의인들 몇이 남아 있기 때문에(창 18처럼) 도시 전체가 멸망하는 최악의 상황은 면할 수 있을 것이라는 근거 없는 소문이 급속히 번지고 있었던 것이 아닌가 싶다.18) 그래서 과연 예루살렘에 의인이 남아 있는지도 의문이지만 설령 노아, 다니엘, 욥과 같은 탁월한 의인들이 그 안에 있다 하더라도 그들로 인해 예루살렘이 구원받는다는 것은 있을 수 없는

---

15) 개역개정은 같은 구절을(נְאֻם אֲדֹנָי יהוה) 이 절과 다음에 인용되는 16, 18, 20절 들에서 "주 여호와의 말씀이니라"와 "나 주 여호와의 말이니라"로 일관성 없이 옮기고 있어 "주 여호와의 말씀이니라" 하나로 통일했다.

16) 14절에서처럼 צְדָקָה를 "의"로 옮김(개역개정, "공의").

17) 세 사람에 대한 네 번의 언급은 자체적으로 탄탄한 수사적 구조를 보여주고 있다. 우선, 노아, 다니엘, 욥의 구체적인 이름은 첫 번째(14절)와 마지막 네 번째 절(20절)에만 언급하므로 수미쌍괄(首尾雙括)의 봉투구조(inclusio)가 되게 한다. 이 봉투구조는 "자기의 의로"(בְּצִדְקָתָם)라는 말과 "자기의 생명만"(נַפְשָׁם)이라는 말을 역시 첫째와 마지막 절에만 언급하므로 강화된다. 그리고 첫째 절에는 없는 "나의 삶을 두고 맹세하노니"(חַי־אָנִי)와 "(자기) 자녀는 건지지 못하고"라는 말을 둘째 절 이후에 일제히 삽입함으로 전체 문맥이 흘러갈수록 강화되는 느낌을 주려 한 것으로 보인다.

18) 참고: P. C. Craigie, *Ezekiel*, DSB (Edinburgh, Scotland: Saint Andrew Press, 1983), 100-101.

일이라고 에스겔은 강변하는 것이다. 에스겔은 이스라엘이 포로로 잡혀와 있는 상황 자체의 어려움보다 오히려 그들이 가진 잘못된 가치관과 사고방식이 더 심각한 문제라고 생각했다. 그래서 그는 유민들의 이 잘못된 "정신"을 고치려고 애를 쓰는 것이다(겔 12장에서 24장 전체가 에스겔의 이러한 노력을 보여 줌). 그것은 이스라엘의 불행을 타개하는 바른 길이었다. 유민들의 생각은 달랐다. 그들은 자신의 불행에 대해 매우 안이한 자세를 취하여 자신들은 현재의 상황에 대해 책임이 없다고 생각했다. 운명은 누군가 다른 사람의 탓이나 덕에 의해서 결정되는 것이라 생각하며 현재의 불행은 곧 해소될 것이라는 안이한 희망의 메시지만 듣기 좋아했다. 아마 이러한 인기몰이식 위로는 거짓 선지자들이 퍼뜨린 것으로 보인다.19) 이는 그 자체가 잘못된 것일 뿐 아니라 유민들로 하여금 자신들이 처한 상황의 심각성을 깨닫지 못하게 하여 죄에 대한 도덕 불감증만 키우는 위험한 사상이었기에, 에스겔은 유민들이 가지는 거짓된 그리고 이단적인 희망을 차단하려 한 것으로 보인다.

2. 그 구체적 정황에서 무슨 말씀을 하고 계시는지를 찾을 것

선지서도 성경의 다른 책들처럼 신자의 신앙과 생활에 대해 적용되는 영원한 진리를 가르치는 책이다. 그러나 선지서의 교훈들은 일차적으로 당시의 청중에게 전해진 말씀이라는 사실을 간과하면 안 된다. 기원전 8세기에서 5세기까지 이스라엘 사람들의 삶에 대해 내려진 하나님의 역사 해석이라는

---

19) 거짓 선지자들은 하나님의 계시에 의존하기보다는 사람들이 듣고 싶어 하는 내용에 근거하여 값싼 위로의 메시지들을 전했다. 거짓 선지자들(혹은 인간의 종교)의 설교와 가르침에 반영된 이러한 요소를 VanGemeren은 "*vox populi*"(백성의 소리)라는 용어로 표현하고 있다. 참고: Willem A. VanGemeren, *Interpreting the Prophetic Word* (Grand Rapids: Zondervan, 1990), 26-27, 59-65.

말이다. 따라서 선지서의 말씀을 제대로 이해하려면 당시의 청중에게 무어라고 말씀하시는가 하는 점을 우선 파악해야 한다. 이것이 두 번째 지침의 요지이다.

선지서의 말씀은 두 가지 요소의 영향을 받아 형성되었다고 볼 수 있는데 하나는 하나님과 이스라엘이 맺은 언약(특히 모세 언약)이고 다른 하나는 이 언약 관계 아래서 영위된 이스라엘의 삶이었다. 선지서란 모세 언약을 기초로 해서 이스라엘의 삶을 평가한 하나님의 역사 해석이다. 하나님은 자신의 사랑에 기초해서 이스라엘을 택하시고 자기 백성을 삼으신 다음 당신의 이름을 영화롭게 하도록(또한 그로 말미암아 이스라엘이 생명에 이르도록) 삶의 벼리가 되는 법칙들을(계명) 주셨다. 그것이 모세 언약인 것이다.20) 그런데 이스라엘은 하나님의 은혜와 그가 주신 언약에 부응하는 삶을 전혀 살지 못한 것으로 나타난다. 그것이 이스라엘의 불행이며 비극이었고 선지자들이 역사를 "악몽"으로 간주하며 그토록 몸서리칠 수밖에 없었던 이유이다.21)

선지자들 중에서도 가장 비관적인 역사해석자라 할 수 있는 에스겔은 에스겔 20장에서 이스라엘의 삶의 파행, 즉 계명들을 지키지 않은 일에 대해 집중적으로 성토한다. 이스라엘의 역사를 회고하면서 거듭해서 성토하는 말은 이스라엘이 하나님의 율례와 규례를 지키지도 따르지도 아니하였고 안식일을 더럽혔고 우상만 쫓아다니고 그럼으로 말미암아 하나님을 반역하였다는(8, 13, 16, 21, 24, 28절) 것이다. 이것은 이스라엘의 역사를 잘 요약하고 있다.

---

20) VanGemeren이 선지 활동의 역사를 개관하면서 모세 언약 체결 당사자인 모세는 선지 운동의 "연원(淵源)"(the fountainhead)이라 부르고 가장 전형적인 선지자 엘리야는 "언약 기소자(言約起訴者)"(the covenant prosecutor)라 부르고 있는데 이것은 선지 활동 전체에서 모세 언약이 차지하는 비중이 얼마나 큰 것인가 하는 것을 잘 보여 준다. 참고: VanGemeren, *Interpreting the Prophetic Word*, 28, 36.

21) 주석가들은 선지자들이 역사에서 느낀 고통에 대해 여러 말로 표현한다. 한 예로 Craigie는 에스겔을 주석하는 중 이스라엘의 역사를 "tortured history"(고문당하듯 비틀린 역사)라 부른다. Craigie, *Ezekiel*, 150.

이스라엘이 한 일은 반역밖에는 없었다. 어느 것 하나 하나님의 은총을 받을 구석이라곤 전혀 없었다. 그들은 처음부터 반역자들이었고(8절; 겔 23:3 참고) 뿌리부터 반역의 종자들이었다(겔 16:3 참고). 에스겔 20장은 이스라엘의 비신실성이 가져온 절망감 때문에 선지자(하나님)가 거의 울면서 말하고 있는 듯한 느낌을 받게 한다. 이것이 언약에 의한 판별자들인 선지자들 앞에 드러난 이스라엘의 모습이었다. 선지자의 선포가 주어진 각각의 상황들은 경우에 따라 조금씩 다르지만 대체로 이러한 평가 범위 안에서 말씀이 주어졌다.

선지서를 해석하는 데 주의해야 할 점은 선지서의 말씀들은 이처럼 삶의 실제적인 상황에 주어졌다는 사실이다. 선지서를 읽으면서 실제적인 삶과는 동떨어진 영원하고 무시간적인 "진리"만을 구한다면 인간의 삶의 모습들에 대해 하나님이 어떻게 평가하시느냐 하는 선지서의 가장 중요한 부분을 놓치는 결과를 낳고 만다. 그리고 그것은 성경의 문자적 의미를 무시하는 오류가 되기도 하는 것이다. 선지서를 문자적인 의미 그대로 읽어보면 선지서는 하나님과 그의 백성 사이의 관계에 대해 우선적으로 관심을 보이며 그 관심을 치열한 언어로 표현하고 있다는 것을 쉽게 알 수 있다. 하나님은 이스라엘을 사랑하셔서 그들을 언약관계에 끌어들이시고 그들이 살도록(to live; "생명을 얻도록") 계명을 주셨다(겔 20:13, 21). 이스라엘은 가장 존중해야 할 하나님과의 생명 관계를 헌신짝처럼 버리고 고집을 부리며 끈질기게 하나님께 반역한다(겔 20:8, 21). 이 계속되는 반역에 대한 하나님의 의견 표출이 선지자들의 설교의 대종인 것이다. 선지서는 기본적으로 이스라엘이 개별적인 사건들에서 반역 행위를 나타낼 때 이에 대해 내리신 하나님의 꾸지람들로 이루어져 있는 것이다. 이것이 선지서를 해석할 때 상황에서 하시는 말씀을 우선적으로 읽어야 하는 기본적인 이유이다.

물론 선지서에는 미래에 이루어질 회복에 대한 약속과 위로의 말씀도 많다.22) 오늘 현재의 배반에 대해서는 꾸지람하시고 또 결국은 큰 심판을 면할 수 없음을 말씀하시면서도 하나님은 그 심판을 넘어선 궁극적 구원과 회복을 말씀하시는 것이다. 이것은 하나님의 큰 자비를 보여주는 부분이다(심판의 말씀도 물론 하나님의 자비와 신실하심의 표출에 다름 아니지만). 형벌을 받는 자신의 백성을 민망히 여기신 나머지 역사의 끝을 보시는 하나님께서는 연단과 순화(purging) 뒤에 은혜로 주어지는 회복과 구원에 대해 말씀하시면서 이스라엘의 신앙이 붕괴되는 것을 막아 주시는 것이다. 그러므로 회복의 말씀도 구체적인 개별적 반역의 상황에 말씀되어진 것으로 역시 "정황적" 말씀인 것이다.23) 이스라엘은 아직 범죄 가운데 있을 때에 범죄에 대한 징계를 넘어서는 회복의 약속까지 받을 수 있었던 것이다.

선지서의 말씀을 삶의 구체적인 상황에 주시는 말씀으로 읽을 수 있을 때에 현대의 독자는 비로소 선지서에서 오늘 자신을 향하여 하시는 하나님의 말씀을 들을 수 있다. 상황에 주신 말씀을 이해하는 과정이 생략되면 선지서에서

---

22) 회복과 위로의 말씀은 꾸지람과 심판의 말씀에 비할 때 분량이 현저히 적다. 대선지서의 경우만 본다면 (세세한 부분을 따지지 않고 책 전체의 구조적인 면으로만 볼 때) 이사야의 경우 꾸지람과 심판이 39장(1-39장)인데 비해 위로와 회복은 27장(40-66장)이며, 예레미야의 경우는 회복이 차지하는 부분이 전체 54장 중 4장(30-33장)에 불과하고, 에스겔은 회복 부분이 전체 48장 중 11장(36-37, 40-48장) 정도에 지나지 않는다.

1) 23) 비평가들이 회복의 말씀은 포로 또는 포로 이후의 시기에 주어진 말씀이라고 전반적으로 받아들이는 것은 잘 알려진 사실이다. 대표적인 예로, 20세기 초 Bernard Duhm 이후에 정리된, 이사야서 40-55장을 기원전 8세기가 아닌 포로기의 저작으로(이를 Deutero-Isaiah라 함), 56-66장을 포로이후기의 저작으로(Trito-Isaiah라 함) 보는 관행을 들 수 있다(이사야서의 비평에 대한 소개와 그에 대한 복음주의적 비판에 관해서는 G. L. Archer, 『구약총론』, 김정우 옮김 [서울: 기독교문서선교회, 1985], 379-404에서 상세한 내용을 참고). 그러나 회복과 위로의 메시지가 반드시 심판이 이미 내려진 다음에야 주어질 수 있다는 생각은 지나친 합리주의의 결과일 것이다. 하나님은 꼭 어떤 정황이 되어야만 어떤 말씀을 하실 수 있는 분이 아니고 처음부터 역사의 끝을 망라하는 구속사의 계획을 가지신 것이고, 따라서 심판 이후까지 미리 내다보시면서 위로와 소망의 말씀을 주신 것이다.

어떤 추상적인 개념들을 추출할 수 있을지는 몰라도 오늘 현재의 삶에 대한 살아 있는 치열한 하나님의 음성은 들을 방법이 없는 것이다. 하나님께서는 선지서를 통해서 하나님을 개인의 생애나 공동체의 역사에서 가벼이 여기지 않고 중요한 분으로 삼으며 항상 그와의 관계를 진지하게(seriously) 받아들이고[24] 불의와 부정을 멀리하라는 요구를 오늘도 생생하게 하고 계시다. 하나님은 우리 안의 불결과 불순을 결코 용납하지 않으시고 깨끗이 정화되기까지 쉬지 않으시고 역사하시는 것이다. 그리고 설령 우리가 어떤 이유로 징계와 고난의 과정을 거쳐 가는 중이라 하더라도 궁극적으로는 하나님께서 그분 자신의 자비로 우리를 회복시켜 주시며 그분 안에서 참되고 큰 평화를 누리게 해주시리라는 약속과 위로도 함께 주고 계신 것이다. 안이하고 무책임한 희망대신 고난에 의연히 직면하면서 소망 중에 하나님의 백성으로서의 삶을 지탱할 수 있도록 참된 용기를 부여해 주려 하신다. 선지서에서 종말론이나 기독론 등에 관계되는 주제들을 읽어내기 전에 우선 당시의 삶의 현장을 향해 주신 바 '정황적 말씀'들을 먼저 읽어야 하는 이유가 이런 데에 있다.

3. 그림언어(picture language)와 상징(symbolism)에 주의/주목할 것

선지서는 주요 부분이 시로 쓰여졌다(특히 선지자가 설교한 말씀 부분).[25]

---

24) 하나님은 자신을 필요한 때만 찾고 그렇지 않은 때는 등한시하거나 무시하는 인본적 신앙이 아닌, 하나님을 언제나 진지하게 생각하는, 문자 그대로 하나님 중심적 신앙을 원하신다. 영어에는 (언제나) 하나님을 성실하고 진지하게 여기는 삶의 태도를 나타내는 말로 "to take God seriously"라는 간편한 표현이 있다. 이 간편한 표현은 우리말로 옮기기가 적절치 않은데 특히 핵심이 되는 "seriously"라는 부사가 그러하다. 아마 신앙의 이러한 태도를 적당히 표현할 수 있는 말로 誠과 敬 정도의 고전 한자가 있지 않을까 한다. 국어사전들은 誠敬을 "정성스러움과 공경스러움," "정성을 다하여 공경함" 등으로 정의하고 있다. 참고: 국립국어연구원, 『표준국어대사전』 (서울: 두산동아, 1999).
25) 구약 성경의 상당한 부분이 시로 쓰여졌다. 시로 쓰인 부분은 구약 전체의 3분의 1인데(3분의

모든 시대의 문학이 그러하듯 성경의 시도 많은 은유와 상징을 쓰는데 선지서도 예외는 아니다. 하나님의 말씀을 효과적으로 전하기 위해 선지자는 많은 은유와 상징을 사용한다. 환상(vision), 표적행동(sign act; 상징행동[symbolic action]이라고도 함), 또는 우화(allegory)로 말씀을 전할 때는 말할 것도 없고 직설적인 신탁(oracle)을 전할 때에도 선지자는 적지 않은 은유와 상징을 사용하는 것을 볼 수 있다. 선지자가 쓴 두드러진 상징 기법 중에 그림언어라는 것이 있다. 이것은 말을 사용하여 그림을 그려 보이는 것을 말하는데 어떤 사실이나 사건을 묘사하되 생생한 영상이 떠오르도록 회화적 이미지를 심어 주는 기법을 말한다. 독자들의 상상력을 자극하는 탁월한 수완이라 할 수 있다. 특히 미래에 되어질 일들을 생생하게 보여주고자 할 때에(그래서 오래 기억되도록 하고자 할 때에) 그림언어를 많이 사용한다. 넓게는 은유와 상징도 그림언어에 속한다고 볼 수 있다.

선지서는 메시지 중간 중간에 예고 없이 은유를 사용하므로 우선 이에 대한 주의가 필요하다. 어떠한 진술을 문자적 의미로 받아들이느냐 또는 상징적 의미로 받아들이느냐에 따라 해석의 결과가 크게 영향 받기 때문이다. 저자가 상징적 의미로 쓴 것을 문자적 의미로 취해서 생기는 오해도 그간 많았다. 대표적인 것이 세대주의 성경해석이라 할 것이다. 세대주의는 지나친 문자주의를 고집함으로 선지서나(다니엘서 포함) 신약성경의 묵시적 부분, 또는 요한계시록을 해석하는데 마치 성경을 종말의 시간표를 열거하는 책처럼 이해하여 마지막 때의 될 일에 대해 매우 복잡한 시간표를 제시하곤 했다. 비단 세대주의의 문제뿐 아니라 상식적으로 생각해도 언어생활에 있어 문자적 의미와 상징적

2는 산문인 셈임) 이는 신약성경 전체와 맞먹는 분량이라 한다. 구약의 시는 주로 시편, 지혜서들(잠언, 전도서, 욥기, 아가), 선지서 등에서 발견된다. 참고: Tremper Longman III, *Literary Approaches to Biblical Interpretation* (Grand Rapids: Zondervan, 1987), 119.

의미의 차이를 분별하는 일은 의사소통의 최소한의 요건이기 때문에 은유와 상징으로 가득한 선지서를 해석함에 있어서 해석자는 이 점에 세심한 주의를 기울여야 한다.

두 예만 들어보자. 예레미야 4:5-9를 보자.

> 5 너희는 유다에 선포하며 예루살렘에 공포하여 이르기를 이 땅에서 나팔을 불라 하며 또 크게 외쳐 이르기를 너희는 모이라 우리가 견고한 성으로 들어가자 하고
> 6 시온을 향하여 깃발을 세우라, 도피하라, 지체하지 말라, 내가 북방에서 재난과 큰 멸망을 가져오리라
> 7 사자가 그 수풀에서 올라왔으며 나라들을 멸하는 자가 나아 왔으되 네 땅을 황폐하게 하려고 이미 그의 처소를 떠났은즉 네 성읍들이 황폐하여 주민이 없게 되리니
> 8 이로 말미암아 너희는 굵은 베를 두르고 애곡하라 이는 여호와의 맹렬한 노가 아직 너희에게서 돌이키지 아니하였음이라
> 9 여호와의 말씀이니라 그 날에 왕과 지도자들은 낙심할 것이며 제사장들은 놀랄 것이며 선지자들은 깜짝 놀라리라.

2장과 3장에서는 책망을 하던 예레미야가 4장에 접어들면서 심판이 임할 것을 말한다. 그 중 5절에서 9절은 북방에서 오는 전쟁의 위협을 말씀하는 부분이다. 전쟁을 알리는 나팔이 울리며 피난민들에게 재난을 피하기 위해 모여서 요새화된 성 시온으로 들어가라고 한다. 그리고는 하나님 자신이 북쪽에서부터 재앙(רעה)과 큰 멸망(שבר נדול)을 끌어오고 있다고 설명한다(5-6절). 문제는 7절이다. 7절은 느닷없이 사자가 수풀에서 튀어나왔다고 말하는데(7aa) 이것은 진짜 사자인가 아니면 다른 무엇인가. 본문을 문자적인 의미로 밖에는 읽을 줄 모르는 독자라면 7절이 하나님이 북쪽에서 군대를 일으키셨는데

그 군대는 창과 칼뿐 아니고 전쟁 무기로 사자도 동원한 것인가 하고 생각할 것이다. 극단적인 경우가 되긴 하겠지만 만일 성경 해석자가 은유에 대한 예비지식이 전혀 없다면 이러한 종류의 난센스는 언제든지 연출될 수 있다. 성경 본문, 특히 선지서 본문은 수시로 은유를 채용하기 때문이다. 성경 기자는 수사적 필요가 있으면 언제든지 은유를 사용한다는 사전 지식을 가지고 있으면서 문맥에서 적절히 그 은유의 의미를 파악하는 훈련이 된 독자는 성경을 무리 없이 읽을 수 있는 것이다. 7절의 사자는 문맥상 예기치 않은 곳에서 불쑥 튀어 나왔지만26) 당연히 큰 재앙을 몰고 오는 북방의 바벨론 왕을 상징한다.27) 그 왕은 잔인하고 가공할 파괴를 예고 없이 몰고 오고 있는 것이다. 선지자는 그의 신탁이 진부해지지 않도록 상징 하나를 효과적으로 쓰고 있는 것이다. 자연 자체가 아직 생존에 대한 위협이었던 당시의 사람들에게 사자는 매우 두려운 존재였다. 어디서든 호젓한 데서 사자를 만난다는 것은 곧바로 잔인한 죽음을 의미했다(참고: 왕상 13:24; 잠 22:13). 치명적인 맹수의 횡포처럼 하나님이 임하게 하시는 심판은 급격하고 무자비한 살육이 될 것이라는 이미지를 청중의 뇌리에 각인시키므로 신탁은 본래의 목적인 '위협'(threat)의 역할을

---

26) 사자라는 말을 예기치 않은 문맥에서 불쑥 끄집어 낸 것은 그로 인해 독자로 하여금 실제 사자가 먹이를 향하여 급습할 때 풀숲에서 불쑥 튀어나오는 모양을 연상하게 하므로 사자의 이미지를 보다 생생하게 느끼게 하려 한 문학적(수사적) 재치이다.

27) 사자는 곧 "열방의 파괴자"(עמים משחית)라고 다음 구절(7aβ)에 설명된다. Keil이 이에 동의한다. C. F. Keil, *The Prophecies of Jeremiah*, vol. 1, Biblical Commentary on the Old Testament, trans. D. Patrick (Grand Rapids: Eerdmans, reprint ed. 1982), 108. 7aβ 앞에 있는 접속사 ו(waw)는 "epexegetical waw"로 보아야 할 것이다. Epexegetical waw란 앞에 나온 절을 다시 한 번 풀어 진술함으로 그것의 의미를 분명히 밝히거나 구체화하는, 즉 설명적 기능의 waw를 말한다(Merriam-Webster 사전은 epexegesis를 "additional explanation or explanatory matter"라고 정의하고 있음). 참고: B. K. Waltke and M. O'Connor, *An Introduction to Biblical Hebrew Syntax* (Winona Lake: Eisenbrauns, 1990) § 39.2.4. Waltke와 O'Connor의 epexegetical waw에 대한 설명은 제한된 보기와 함께 다소 개괄적인 수준에 머무르고 있는 것으로 보인다. 렘 4:7에서처럼 waw가 은유 따위가 포함되어서 어려운 구절을 쉽게 풀어주는 경우에 대해서도 설명이 되어야 한다고 본다.

다하고 있다.

다음의 예는 아모스 3:9이다.

아스돗의 궁궐들과 애굽 땅의 궁궐들에 선포하여 이르기를 너희는 사마리아
산들에 모여 그 성 중에서 얼마나 큰 요란함과 학대함이 있나 보라 하라.

이 구절도 문자 하나하나의 자구에 얽매여서는 제대로 해석을 할 수 없는
내용이다. 블레셋과 애굽의 궁전들(또는 성채들)이28) 문자 그대로 자기 지역을
떠나 사마리아로 옮겨 와서 그 곳 외곽 구릉지에 자리 잡고 앉을 수는 없는
것이다. 이것은 하나님이 이스라엘을 심판하시는 장면을 법정에서 판결을
내리시는 그림으로 보여주는 것인데 이스라엘의 멸망의 증인으로 블레셋과
애굽(또는 그들의 지도자들)이 소환되고 있는 모습이다. 그러므로 아모스 3:9는
실제 일어나는 일을 말하는 것이 아니라 이스라엘에 임할 멸망의 무시무시함을
강조하고자 한 수사상의 은유인 것이다.29)

이처럼 은유는 본문의 바른 해석을 위해서 해석자가 주의해야 할 사항이다.
그러나 은유는 주의의 대상으로 그치는 것만은 아니다. 사실 은유는 더 중요한
이유 때문에 사전 지식이 필요하다. 은유란 성경 저자가 자신이 말하고자
하는 바를 효과적으로 전달하기 위해 채용하는 주요 수단이다. 그것이 아니면
어떠한 진리가 전달될 수 없기 때문에 채용하는 방법이고 그것이 아니면

---

28) 히브리어 ארמון은 궁전을 의미한다. 특히 왕이나 귀족들을 위해 지어진 견고하게 요새화된
궁전을 가리키는 말이었던 것 같다. היכל이 수메르어 *e-gal* 또는 아카드어 *ēkallu*에서 차용된
외래어인데 반해 ארמון은 토착 히브리어이다. 참고: L. Koehler and W. Baumgartner, *The
Hebrew and Aramaic Lexicon of the Old Testament*, rev. W. Baumgartner and J. J. Stamm,
trans. M. E. J. Richardson, Study Edition, vol. 1 (Leiden: Brill, 2001), 89ab, 244b(이하 이
사전은 HALOT이라 약함).

29) 이 부분은 Emerding의 관찰에서 도움을 받았다. Emerding, "구약의 예언을 어떻게 이해할
것인가?," 66.

충분하고 정확한 전달 효과가 기해지지 않기 때문에 사용하는 요긴한 방법인 것이다. 이러한 이유로 해석자는 바른 해석뿐 아니라 충분한 해석을 하기 위해서도 은유에 대해 깊은 이해를 가져야 한다는 것이다. 은유를 적절히 이해하는 것은 저자가 말하고자 하는 바를 십분 헤아려 음미하는 것이니 이는 본문을 이성뿐 아니라 감성을 포함한 전 인격으로 체득하는 것이 되고 따라서 비로소 저자의 '의도'에 다가간 것을 의미하게 된다.

설교자와 성경 해석자들이 그동안 범해 온 보편적인 실수가 하나 있다면 그것은 성경을 주제를 찾는 책으로만 대해왔다는 사실이다. 즉 '음미'하는 책으로서의 성경에는 별반 관심을 기울여 오지 않았다는 말이다. 설교자와 해석자들이 성경은 위대하고 심오한 사상을 전하는 책이라는 생각에 압도되어 있었고 또한 그들에게는 '말씀'인 성경에서 설교의 주제를 찾는 일이 항상 다급한 일이었기 때문에 그렇게 해온 것으로 생각된다. 그러나 사실은 주제란 것도 그것이 전달된 기술과 그에 수반된 아름다움을 떠나서는 존재할 수 없는 것이다. 성경에서 바르고 풍부한 설교의 내용을 찾아내려면 성경 본문이 '문법적으로 무엇을 말하는가' 하는 언어 기호적인 관심과 더불어 '어떻게 말하는가,' 즉 아름다움은 무엇인가 하는 심미적 관심도 동시에 가져야 한다. 이와 같이 기술적 내지는 예술적 관심을 잃지 않음으로써 '어떻게'를 적절히 이해하며 음미해낼 때에 비로소 해석자는 온전한 성경 해석에 이르게 되는 것이다.

이처럼 바른 성경 해석을 위해서는 성경 본문을 구성하는 요소로서 주제와 더불어 아름다움이라는 또 하나의 중요한 차원이 있다는 사실이 잊혀지면 안 된다. 시를 이해하려면30) 이 아름다움이란 것도 분명히 하나의 해석의

---

30) 선지서는 주로 시로 구성되어 있으므로 시에 관해서 말하는 것이 선지서 본문에 대해

대상이다. 시 이론에서 시에는 크게 주제(subject matter)와 심미성(aesthetics)의
두 요소가 있다고 말한다. 이 두 요소는 어느 한 쪽만 가지고 본질이라고
할 수 없다. 두 요소는 시를 시 되게 하는 필수적인 차원들로서 서로 분리될
수 없고 실제 시에서는 서로 융해되어 나타난다. 성경의 시도 마찬가지이다.
하나님, 구원, 인간의 책임과 의무, 인간의 복락 등 심원하기 그지없는 주제들은
놀라울 정도로 세련된 전달방식과 아름다움에 의해 제시되고 있다. 심오한
주제와 탁월한 전달방식은 사실상 서로 불가분리의 관계에 있다. 심오한 주제를
전달하기 위해 전달기법이 태어난 것이고 전달기법은 이미 그 안에 구조적으로
메시지를 싣고 있다. 어떻게 둘을 분리해서 생각하며 더욱이 어느 한 편을
무시할 수 있겠는가.31)

　　은유나 그림언어는 시의 두 가지 요소 중 하나인 전달방식에 속한다. 전달
방식, 즉 아름다움에 대한 이해와 음미가 성경해석의 필수조건이라면 은유에
대한 이해와 음미 역시 필수적인 일일 것이다. 특히 은유는 신적이고 초월적인
실재를 나타내는 데 많이 활용된 히브리 성경의 탁월한 전달 기술이다.32)

말하는 것이 되겠다. 그러나 (히브리어) 성경은 산문도 상당한 정도의 시의 성격이 있으므로
시에 대해 논하면 그것이 곧 성경 전체에 대해 언급하는 것이기도 하다.
31) 메시지를 전달하는 방식에 이미 메시지가 들어 있다는 것은 성경에 자주 쓰이는 수사기법들의
연구에서 이미 밝혀진 바 있다. 예컨대 봉투구조(inclusio)와 교차대칭구조(chiastic structure)
같은 것들은 그 구조 자체가 어디에서 메시지의 중요한 부분을 읽어낼 것인지를 지시한다.
봉투구조라면 구조를 이루는 시작 부분과 끝 부분을 주의 깊게 봐야 한다든지 교차대칭구조라
면 대칭을 펼치는 중간부분(예를 들어 ABCB'A'의 경우라면 C 부분; 영어로는 이 부분을
"hinge"라는 은유적인 말로 표현함)에 메시지의 핵심이 있다든지 하는 식이다. 이 수사기법들
에 대해서는 5장에서 상세히 언급하게 될 것이다.
32) LaSor는 하나님을 (또는 초월적인 것을) 나타내는 방식이 역사적으로 두 가지가 내려
왔다는 흥미로운 설명을 하고 있다. 한 방식은 부정(否定; negation)인데 희랍의 철학적
방법으로서 서구의 합리주의에 의해 계승된 방식이다. 이것은 하나님을 '무엇이 아닌
것'으로 말하는 방법이다. 하나님이나 하나님에 관한 초월적인 것은 긍정적으로 무엇이
라고는 정의할 수 없으므로 "무한하다"(infinite)든지 "비물질적이다"(immaterial)라든지 "불
변하다"(unchangeable)든지 하는 식으로 어떤 개념을 부정하는 방법으로 기술하는 것을
말한다. 다른 한 방식은 유비(類比; analogy)인데 히브리 성경이 채용한 방식이다. 하나님(또는

은유가 아니고는 하나님이나 그분과 관계된 신비한 실재들은 나타낼 방법이 없다. 또한 은유를 쓸 때에 그것은 덜 엄밀한 것 같지만 어떤 긴 산문 진술이나 설명보다도 오히려 더 정확하게 그러한 것들을 표현할 수 있다(은유의 이와 같은 유용성에 대해 수사학자들은 "less precise, more exact"라는 말을 쓴다). 그래서 위에 언급한 것처럼 해석자가 은유를 적절히 이해하게 되면 그것은 저자가 말하고자 하는 바를 이성뿐 아니라 감성을 포함한 전 인격으로 만나게 되는 것이고 그 메시지를 깊이 체득하게 되는 것이다. 저자가 전달하고자 하는 바를 십분 헤아리며 음미하는 것이니 "전체적인"(holistic) 해석이라 할 것이며 저자의 '의도'에 진정으로 다가가는 필수적인 일이 될 것이다.

어떤 정보만 전달하는 데 그치지 않고 인간의 감성에 호소하여 효과적으로 그리고 보다 강력하게 메시지를 전달하는 방식이 은유나 그림언어이다(이 두 가지를 통틀어 영상[imagery]이라고도 부른다). 은유는 "가슴을 향하여"(to the heart) 말한다.33) 그것은 전하고자 하는 메시지를 보다 생동감 있게(vivid) 하여34) 사람의 마음을 움직이는 말씀이 되게 한다. 이것이 성경 저자들이 그림언어와 은유를 쓰는 이유인 것이다. 영상(imagery)의 방법은 건조한 논술로 는 결코 이룰 수 없는 감동과 설득의 효과를 가지며 호소력이 직접적이고

초월적이거나 신비한 어떤 것)을 시공에 존재하는 어떤 것에 비유하는 방법을 말한다. 영상, 상징, 그림 따위로 그러한 것을 나타낸다. 예를 들면 하나님을 왕(사 32:1; 겔 21:25-27), 싹(사 4:2), 의로운 태양(말 4:2), 반석, 요새, 방패(시 18:2-3) 따위로 비유하거나 다가올 하나님의 나라를 오아시스의 영상으로 표현하거나(사 35:1, 6, 7) 하는 방법이다. 인간은 추론보다는 감각을 통해 더 많은 것을 더 잘 이해한다. 그러한 이유 때문에 구약의 시들은 하나님이나 하나님에 대한 신앙과 헌신을 표현하는 데 상징과 은유를 많이 사용하였다는 것이다. W. S. LaSor, D. A. Hubbard and F. W. Bush, 『구약개관』, 박철현 옮김 (서울: 크리스챤다이 제스트, 2000), 477-78.

33) Longman, *Literary Approaches to Biblical Interpretation*, 132.

34) Longman, *Literary Approaches to Biblical Interpretation*, 131-32; Lane, "선지서를 어떻게 설교화할 것인가," 183.

긴 산문적 서술보다 오히려 명료하다(clear). 그뿐 아니라 한번 메시지를 받은
청중에게 전달받은 바를 잊지 않게 해준다(memorable, hard to forget).[35]

하나의 예면 그림언어와 은유의 중요성에 대한 충분한 설명이 될 것이다.
이사야 35:1-10이 그 예이다.

1 광야와 메마른 땅이 기뻐하며 사막이 백합화같이 피어 즐거워하며
2 무성하게 피어 기쁜 노래로 즐거워하며 레바논의 영광과 갈멜과 사론의
　아름다움을 얻을 것이라 그것들이 여호와의 영광 곧 우리 하나님의 아름다
　움을 보리로다
3 너희는 약한 손을 강하게 하며 떨리는 무릎을 굳게 하며
4 겁내는 자들에게 이르기를 굳세어라, 두려워하지 말라, 보라 너희 하나님이
　오사 보복하시며 갚아주실 것이라 하나님이 오사 너희를 구하시리라 하라
5 그 때에 맹인의 눈이 밝을 것이며 못 듣는 사람의 귀가 열릴 것이며
6 그 때에 저는 자는 사슴같이 뛸 것이며 말 못하는 자의 혀는 노래하리니
　이는 광야에서 물이 솟겠고 사막에서 시내가 흐를 것임이라
7 뜨거운 사막이 변하여 못이 될 것이며 메마른 땅이 변하여 원천이 될
　것이며 승냥이의 눕던 곳에 풀과 갈대와 부들이 날 것이며
8 거기에 대로가 있어 그 길을 거룩한 길이라 일컫는 바 되리니 깨끗하지
　못한 자는 지나가지 못하겠고 오직 구속함을 입은 자들을 위하여 있게
　될 것이라 우매한 행인은 그 길로 다니지 못할 것이며
9 거기에는 사자가 없고 사나운 짐승이 그리로 올라가지 아니하므로 그것을
　만나지 못하겠고 오직 구속함을 받은 자만 그리로 행할 것이며
10 여호와의 속량함을 받은 자들이 돌아오되 노래하며 시온에 이르러 그들의
　머리 위에 영영한 희락을 띠고 기쁨과 즐거움을 얻으리니 슬픔과 탄식이
　사라지리로다.

---

35) Longman, *Literary Approaches to Biblical Interpretation*, 131-32. 이와 관련하여 Alter는 은유를
　사용하여 효과적으로("powerfully") 메시지를 전달하는 선지자들의 능력을 "imaginative
　authority"라는 말로 설명하고 있다. 은유는 당시의 청중뿐 아니라 현재의 독자에게도 꼭
　같이 강렬한 인상을 주기 때문에, 한 가지 덧붙인다면, 은유에 의한 메시지 전달은 "무시간적
　힘"(timeless force)을 가지고 있다고 말해도 좋을 것이다. 참조: Robert Alter, *The Art of
　Biblical Poetry* (New York: Basic Books, 1985), 162.

이는 두말할 것 없이 포로로 잡혀간 이스라엘이 구속받아 시온으로 귀환할 것이라는 희망의 노래이다. 1-9절은 비유들을 써서 신세계의 환희를 한 폭의 그림으로 보여주고 있고 10절은 이에 대한 해석인데 10절에서 저자는 자신이 말하고자 하는 바 핵심을 직설적인 방식으로 말하고 있다. 여기 쓰이고 있는 영상(그림언어)은 이사야가 쓰고 있는 여러 뛰어난 수사들 중에서도 백미에 속한다고 해야 할 것이다. 이스라엘이 구속받고 귀환한다는 부푼 기대를 이 사막이 변하여 오아시스가 된다는 '그림' 이상으로 더 잘 표현할 방법은 없을 것이기 때문이다. 먼저 1, 2절에서는 광야와 사막이 기뻐하고 노래한다고 한다. 5, 6절에서는 여러 가지 신체적 장애를 보였던 이스라엘이 회복된다는 점을 물과 시내가 광야와 사막에서 터져 나와 오아시스를 이루는 것과 같다고 말하고 있다. 7절은 뜨거운 모래와 메마른 대지가 못과 물 샘이 되리라 하며 6절의 오아시스 이미지를 한층 강화한다. 메마른 불모의 사막에 샘이 터져 나와 생명이 살 수 있는 기름진 오아시스가 된다는 것은 직접 중동 지역에 살았던 이스라엘에게는 말할 것도 없고 그 지역에 직접 산 적이 없는 일반 독자에게라도 신선한 충격과 더불어 새로운 희망을 불어 넣기에 충분한 영상이다. 그것은 유대교도들뿐 아니라 오고 오는 시대의 기독교인들이 하나님이 자신들을 위해 이루어 주실 그 나라를 소망할 때 이 이사야 35장의 시를 항상 노래해 왔다는 데서도 증명된다. 시인은 실의에 빠진 자신의 청중과 독자에게 기사회생의 소망을 주기 위해 이 찬란한 기적의 영상을 제공한다. 긴 산문 서술로 하는 것이 아니라 한 장의 그림으로, 소리가 들리고 냄새를 맡을 수 있으며 질감이 느껴지는 한 장의 그림으로 "보여주는" 것이다. 지금은 좌절 가운데 있지만 하나님의 백성들은 그렇게도 벅찬 감격을 가지고 낙원인 그들의 고토로 한과 분루(憤淚)를 다 씻김 받으며 '구속의 귀환'을 하게 될 것이다. 이사야 35장의 그림언어는 그 자체 귀환의 감격에 대한 상징이면서 동시에 귀환하게 되는 땅의 실제에 대한 묘사이기도 하다.

위의 예에서 보았듯이 은유는 감성의 언어이다.36) 이사야 35장의 영상은 가슴에다 말한다. 단순한 '메시지'가 아니라 가슴에다 그림을 그려주고 소리를 들려주고 냄새를 맡게 해주는, 즉 실제(reality)를 느끼게 하는 생동의 언어인 것이다. 하나님의 뜻을 삶 전체로 맛보게 해준다. 미래에 대한 희망이 살아 있는 감동으로 다가오고 주체할 수 없는 기쁨이 청중(독자)에게 전달된다. 이제 검은 구름은 걷히고 새 하늘이 밝아 온다?37) 힘겨운 시간은 다시는 돌아오지 않을 것이다. 인간의 힘으로는 획득할 수 없었던, 하나님의 자비와 용서로만

---

36) 은유는 사물의 지각적(知覺的, perceptual) 비교에 주로 기초한다고 볼 수 있다. 즉, 시각, 청각, 후각, 미각, 촉각과 관련하여 유사점을 갖는 사물(수사학에서는 이를 "vehicle"이라 함)로 말하고자 하는 바("tenor"라 함)를 대치하는 것이다. 가장 기본적인 것은 시각적 비교라 하겠는데 예를 들면 아가 2:1의 "나는 사론의 수선화요 골짜기의 백합화로다" 같은 것이다. 연인의 아름다움을 꽃의 아름다움으로 비유하고 있다. 청각적 비교는 전도서 7:6 "우매한 자들의 웃음소리는 솥 밑에서 가시나무가 타는 소리 같으니..." 같은 것이다. 후각적 비교는 시편 141:2에서 시인이 자신의 기도를 분향단의 향의 냄새와 비교하는 것과 같은 것이다. 미각적 비교는 아가 1:2 "내게 입 맞추기를 원하니 네 사랑이 포도주보다 나음이로구나"를 예로 들 수 있는데 입맞춤의 경험을 포도주의 맛에 비유하고 있다. 마지막으로 촉각적 비교는 이사야 10:5 따위를 들 수 있다. 하나님께서 앗수르를 자신의 진노의 "막대기(매)"라고 하시는데 막대기는 몸에 접촉하여 아픔을 촉발하는 것으로서 심판의 도구를 상징한다. 이에 관한 보다 자세한 논의는 G. B. Caird, *The Language and Imagery of the Bible* (Philadelphia: Westminster Press, 1980), 145-49에서 찾아볼 수 있다. Caird는 위에 말한 지각적 비교(perceptual comparison) 외에도 공심미적(共審美的) 비교(synaesthetic comparison), 감정적 비교(affective comparison), 실용적 비교(pragmatic comparison) 등 성경의 은유가 만들어지는 방식(비교법)을 몇 가지 더 분류하고 있다. 이 중 실용적 비교에 의한 은유는 흔한 편이라 할 수 있는데 공심미적 비교와 감정적 비교는 예가 그리 많지 않다. 또한 후자 둘은 다른 비교들(특히 지각적 비교)과 내용상 중복되는 점이 있고 분류 자체도 다소 모호한 면이 있다. 실용적 비교로는(이도 기능적 비교[functional comparison]라고 이름하는 것이 더 낫지 않을까 한다) 에스겔 17:22-24에서 메시야를 "연한 가지"로 비유하는 것이나 에스겔 34:23-24에서 역시 메시야를 한 선한 목자로 말하는 것 따위를 들 수 있다. Caird의 분류에 대한 Longman의 평가도 참고할 것: Longman, *Literary Approaches to Biblical Interpretation*, 130-31.

37) 참고: 찬송가 397장 3절.

가능한 평화, 잠깐 지나가는 평화가 아닌 하나님이 영구히 허락하신 완전하고도 지속적인 평화, 선민의 가슴은 이제 이것을 누릴 부푼 꿈을 꾸는 것이다. 이러한 감격의 전달은 은유가 아니고는 엄두도 낼 수 없는 것이다.

4. 해석의 다른 지평들에 대해서도 고려할 것

본서는 지금까지 선지서 본문의 현재성, 즉 당시에 말씀하는 바에 대해 주로 강조해 왔다. 그러나 이제는 그것의 미래성, 즉 그동안 치우쳐 강조되어 선지서를 오해케 해온 부분이긴 하지만 역시 선지서를 선지서되게 하는 "예언성"(豫言性)의 문제를 다뤄야 할 차례이다. 선지서를 당시를 향한 말씀만으로 본다면 그것은 설교(sermon)이지 예언(prophecy)은 아닐 것이라고 한 누군가의 말은 옳은 것이다. 선지서의 말씀들은 당시의 상황을 향한 하나님의 경책인 것은 분명하지만 미래에 대한 많은 함축적 "예고"(豫告)를 품고 있다. 특히 기독교 정경으로서의 선지서는 그러하다. 성자 하나님의 오심에 대한 소중한 예언들을 많이 품고 있기 때문이다. 신약성경과 예수님 자신이 메시야 예언으로서의 선지서의 가치에 대해 말씀하는 곳을 몇 군데 예로 들면 다음과 같다.

> 마 5:17 내가 율법이나 선지자를 폐하러 온 줄로 생각하지 말라 폐하러 온 것이 아니요 완전하게 하려 함이라.

> 눅 24:27 모세와 모든 선지자의 글로 시작하여 모든 성경에 쓴 바 자기에 관한 것을 자세히 설명하시니라(= 엠마오로 가시며 예수께서 하신 일).

> 눅 24:44 모세의 율법과 선지자의 글과 시편에 나를 가리켜 기록된 모든 것이 이루어져야 하리라(= 예수께서 다락방에서 하신 말씀).

행 7:52 너의 조상들이 선지자들 중의 누구를 박해하지 아니하였느냐 의인이 오시리라 예고한 자들을 그들이 죽였고 이제 너희는 그 의인을 잡아준 자요 살인한 자가 되나니.

히 1:1, 2 옛적에 선지자들을 통하여 여러 부분과 여러 모양으로 우리 조상들에게 말씀하신 하나님이 이 모든 날 마지막에는 아들을 통하여 우리에게 말씀하셨으니.

벧전 1:10, 11 이 구원에 대하여는 너희에게 임할 은혜를 예언하던 선지자들이 연구하고 부지런히 살펴서 자기 속에 계신 그리스도의 영이 그 받으실 고난과 후에 받으실 영광을 미리 증언하여 누구를 또는 어떠한 때를 지시하시는지 상고하니라.

따라서 선지서의 주해에서는 해석의 다른 지평을 인지하는 일이 중요하다.[38] 지평이란 시야의 한계를 지칭하는 말이다. 낮은 곳에서 바라보는 것과 높은 곳에 올라가서 바라보는 것은 시야의 범위에서 차이가 난다. 이를 두고 지평이 달라진다고 말한다. 성경의 본문, 특히 선지서 본문을 해석하는 데는 이 개념을 적용할 필요가 있다. 선지서의 각 구절은 우선 선지자 자신이 살았던 당시 상황에 적용되는 의미가 들어있다. 본고가 지금까지 여러 각도로 지적해 온 것처럼 이를 무시하면 선지자가 말하는 것들은 알맹이가 빠진 공허한 내용들이 되고 말 것이다. 그러나 때로 선지자들의 말은 그 의미가 확장되어 미래의 어떤 상황을 가리키는 것이 되기도 한다. 무엇보다 신약시대의 성취들이 그 예라 할 수 있다. 또한 여기서 그 '미래'도 여럿일 수 있다. 그리스도의 초림에 관계된 미래가 있는가 하면 어떤 것은 역사의 최종점, 즉 그리스도의 재림과 관계된 미래일 수도 있다. 이처럼 선지서의 내용은 시간의 한계를 초월하여 미래에 되어질 일들에 대해서까지 깊은 함축을 지닌다. 또한 이

---

38) Lane, "선지서를 어떻게 설교화할 것인가," 183.

함축은 전체 정경의 입장에서 볼 때 그 내용이나 의미가 매우 중요하다. 이러한 점이 선지서를 문자의 일차적인 의미에만 머무르지 않고 복수 지평을 염두에 두고 해석하지 않으면 안 되게 하는 이유이다.

이사야 7:14에 아하스 왕에게 예언된 "아기"에 대해 살펴보자.

> 그러므로 주께서 친히 징조를 너희에게 주실 것이라 보라 처녀가 잉태하여 아들을 낳을 것이요 그의 이름을 임마누엘이라 하리라.

유다 왕 아하스는 아람과 이스라엘이 동맹군을 형성하여 유다를 공격한다는 소문에 마음이 "숲이 바람에 흔들림같이" 떨렸다(사 7:2). 이에 여호와께서 그에게 이사야를 보내어 삼가며 조용하라고 명하신다(1-9절). 이사야는 아하스에게 하나님께 구원의 징조(אות)를 구하라고 하지만 아하스는 불순종하는데 하나님께서는 강권적으로 징조를 내려 주신다(14절). 그 징조는 한 여인이 "아들"(בן)을 낳을 것이라는 내용이다. 그리고 이 아이가 스스로 판단할 수 있는 나이가 되는 시점에 두 동맹국의 땅이 황폐케 될 것이고 따라서 유다에 대한 위협은 사라지고 말 것이라는 것이다(15-16절). 이 징조(예언)의 일차적인 의미는 무엇인가? 14절의 여인은 당시 존재했고 왕이 알 수 있었던 어떤 여성, 즉 왕비이거나 아니면 왕의 첩실 중의 한 사람이었을 가능성이 높다.[39] 혹은 선지자(이사야)의 아내이거나, 모든 가능성을 다 추적할 수는 없지만, 어떤 다른 "알려진" 여성일 수도 있다. 어쨌든 이사야 7:14이 말하는 태어날 아이는 당시의 어떤 역사적인 아이였던 것만은 분명하다.

그런데 문제는 이 구절이 신약 마태복음 1:22-23에 의해 예수의 나심에 대한 예언으로 이해된다는 데 있다.

---

39) 참고: John D. W. Watts, *Isaiah 1-33*, WBC (Waco, TX: Word Books, 1985), 102.

이 모든 일이 된 것은 주께서 선지자로 하신 말씀을 이루려 하심이니 이르시되 보라 처녀가 잉태하여 아들을 낳을 것이요 그의 이름은 임마누엘이라 하리라 하셨으니 이를 번역한즉 하나님이 우리와 함께 계시다 함이라.

1:23에서 마태복음은 칠십인경의 번역을 거의 그대로 따르면서 이사야 7:14을 메시야의 탄생에 대한 예언으로 단정하고 있는 것이다.[40] 엄밀하게 따진다면 이사야 7:14은 마지막 때에 오시는 온 인류의 구세주와는 무관한 내용이다. 그저 유다 왕국이 위기에 처한 어떤 한 시점에 하나님께서 징조를 베푸시면서 구원해주시겠다고 약속하시는 내용일 뿐이다. 따라서 마태복음은 이사야 7:14 에 새로운 의미를 부여하고 있다. 이제 신약성경에 따라 이사야 7:14은 새로운 내용을 전하는 본문이 되는 것이다. 그러면 어떻게 해서 하나의 구약 본문이 전에는 없던 새로운 의미를 갖게 되는 것인가? 그것은 신비라고 이름할 수밖에 없을 것이다. 하나님께서 인간으로서는 헤아리기 어려운 긴 시간의 경과와 함께 계획하신 구속사의 깊은 경륜과, 또 그 경륜을 계시하시기 위해 구약과 신약을 함께 묶어 기독교회의 정경으로 허락하신 섭리에 그 원인을 돌릴 수밖에 없을 것이기 때문이다. 그러한 경륜과 섭리 때문에 신약성경 기자들에게 는 구약 본문에 대한 '해석적 권위'가 주어진다. 신약의 기자가 어떤 구약 본문에 대해 하나의 특정한 이해를 표현했다고 하면 본문 해석 원리에 맞고 안 맞고를 떠나서(현대적인 관점에서) 그 이해는 그대로 진리이며 신약 기자에게 부여된 '계시적 권위'의 산물인 것이다. 하나님의 신비의 경륜 속에 감춰져

---

40) 마태복음은 다만 칠십인경이 kale,seij("네가 부를 것이요")라고 2인칭 단수로 말하는 것을 kale,sousin("그들이 부를 것이요")라고 3인칭 복수로 고쳐 옮기고 있다. 맛소라 성경(MT)은 3인칭 여성 단수이다(예외적인 글꼴인데 이에 대해서는 GKC § 74g를 볼 것). 칠십인경이 모음이 없는 히브리어 תאְרָקְ를 완료 2인칭 남성(또는 여성) 단수로 읽었을 가능성은 얼마든지 있다. 어쨌든 맛소라 성경과 칠십인역, 그리고 신약성경이 한 단어(동사)를 제각기 다른 인칭으로 읽는 것은 흔하지 않은 경우이다.

우리는 알 수 없었던 역사 내의 내면적 연관성이 기자의 입을 통해 비로소 드러난 것으로 보아야 한다. 쉽게 이해되지 않는 신약의 구약 해석에 대해 이러한 설명이 가능한 것인데, 어쨌든 이사야 7:14의 본문은 신약의 언명에 따라 이제는 두 가지 의미를 지니게 되었다. 하나는 본문의 원래 의미, 즉 주전 733년에41) 유다 왕국이 아람과 이스라엘 동맹군의 공격으로부터 구원받는다는 예고의 의미이고, 다른 하나는 '확장된' 의미, 즉 서력기원의 시작 즈음에 인간을 위하여 하나님의 아들 구세주가 이 땅에 탄생한다는 기쁜 소식이라는 의미인 것이다.42)

이처럼 선지서의 본문은 두 가지 또는 그 이상의 의미를 갖게 되어 해석에서는 복수 지평이라는 고려가 요구된다(이 점은 사실 선지서만 아니라 구약 전체가 다 해당된다고 보아야 한다). 선지서 해석자(설교자)는 이처럼 해석의 새로운 차원이 추가되는 상황에 대해 늘 준비되어 있어야 한다. 특히 신약성경이 구약성경을 인용하고 해석하는 면면에 대해 세심한 주의가 필요하다.

여기서 한 가지를 더 생각하고 지나가기로 하자. 포괄적으로 보면 선지서 본문은 전체가 복수의 지평이라는 개념 아래 해석될 수 있는 것이 아닌가

---

41) 기원전 733에 앗수르의 디글랏빌레셀은 이스라엘과 아람을 공격하여 이스라엘 영토를 대부분 자신의 왕국에 귀속시켰다. 아람(다메섹)은 기원전 732년까지 버텼다. 참고: Walter C. Kaiser, 『이스라엘의 역사』, 류근상 옮김 (서울: 크리스챤출판사, 1998), 454; Watts, *Isaiah 1-33*, 97.

42) 그간 대체로 학자들은 이사야 7:14의 원래 의미와 확장된 의미 사이에는 연관이 거의 없다고 보고 마태복음의 기자가 단순히 "하나님이 역사에 직접 개입하신다"는 의미의 동등(equivalence)에만 기초하여 이사야 본문을 과감히 확대 해석한 것으로 생각해 왔다. 그러나 사실은 이렇게 일반적으로 생각해 온 것보다는 깊은 의미 연관이 이사야 7:14와 마태복음 1:22-23 사이에 존재하는 것으로 보인다. 만일 이사야 7:14에서 이사야가 예언한 여인이 왕비라면 이때 태어나는 아이는 '다윗의 아들'이 되는 것이고 이는 다윗의 위를 영원히 견고케 하리라는 언약의 실현이 되는 것이므로 새 언약을 이루시는, 태어나시는 예수 그리스도의 예표가 되기에 충분하기 때문이다. 이러한 관찰은 Watts에 의해 주어졌는데 마태복음의 이사야 인용에 임의성이 크다고 생각해 온 기존의 통념에 교정을 가하는 것으로 상당한 설득력이 있어 보인다. 참고: Watts, *Isaiah 1-33*, 102.

하는 점이다. 신구약 성경은 하나님이 계획하신 구속사 전체를 하나의 통일된 계시로 제시한다. 따라서 구약의 말씀이란 그 어느 것 하나 의미 없이 주어진 것이 없고 모두 나름대로 의의를 지니고 마지막 때의 성취를 지향하고 있다고 볼 수 있다. 특히 선지서의 예언의 말씀의 경우가 그러하다. 심판의 말씀이건 구원의 말씀이건 일차적으로는 이스라엘의 역사 내에서 성취되는 것이 분명하지만(경우에 따라서는 불완전한 성취이지만) 그러나 그것들은 넓은 시야로 보면 신약시대에 와서야 비로소 완전한 성취에 도달한다는 것이다. 이 구약 예언의 궁극적 성취, 다시 말하면 신약이라는 '먼 미래'에 이르러서 완전한 모습으로 나타나는 성취에 대해 시드니 그레이다너스 교수가 "예언과 성취"라는 제목으로 적절히 설명하고 있는데 여기서는 그의 설명을 소개함으로 우리의 이해를 돕기로 한다.43)

선지서를 구성하는 문학장르에는 보도(이야기), 예언의 말씀, 기도 같은 것들이 있다(이에 대해서는 다음 장에 상세히 논하게 됨). 이 중 선지서의 중심이 되는 것은 예언의 말씀(prophetic speeches)인데44) 예언의 말씀에는 심판의 말씀(oracles of judgment)과 구원의 말씀(oracles of salvation)이 있다. 이 둘에 대해 살펴보자. 먼저 심판의 말씀이다. 모든 심판의 말씀은 주전 721년과 586년의 이스라엘과 유다의 멸망이라는 미증유의 사건들에서 이루어진다. 그레이다너스는 이것을 심판 예언 성취의 주 단계(major stages)라 이름한다. 심판 예언이 일차적으로는 이 사건들에서 성취되기 때문에 붙인 이름이다. 그러나 예언은 더 나아간 단계(further stages)의 성취라는 것을 하나 더 바라본다.

---

43) Greidanus, *The Modern Preacher and the Ancient Text*, 256-57.
44) 예언의 말씀은 선지서를 구성하는 가장 중요한 요소이며 기본적인 요소이다. 선지서는 선지자의 신탁과 같은 선포된 말씀이 가장 본질이 될 것이므로 학자들은 예언의 말씀을 가리켜 prophecy proper라 하기도 한다.

예언의 성취는 이스라엘 역사 내에서만 이루어지는 것이 아니라 이스라엘 역사를 넘어서 '더 나아가' 전 인류의 역사를 대상으로 마저 이루어짐으로 완성을 보게 된다. 이스라엘 안에서의 성취는 오히려 앞으로 있을 '큰' 계시의 그림자에 불과하고 참으로 온전한 성취는 전 세계의 운명과 관계되어 역사의 끝(즉, 신약시대를 포함한 종말)에 와서 이루어질 것인데 여기에는 다시 두 가지의 성취가 있다. 하나는 그리스도 초림시에 고난의 종 예수 그리스도에게 내려진 심판이다. 이 심판은 모든 인간이 자신들의 죄 때문에 받아야 할 형벌을 하나님의 아들이 대신 받게 하신 심판인데 이로 말미암아 그 아들을 믿는 자들에게 죄 용서와 영생이 선물로 주어지게 된다. 또 하나는 그리스도 재림시에 지상의 모든 악인을 쫓아내시는 심판이다.

> 누구든지 생명책에 기록되지 못한 자는 불못에 던져지더라. (계 20:15)

이 심판으로 하나님께서는 지상에서 모든 악을 제거하고 영원하고 온전한 의의 나라를 건설하시게 된다.

이번은 구원의 말씀이다. 구원의 말씀의 성취도 주 단계(a major stage)와 더 나아간 단계(further stages)로 나누어진다. 모든 구원의 말씀은 바벨론 포로들이 주전 538년에 약속의 땅으로 귀환한 것으로 일단 성취되었다고 볼 수 있다. 이것이 구원 예언의 주 단계 성취이다. 그러나 이 귀환은 어디까지나 부분적이고 불완전한 성취라고 할 수밖에 없다. 선지서에 예고된 선민의 귀환은 당시의 역사적 귀환보다 훨씬 대대적이고 영광스럽고 완전한 성격의 것이었기 때문이다. 그런 점에서 구원 예언은 심판 예언의 경우보다 더욱 더 나아간 단계의 성취를 필요로 한다고 할 수 있다. 드디어 신약에 와서 완전한 성취를 보게 된다. 구원 예언의 경우도 더 나아간 단계의 성취는 두 단계이다. 하나는 그리스도의 오심으로 말미암아 그를 믿는 자들이 하나님 아버지의 나라로 회복되는 단계이다. 신약은 그리스도께서 십자기에 죽으심으로 말미암아 그를 믿는 자들이 하나님과의 관계 회복을 얻는다고 말씀한다. 종말에 와서 참되고 온전한 의미로 하나님의 백성이 '귀환'을 보게 된 것이다. 마태복음 5:5은 "온유한 자는 복이 있나니 저희가 땅을 기업으로 받을 것임이요"라고 함으로 예수를 따르는 자들에게 '땅'이 주어질 것을 말씀하고 있다. 구원 성취의 더 나아간 단계의 다른 하나는 하나님 나라의 최종적인 이루심이다. 이 땅에서 모든 악과 모호와 혼돈이 극복되고, 하나님의 백성이 완전한 하나님의 나라로 회복되는 단계이다. 아직 이르지 않았고 신약성경에 예언의 형태로 약속되어 있다.

> 또 내가 새 하늘과 새 땅을 보니 처음 하늘과 처음 땅이 없어졌고 바다도 다시 있지 않더라... 보라 하나님의 장막이 사람들과 함께 있으매 하나님이 그들과 함께 계시리니 그들은 하나님의 백성이 되고 하나님은 친히 그들과 함께 계셔서 모든 눈물을 그 눈에서 닦아 주시니 다시는 사망이 없고 애통하는 것이나 곡하는 것이나 아픈 것이 다시 있지 아니하리니 처음 것들이 다 지나갔음이러라... 다시 저주가 없으며 하나님과 그 어린양의 보좌가 그 가운데에 있으리니... (계 21:1, 3, 4; 22:3)

역사의 극점에 이루어지는 일인데 여기에 이르러 하나님의 백성은 새로워진 땅에서 예수님의 임재하심과 더불어 영원한 '샬롬'을 누리게 된다. 고통과 죽음과 슬픔이 이제는 다시 오지 않고 예수님이 함께 하심으로 말미암는 기쁨의 교제만 남아 있다.

이상에서 예언의 말씀들이 주 단계와 더 나아간 단계에 걸쳐 성취된다는 것을 살폈다. 요약하여 말하면, 예언의 말씀들은 일차적으로 역사적인 성취를 보고 더 나아가서는 신약시대에 이르러 종말론적인 성취를 보고 있다는 것이다. 이 종말론적 성취까지 읽혀질 때에 비로소 선지서는 그 의미가 다 밝혀진 것이라 말할 수 있다. 구속사라는 큰 틀 속에서 볼 때 선지서 본문은 전체가 복수의 지평을 가지고 해석된다는 점을 여기서 알 수 있다.

II. 선지서 해석을 위한 기본 지침 요약

이상과 같이 제시한 지침은 선지서의 바른 주해를 위하여 해석자(설교자)가 늘 기억해야 할 필수 사항들이다. 해석자는 선지서에서 우선 당시를 향하여 말씀하신 하나님의 말씀을 읽어낼 수 있어야 한다. 그래야만 현대 청중에게 말씀하시는 바를 해설할 수 있기 때문이다. 당시를 향한 말씀을 포착해 내지 못하면 문자적 의미를 유기한 해석상의 오류가 되는 것이고 현대를 향해 해설해 주지 못하면 선지서 본문을 사장하는 심각한 손실을 초래하는 일인 것이다. 선지서가 사려 깊은 독자들(청중)의 성숙하고 균형 잡힌 신앙을 세우는 일에 일조하는 책들이 될 수 있도록 해석자는 선지서가 가지는 '현재를 향한 날카로운 칼끝'을 포착하는 일에 우선적인 주의를 기울여야 한다.

이러한 일을 위하여 해석자는 선지자가 활동하던 당시를 포함한 이스라엘 역사 전반에 대해 충분한 지식을 갖추어야 한다. 무엇보다 이스라엘이 가졌던 문제점들, 두려움들, 갈등들에 대해 깊은 이해가 필요하고 그것들이 이스라엘 역사 속에서 어떻게 표현되고 있는지 이해해야 한다. 또한 해석자는 선지자들의 역사 해석의 기초가 되는 하나님과 이스라엘 사이의 언약관계에 대해서도 이해하고 있어야 한다. 특히 오경에 나타나는 언약의 개념과 언약의 내용들을 숙지하고 있어야 한다.

이와 더불어 해석자는 본문의 적절한 문학적 이해를 위하여 선지자들이 성경을 기록하는 데 사용한 많은 의사소통의 기술들, 즉 문학적 수사적 수법들에 대해서도 적절한 지식을 갖추고 있어야 한다.

선지서가 단순히 선지자들의 설교에 머무르지 않는다는 것은 매우 흥미로운 일이다. 이 점은 선지서 해석을 단순히 문법적이고 역사적인 해석에만 의존할 수 없게 만드는 선지서의 난해한 차원이다. 선지서는 원래의 문자적 의미가 말하지 아니하는 바 미래의 일들에 대해서도 여러 함축을 가지고 있다. 선지서는 문자가 말하는 선지자 당시를 향한 의미를 훌쩍 넘어서서 멀리 있는 하나님의 깊은 경륜에 대해 말하고 있다. 이 내용은 그리스도가 오시고 종말이 계시되기 시작하기 전까지는 그 누구도 상상할 수 없는 것들이었다. 이제 그리스도가 오시고 그의 구속사역이 밝히 드러나면서 그의 오심과 사역은 역사 속에 오랫동안 배태되고 준비되고 계획된 것임이 알려지게 된 것이다. 선지서를 성경 전체의 구속사적 관점에서 해석해야 하는 이유가 여기에 있다.

다음 4, 5장에서는 선지서의 문학 장르와 수사기법에 대해 다루기로 하자.

제4장
선지서의 문학 장르

지나간 장들에서는 선지서 본문을 해석하는 데 필요한 기본 원리들에 대해 다뤘다. 선지자의 임무와 기능, 심판 본문의 해석법, 선지서 해석을 위한 기본 지침에 대해서 다뤘다. 이것으로 일단 원리적인 부분은 다 취급했다고 본다. 이 장과 다음의 5장에서는 선지서에 많이 쓰인 문학 장르와 수사기법에 대해 살피고자 한다(4장에서는 문학 장르, 5장에서는 수사기법을 다룸).

I. 성경(선지서) 본문에 대한 문학적 접근

성경을 해석할 때 주제만 잘 살피면 되지 '기법' 따위가 무슨 의미가 있겠느냐는 반문이 있을 수 있다. 그렇다. 성경은 참으로 위대한 주제들을 전하는 책이다. 그러나 또 하나 부인할 수 없는 중요한 사실은 성경은 그 전달하고자 하는 바를 문학이라는 매개를 통하여 하고 있다는 점이다. 즉 여러 탁월한 문학적 기법과 아름다움을 가지고 말하고자 하는 주제들을 전하고 있다. 실로 성경은 세계문학사의 어떤 작품과 비교해도 손색이 없는 수준의 탁월한 문학적 수완을 보여주는 책이다. 성경(선지서)이 취하고 있는 다양한 문학적 '관습'(con-ventions)과 '기법'(devices)을 탐구함으로 성경(선지서)을 체계적으로 해석하는 데 필수적이라 할 형식 분석의 틀을 확보하고자 하는 것이 4장과 5장의 목표이다.

그간 전통적인 보수학계는 성경을 문학적으로 이해한다는 개념 자체에 대해 강한 거부를 느껴온 것이 사실이다. 성경을 해석하는 과정에서 문학적 접근을 한다는 것 자체가 비평주의에 동조하는 것이 아니냐 하는 의구심을 일으켰고, 경우에 따라서는 성경이 문학적이라는 언명을 하는 것부터 경계의 대상이 되기도 했다. 이러한 현상은 나름의 이유가 있어 보인다. 오랫동안 교회와 보수 성경학계는 고등비평의 파괴적인 전제와 결론에 시달려 왔던 것이다. 그런데 그 고등비평이 성경을 새롭게 (그리고 다르게) 이해한답시고 성경 본문을 마구 분해하는 데 쓴 주된 방법이 '문학적 비평'이었다. 고등비평은 문학적 방법으로 성경 본문의 역사를 뒷조사하여 그것의 배후 역사를 재구성하고자 했고 그 결과 지금의 성경 본문을 '하나님의 말씀'이 아닌, 인간의 종교/이데올로기 문서들의 한 집합으로 정체를 제시하기에 이르렀다.1) 그 결과 성경은

---

1) 고등비평은 현재 우리가 가지고 있는 성경 본문(정확하게는 맛소라 텍스트)을 있는 그대로 하나의 말씀으로 받아들이지 않고 역사를 달리하는 여러 다른 목소리를 가진 문서들이 집합된 우연한 짜깁기로 본다. 몇몇 비평은(예컨대 전승사비평 또는 편집비평 따위) '우연'이란 말에 반대할 수도 있겠지만 그들 역시 어디까지나 본문의 진화를 전제하고 있을 뿐 아니라, 집합과정에 신학적 의도들이 계속 개입되었다 하더라도 전통적인 성경관의 입장에서 보면 여전히 한 분의 저자(하나님)와 그분의 의도는 철저히 무시된 복합적인 인간 문서이기 때문에 '우연'이란 평가를 피할 수 없다. 그들의 관점에 의하면 여전히 텍스트가 지금과 같은 모습(하나님의 유일한 뜻이 담겨 있는)이어야 할 필연은 없는 것이다. 그런데 이러한 고등비평도 20세기 후반 이후 성경학계에 후근대주의(postmodernism)의 바람이 불면서 빛바랜 과거의 유행으로 퇴색하는 경향이다(물론 아직도 꾸준히 그러한 전통적인 비평 작업을 하고 있는 학자의 군[群]이 존재하고 있는 것도 사실이다). 근대(modernism) 비평주의의 역사비평(historical criticism)이 학계의 전반을 풍미하던 시대가 이제는 지나가고 있는 것이다. 매우 개괄적으로 얘기하면, 근대주의가 퇴조하고 후기근대주의가 대두하면서 "본문 이면의 세계"(the world behind the text)를 탐구하고자 하던 역사비평적 시각은 "본문 내의

교회의 예배와 신자의 삶에 대한 최종 기준으로서의 권위를 잃게 되었다. 이것이 바로 교회가 비평주의에 의해 고통 받고 시달려 온 바요, 보수학계가 그토록 치열하게 대항하고 오랜 기간 싸워온 바였다. 이 치열한 투쟁의 과정 속에서 보수학계는 비평학계만 적대시한 것이 아니라 비평학계가 주요한 학문 수단으로 삼았던 '문학적 방법'이라는 것에 대해서까지도 심한 거부감을 가지게 되었던 것으로 보인다.

이러한 배경을 생각하면서 우리는 문제를 다시 살펴봐야 할 것 같다. 과거 비평주의가 성경에 큰 타격을 입힌 것이 사실이고 또한 성경을 갈기갈기 찢어 놓는 데에 '문학적인' 방법을 사용한 것도 사실이다. 우리 성경해석자들이 이러한 파괴적 방법에 대해서는 적극적인 경계를 게을리 하지 말아야 하는 것이 당연하다. 그러나 그렇다고 해서 성경이 그 위대한 진리들을 전하는 데 문학이라는 매개를 사용하고 있다는 사실 자체까지 부인할 수는 없는 것이다. 만일 비평주의에 대한 과도한 경계의 결과로 성경의 문학성마저 송두리째 외면하게 되면 그것은 성경의 메시지를 이해하는 가장 소중한 틀을 잃어버리는 것이 되고 따라서 성경을 다른 방식으로 크게 오해하는 우를 범하는 결과를 가져올 것이기 때문이다. 비평주의의 파괴적 방법은 경계하되 현재의 본문 자체가 가지고 있는 문학적 성격은 오히려 적극적으로 새롭게 평가를 해주는 것이 성경을 있는 그대로 바르게 해석하는 길이 될 것이다.

앞서 말했듯이 성경은 초월적 진리들을 다양한 문학적인 아름다움과 기법들

세계" 또는 "본문 앞에 놓여 있는 세계"를(이 둘은 기본적으로 폴 리꾀르[Paul Ricoeur]의 해석학에 쓰이는 용어들임) 탐구하고자 하는, 즉 한마디로 말하면 텍스트를 현재 있는 그대로 이해하고자 하는 시각으로 대치되고 있다. 이와 같은 방법론의 변화(그리고 이에 상응하는 성경 해석상의 환경의 변화)를 가리켜 레오 퍼듀(Leo Perdue)는 "역사의 붕괴"라 부르고 있는데 매우 적절한 수사라 생각된다. 참고: Walter Brueggemann, 『구약신학: 증언, 논쟁, 옹호』, 류호영·류호준 옮김 (서울: 기독교문서선교회, 2003), 108-111, 114.

을 동원하여 그려내고 있다. 무엇을 말하느냐 하는 것은 어떻게 말했느냐
하는 것과 분리될 수 없고 거기에 철저히 의존하기 때문에 성경에 나타난
이 '어떻게'의 문제를 탐구하는 것은 성경을 정확하게 그리고 풍성하게 읽기
위한 정당한 일이 아닐 수 없다. 그리고 사실상 최근에는 구미의 보수적인
성경학자들도 성경의 문학성과 그를 이루는 문학적 장치들의 의의를 충분히
인식한 나머지 이에 대한 최근의 연구 결과들을 적극적으로 수용하고 있는
실정이다. 그 결과 보수진영에서도 성경 해석상 상당한 수확을 거두고 있는
것으로 보인다. 4장과 5장은 선지서 본문에 쓰인 문학적 기술 자산들(assets
of literary skills)인 장르와 수사기법에 대해 정리하여 선지서의 주제와 메시지를
보다 정확하게 그리고 체계적으로 파악하는 일에 필수적이고 기본이 될 도구를
제시해 보려고 하는 것이다.

II. 선지서의 문학 장르

선지서에 쓰인 대표적인 문학 장르에는 세 가지가 있다고 할 수 있다.
그것은 (1) 보도(accounts 또는 reports), (2) 예언의 말씀(prophetic speeches),
(3) 기도(prayers)이다. 이 세 카테고리는 1960년대 클라우스 베스터만의 연구가
나온 이래 학자들 사이에 널리 받아들여지고 있는 분류이다.2) 다른 성경도
마찬가지지만 선지서는 주의 깊게 읽지 않으면 사실상 장르상의 차이가 없는
같은 방식의 글로 되어 있는 것으로 보일 수 있다. 특히 한글 성경들은(개역한글,

---

2) Claus Westermann, *Basic Forms of Prophetic Speech*, trans. H. C. White (Philadelphia: Westminster Press, 1967). 필자는 Westminster/John Knox Press의 1991년도 reprint판을 사용하고 있음.

개역개정) 시와 산문의 구별도 없이 번역해 놓아서 이런 구별을 더욱 어렵게 만든다. 그러나 자세히 살펴보면 선지서는 시와 산문의 구별은 물론이거니와 시/산문의 구별을 넘어서서 고유한 몇 개의 문학 장르가 쓰이고 있는 것을 알 수 있다. 이것이 바로 지금 논하고자 하는 보도, 예언의 말씀, 기도라는 세 장르인 것이다(이 중 예언의 말씀과 기도는 시에 속하고 보도는 이야기체, 즉 산문에 속한다).3)

1. 보도, 예언의 말씀, 기도

보도(報道)는 말 그대로 선지자의 예언 활동의 전체적인 혹은 부분적인 전말을 이야기식으로 쓴 기사이다. 가장 쉽게 이해하려면 신문에서 보는 사건 기사를 생각하면 되며 구약 성경은 이 기사를 이야기체(narrative)로 풀어가고 있다. 보도의 종류로는 전기적, 자서전적, 설명적 이야기(biographical, autobio-graphical, explanatory narratives) 등과 해석적 평가(comments) 따위를 들 수 있다. 히브리어 성경의 보도는 와우계속법 미완료(문법학자들은 이를 순전히 형태적인 면만을 강조하여 WaYYQTL이라고도 부름)라는 '사슬'(chain)을 써서 단일 사건들을 일련의 시리즈로 연결해 나가는 방식을 취한다.4) 예레미야서를

---

3) 사실은 여기에 지혜 말씀(wisdom speeches)과 같은 장르도 더해질 수 있다. 선지서에는 에스겔 18:2, 12:22 따위와 같은 속담류도 있기 때문이다. 그러나 본서는 논제를 복잡하게 하지 않기 위해 많이 쓰인 대표적 장르 셋만 다루고자 한다.

4) 와우계속법은 기초단계부터 고급단계의 모든 히브리어 문법책에서 나오는 매우 중요한 문법 사항인데, 와우계속법 미완료와 와우계속법 완료 두 가지가 있다. 와우계속법 미완료는 여기의 보도에서와 같이 과거의 사건을 기술할 때 쓰고 와우계속법 완료는 미래의 사건을 기술할 때 쓴다. 와우계속법은—특히 와우계속법 미완료—이야기를 전개하는 데 사용하는 히브리어의 독특한 문법적 기법인데 히브리어 외에는 나타나지 않는다. 셈어 밖에서는 물론, 필자가 아는 한 셈어 내에서도 그러한 문법의 예가 없다(남 셈어, 동 셈어는 물론이고 서북 셈어인 아람어, 시리악, 우가릿어 등에서도 와우계속법과 같은 것은 발견되지 않음).

예를 든다면 20:1-6의 바스훌이 예레미야를 박해하는 기사, 26:1-24의 예레미야가 성전 설교 후 위기를 만나고 이를 모면하는 기사, 28:1-17의 하나냐가 예레미야를 핍박하고 죽는 기사, 36:1-32의 여호야김 왕이 두루마리를 태운 후 예레미야가 새로 하나를 더 쓰게 하는 기사, 37-38장의 예레미야의 박해 기사, 39:1-18의 예루살렘 함락 기사, 52:1-34의 예루살렘 멸망과 포로 기사 등이 보도이다. 예레미야서에는 선지자의 설교 말씀 이외에 이처럼 적지 않은 분량의 보도(이야기)가 있다. 요나서가 흥미 있는 경우인데 요나서는 책 전체가 보도이다. 2장에는 기도(요나의 기도)가 나오지만(2:2-9) 이것도 WaYYQTL 사슬의 틀 속에 엮여 있어서 형식적으로는 이야기의 일부일 뿐이다. 에스겔서는 선지서치고는 보도의 분량이 많은 책인데 책의 상당 부분을 차지하는 환상, 상징 행동, 알레고리 등이 대체로 이야기 형식을 취하고 있기 때문이다. (아모스를 최초의 기술선지자 [writing prophet]로 본다면) 엘리야, 엘리사, 나단, 갓 등 아모스 이전에 활동한 선지자들의 경우는5) 자신들의 선포 내용에 관한 독립된 저술을 남기지 않았기 때문에 그들의 예언 활동은 오직 (역사서에) 보도로만 전해지고 있는 셈이다.6) 한편 보도가 전혀 나오지 않는 책들도 있는데 미가, 나훔, 하박국, 스바냐, 말라기가 그것들이다.

역시 선지서를 선지서 되게 하는 것은 예언의 말씀(prophetic speeches)이다.

히브리어에서 와우계속법 미완료는 시와 산문을 구별짓는 대강의 단서가 되기도 한다. 와우계속법을 기본틀로 하지 않는 산문도 있기는 하지만(선지서의 예언의 말씀 중 어떤 것은 와우계속법으로 연결되지 않은 산문도 있다) 대체적으로는 와우계속법을 구성의 기본틀로 삼지 않는 것은 시이고 그것을 기본틀로 하여 구성되어 있는 것은 산문이다. 학자에 따라서는 와우계속법 미완료를 과거의 사건을 이야기체로 나타내는 시제라 하여 "narrative tense"라 부르기도 한다. GKC § 111a.

5) 아모스 이전에 활동한, 기록을 남기지 않은 선지자들을 가리켜 비기술선지자(non-writing prophets), 혹은 전고전선지자(pre-classical prophets), 전정경선지자(pre-canonical prophets) 등으로 부른다.

6) Westermann, *Basic Forms of Prophetic Speech*, 90.

예언의 말씀이란 "하나님의 메신저(선지자)가 선포한 하나님의 말씀"이니 선지
서의 본질을 이루는 가장 중요한 요소이다. 선지서에는 보도와 기도가 적지
않게 나오고 또 그것들도 '예언'의 일부인 것은 사실이지만 그러나 그것들은
어디까지나 이차적이거나 보조적이며 참된 의미의 예언은 예언의 말씀이다.
이러한 관계로 예언의 말씀을 진정한 의미의 예언이라 하여 **prophecy proper**("본
래적 의미의 예언," "예언 그 자체")라 하기도 한다.[7] 예언의 말씀은 예외적으로
산문으로 되어 있는 경우도 있기는 하나(예: 렘 7:1-8:3, 11:1-17, 12:14-17, 17:19-2,
18:1-11 등) 대부분은 시로 되어 있다. 시로 되어 있다는 말은 와우계속법이라는
문법적 장치를 쓰지 않는다는 말이고, 이와 더불어 어법이 간결하고 함축적이며
(terseness) 운율(rhythm)이 있고 기본적으로 평행법(parallelism)으로 지어졌다는
말이다.[8] 예언의 말씀은 선지서를 이루는 주종이기 때문에 별도의 예가 필요
없겠으나 예레미야서에서 몇 개만 예로 든다면 2:1-37, 3:1-5, 5:1-17, 5:20-31,

---

7) 사실은 선지서에 나오는 세 장르는 성경을 이루는 기본 장르들의 세 큰 부분이라 할 수
   있다. 즉 보도는 역사적인 책들(오경, 역사서 따위)의 기본 장르이고, 예언의 말씀은 선지서들
   의 기본 장르이며, 기도는 시편의 기본 장르인 것이다. 그러므로 선지서의 기록에는 구약
   전체의 장르가 다 동원된 것이라 할 수 있다(동원된 장르에는 지혜서의 장르인 지혜 말씀도
   있지만 앞의 한 각주에서 말했다시피 논의를 간단히 하기 위해 본고에서는 언급을 약한다).
   참고: Westermann, *Basic Forms of Prophetic Speech*, 92. 이러한 관점에 대해서는 Greidanus
   교수도 Westermann에게 전적으로 동의하고 있다. Sidney Greidanus, *The Modern Preacher
   and the Ancient Text* (Grand Rapids: Eerdmans, 1988), 241.
8) 히브리 시의 성격과 특징(더불어 시와 산문의 구별의 문제)에 대해서는 20세기 후반에
   되어진 다음의 연구들이 집적된 토론의 결과를 정리해주고 있다: James L. Kugel, *The
   Idea of Biblical Poetry: Parallelism and Its History* (New Haven: Yale University Press, 1981);
   Robert Alter, *The Art of Biblical Poetry* (New York: Basic Books, 1985); Adele Berlin, *The
   Dynamics of Biblical Parallelism* (Bloomington, IN: Indiana University Press, 1985). 필자 나름대로
   히브리 시가 산문과 구별되는 특징을 말하라 한다면 다음의 4가지 정도를 들 수 있겠다:
   (1) 간결/함축성(terseness) (2) 강한 운율성(strong rhythmic character) (3) 비선형성(非線形性,
   non-linearity)(일련의 사건을 선후관계를 따라 시간적 논리적으로 계속 이어지도록 구성하는
   방식이 아니고 하나의 그림을 보이듯 여러 표상을 동시에 제시하는 방식. 와우계속법을
   기본틀로 사용하지 않음) (4) 평행법(parallelism).

6:1-30 등이다. 오바댜, 미가, 나훔, 스바냐 등은 책 전체가 예언의 말씀 한 장르로만 되어 있다. 예언의 말씀에 대해서는 뒤에서 다시 자세히 논할 것이다.

기도는 사람이 하나님에게 한 말씀이다. 하나님이 사람에게 하신 말씀인 예언의 말씀과는 방향이 반대이다. 선지서에는 하나님이 하신 말씀인 예언의 말씀만 있을 것으로 생각하기 쉬우나 사실은 사람이 하나님에게 한 말인 기도도 적지 않게 나온다. 어쩌면 하나님이 많이 말씀하시므로 이에 대한 인간의 반응(reactio)이 더러 나오는 것도 자연스러운 일인지 모른다. 베스터만은 시편의 기도의 장르를 탄식, 감사, 찬양 등으로 분류했는데9) 선지서에서는 탄식(Lament)과 찬양(Descriptive Praise)이 나오고 있는 것을 발견했다.10) 정확한 관찰이라 생각된다. 예레미야서를 예로 들면 개인탄식시(Lament of the Individual)와 백성(국가)의 탄식시(Lament of the People)와 찬양이 나오는데 개인탄식시는 11:18-20, 12:1-4, 15:10-14, 15:15-18, 17:12-18, 18:18-23, 20:7-18 등에서,11) 백성(국가)의 탄식시는 3:22-25(회개시), 14:7-9, 14:19-22 등에서,12)

9) Claus Westermann의 시편의 장르 연구는 *Praise and Lament in the Psalms*, trans. K. R. Crim and R. N. Soulen (Atlanta: John Knox Press, 1981)에 나온다. Westermann은 시편의 시를 크게 탄식시, 감사시(정확하게는 선언찬양시), 찬양시(정확하게는 묘사찬양시) 셋으로 나누고 탄식시와 감사시는 다시 각각 개인의 것과 백성의 것으로 나눔으로써 전체적으로는 5개의 장르로 분류했다(몇 개의 작은 카테고리가 더 있지만 실제 그의 책이 중심적으로 다루고 있는 것은 이 5개의 카테고리임). 이 5개의 장르를 다음과 같은 기호로 표시하여 분류 작업을 용이하게 했다.

개인탄식시 = LI (Psalm of Lament of the Individual)
백성탄식시 = LP (Psalm of Lament of the People)
개인감사시 = PI (Declarative Psalm of Praise of the Individual)
백성감사시 = PP (Declarative Psalm of Praise of the People)
찬양시 = P (Descriptive Psalm of Praise).

특별히 그의 책 pp. 1-162를 볼 것.
10) Westermann, *Basic Forms of Prophetic Speech*, 91.
11) Westermann, *Basic Forms of Prophetic Speech*와 비교할 것. 필자는 좀더 자세한 관찰을 통하여 정확한 예를 찾아냄.

하나님에 대한 찬양은 10:6-16, 20:13,13) 32:16-2514) 등에서 발견된다. 이사야서는 12:1-6에 찬양이 나오고 6:3에도 스랍들이 부른 짧은 하나님 찬양이 나온다. 아모스는 그리 길지 않은 책이지만 보도, 예언의 말씀, 기도가 골고루 나오는 책이다.15) 7:10-17에는 벧엘의 제사장 아마샤와 아모스가 논쟁하는 내용이 보도로 나온다. 그리고 7장에서 9장 사이의 환상들은(그 자체는 예언의 말씀임) 크게 보도 형식의 산문의 틀 속에서 전해지고 있다. 4:13, 5:8-9, 9:5-6의 송영들은 기도(찬양)이다. 그리고 그 외의 모든 부분은 예언의 말씀이다.

2. 심판의 말씀

이제는 선지서의 가장 중요한 부분인 예언의 말씀에 대해 상세히 다뤄볼 차례이다. 예언의 말씀은 크게 심판의 말씀(Oracle of Judgment)과 구원의 말씀(Oracle of Salvation)으로 나뉜다. <심판의 말씀>은 이스라엘이 하나님의 뜻에 부응해 살지 못한 죄를 질책하며 또한 그 죄로 말미암아 초래될 심판을 선포하는 내용이며 <구원의 말씀>은 심판의 결과 나라와 종교를 잃은 이스라엘에게 다시금 하나님의 은총이 임하여 그들이 더 큰 영광으로 회복될 것이라는 약속의 내용이다.

<심판의 말씀>을 먼저 살펴보자. 베스터만은 <심판의 말씀>을 그 형태에 따라 개인을 향한 심판의 말씀(the Prophetic Judgment-Speech to Individuals)과 이스라엘을 향한 심판의 말씀(the Announcement of Judgment against Israel)으로

---

12) 필자의 관찰과 Westermann의 것을 비교할 것.
13) 이 찬양은 개인탄식시(20:7-18) 안에 파편적으로 들어 있는 것임.
14) 그러나 이 찬양(P)은 백성의 탄식시(LP)와 백성의 감사시(PP)의 요소들이 같이 섞여 있음.
15) 참고: Westermann, *Basic Forms of Prophetic Speech*, 91.

한 단계 더 나누었지만6) 번쇄함만 더할 뿐 반드시 필요한 분류인 것 같지는 않다. 본서는 이 구분은 따르지 않고 다만 <심판의 말씀>을 내용상 두 가지로 분류하고자 한다. <심판의 말씀>에는 직접 꾸중(Direct Accusation)과 임박한 재난의 선포(Announcement of Impending Disaster)가 있다.17) 앞의 것은 이스라엘이 하나님 앞에 잘못한 것에 대해 직접 대놓고 책망하는 내용이고 뒤의 것은 현재의 잘못 때문에 필연적으로 야기되는 하나님이 가져오실 재앙에 대한 예고(豫告)이다. 선지서에 나타나는 심판의 말씀의 내용은 대체로 이 두 가지 중 하나에 해당된다. 선지자는 이스라엘의 죄악에 대해 꾸중하다가 그것으로 부족한지 앞으로 하나님이 주시는 재앙이 닥쳐 올 것이라고 '협박'한다. 또 그러다가 꾸중하고, 꾸중하다가 협박하고 하는 식으로 꾸중과 재난의 선포가 번갈아 교차하는 것이다. 이 두 가지는 내용상 타입은 다르지만 목적은 동일하다. 알터가 옳게 지적한 것처럼 이 두 가지는 하나의 목적을 이루려는 다른 방법들(strategies)에18) 불과하다. 그 하나의 목적이란 '책망'(reproof)이다. <직접 꾸중>은 청중의 앞에 대놓고 질책하는 것이므로 문자 그대로 어떤 잘못에서 돌이키도

---

16) Westermann, *Basic Forms of Prophetic Speech*, 129-209.

17) 필자의 이 관찰은 Robert Alter의 제안에서 많은 도움을 얻었다. Alter는 심판의 말씀을(그 자신이 심판의 말씀이란 표현을 쓰고 있는 것은 아님) (1) direct accusation, (2) satire, (3) the monitory evocation of impending disaster 셋으로 나눈다. Robert Alter, *The Art of Biblical Poetry* (New York: Basic Books, 1985), 141. 필자는 (2) satire는 반드시 필요한 항목으로 보지 않아서 생략하고 있다. Satire는 선지자들이 이스라엘을 꾸짖을 때 쓴 중요한 방법(strategy)이 아니고 주로 이방 나라들을 꾸짖을 때 쓰였으며 그나마 그리 자주 쓰인 것도 아니기 때문이다(한 예가 사 14:4-21의 바벨론 왕을 조소하는 내용임). Alter의 어휘에도 약간의 문제점이 있다. 그는 임박한 재난의 선포를 말할 때 "evocation"이란 단어를 사용하고 있는데 이 말은 앞으로 다가올 재난이 사실은 아니고 단지 메시지 전달의 효과만을 위해 선지자가 고안해낸 상상의 결과물이라는 인상을 준다(Alter 자신이 실제 그런 관념을 가지고 있는지 모른다). 이런 말은 심각한 오해를 초래할 수 있으므로 사용을 피하는 것이 좋을 것이다. 따라서 임박한 재난의 선포는 본고처럼 단순히 announcement of impending disaster라든지 Alter의 어법을 굳이 존중한다면 monitory "prediction/proclamation" of impending disaster 정도로 부르는 것이 적당할 것으로 보인다.

18) Alter 자신은 "poetic strategies"라는 말을 쓴다. Alter, *The Art of Biblical Poetry*, 141.

록 촉구하는 것이고, <임박한 재난의 선포>도 비록 미래에 일어날 일에 대해 말하고는 있지만 사실상 그 관심은 미래에 사건이 아니고 그 사건을 협박의 수단으로 삼아 현재의 이스라엘의 삶을 고쳐보려는 것이다(이런 관계로 <임박한 재난의 선포>는 <협박(threat)>이라는 명칭으로 불릴 수도 있다). 심판 선포 메시지의 성격에 대해서는 이미 앞의 2장에서 심판본문의 해석법을 다룰 때 상세히 다룬 바 있으므로 그곳을 참고하면 좋을 것이다. 그러므로 <직접 꾸중>이든 <임박한 재난의 선포>든 그 목적은 하나, 즉 이스라엘을 교정하여 잘못된 길(사고방식, 생활 방식, 또는 사회 규범)에서 돌이켜 하나님께 온전히 드려지는 생활을 하게 하려는 것이다. 두 가지가 다 현재가 관심이며 '현재의 교정'에 목표를 두고 있다는 말이다. 따라서 <심판의 말씀(Oracle of Judgment)>의 포괄적 목적(overarching purpose)은 예언(prediction)이 아니고 책망(reproof)이라고 한 알터의 말은 타당하다.

이해를 돕도록 <직접 꾸중>과 <임박한 재난의 선포>의 예를 살펴보기로 하자. 사실은 순수히 <꾸중>만 있거나 <재난 선포>만 있는 경우는 오히려 드물고 어느 한 쪽에 다른 한 쪽이 조금씩 섞여 있는 경우가 보통이다. 그러나 전체적으로 어느 쪽이 강세냐에 따라 이 두 하위 범주의 구별은 충분히 가능하다. 물론 <꾸중>과 <재난 선포>가 거의 반반씩 섞여 있는 경우도 있기는 하다. <직접 꾸중>의 예를 먼저 보자. 예레미야서에서 예를 든다면 5:1-9, 5:20-31, 6:1-30, 8:4-13, 8:22-9:9, 13:15-27, 18:12-16 등이 <직접 꾸중>이다. 이 중 18:12-16은 다음과 같다.

> 그러나 그들이 말하기를 이는 헛되니 우리는 우리의 계획대로 행하며 우리는 각기 악한 마음이 완악한 대로 행하리라 하느니라
> 그러므로 여호와께서 이와 같이 말씀하시니라 너희는 누가 이러한 일을 들었는

지 여러 나라 가운데 물어보라 처녀 이스라엘이 심히 가증한 일을 행하였도다
레바논의 눈이 어찌 들의 바위를 떠나겠으며 먼 곳에서 흘러내리는 찬물이
어찌 마르겠느냐
무릇 내 백성은 나를 잊고 허무한 것에게 분향하거니와 이러한 것들은 그들로
그들의 길 곧 그 옛길에서 넘어지게 하며 곁길 곧 닦지 아니한 길로 행하게
하여
그들의 땅으로 두려움과 영원한 웃음거리가 되게 하리니 그리로 지나는 자마다
놀라서 그의 머리를 흔들리라.

선지자는 이스라엘이 우상에게 제사를 지내는 일을 강하게 비판한다. 그와
같은 일은 열방 가운데서도 들어 본 적이 없을 정도로 가증한 일이며 멸망을
자초할 수밖에 없는 일이라고 비난하고 있다. 이스라엘의 종교적 악행을 정면
비판하는 내용으로서 <직접 꾸중>이라고 할 수 있다.

유명한 이사야서 1장에도 여러 개의 <직접 꾸중>이 나온다. 그 중 2-6절은
다음과 같다.

2 하늘이여 들으라 땅이여 귀를 기울이라 여호와께서 말씀하시기를 내가
자식을 양육하였거늘 그들이 나를 거역하였도다
3 소는 그 임자를 알고 나귀는 그 주인의 구유를 알건마는 이스라엘은 알지
못하고 나의 백성은 깨닫지 못하는도다 하셨도다
4 슬프다 범죄한 나라요 허물 진 백성이요 행악의 종자요 행위가 부패한
자식이로다 그들이 여호와를 버리며 이스라엘의 거룩하신 이를 만홀히
여겨 멀리하고 물러갔도다
5 너희가 어찌하여 매를 더 맞으려고 패역을 거듭하느냐 온 머리는 병들었고
온 마음은 피곤하였으며
6 발바닥에서 머리까지 성한 곳이 없이 상한 것과 터진 것과 새로 맞은 흔적뿐이
거늘 그것을 짜며 싸매며 기름으로 부드럽게 함을 받지 못하였도다.

선지자의 입을 빌어 하나님은 자식으로 길러낸 이스라엘이 자신을 배반했다고 개탄한다. 하나님을 버리고(4b) 악을 행하는 이스라엘은 성한 곳이 없다 할 만큼(5, 6) 완전히 부패한 나라가(4a) 되고 만 것이다. 2절 히반절(2b)의 첫 단어 '바님'(בנים, "자식들")과 3절의 제일 끝 단어 '히트보난'(התבונן, "이해하다, 깨닫다")의 말장난(word play)을 통하여 선지자는 이스라엘은 하나님의 자식이면서도 전혀 자식 구실을 못하는 패륜아라고 냉소한다. 이상의 두 예처럼 이스라엘의 잘못을 직접 지적한 것이 <직접 꾸중>이다.

이번은 <임박한 재난의 선포>의 예를 보자. 역시 예레미야에서 예를 먼저 든다면 4:5-8, 4:23-27, 5:14-17, 8:16-17, 10:17-18, 10:22, 12:7-13, 14:1-6, 21:11-14 등이다. 이 중 10:17-18과 10:22를 먼저 살펴보자.

> 에워싸인 가운데 앉은 자여 네 짐 꾸러미를 이 땅에서 꾸리라
> 여호와께서 이와 같이 말씀하시되 보라 내가 이 땅에 사는 자를 이번에는 내던질 것이라 그들을 괴롭게 하여 깨닫게 하리라 하셨느니라.
>
> 들을지어다 북방에서부터 크게 떠드는 소리가 들리니 유다 성읍들을 황폐하게 하여 승냥이의 거처가 되게 하리로다.

선지자는 이미 포위된 예루살렘에 대해 말하고 있다. 이 포위가 끝나면 곧바로 포로가 되어 고토에서 내어 쫓길 것이며 북쪽에서부터 당도한 거대한 적이 땅을 황폐케 할 것이다. 이 본문에는 이스라엘의 악행을 직접 비난하는 내용은 없고 다만 무언가 그들이 한 일 때문에 초래될 재앙에 대한 언급만 나와 있다. 그러나 그 내용인즉 이러한 힘든 시간이 올테니 지금 돌이키라는 강력한 권고의 메시지인 것이다. 이와 같은 것이 <임박한 재난의 선포>이다.

이번에는 4:23-27을 살펴보자.

> 보라 내가 땅을 본즉 혼돈하고 공허하며 하늘에는 빛이 없으며
> 내가 산들을 본즉 다 진동하며 작은 산들도 요동하며
> 내가 본즉 사람이 없으며 공중의 새가 다 날아갔으며
> 보라 내가 본즉 좋은 땅이 황무지가 되었으며 그 모든 성읍이 여호와의 앞 그의 맹렬한 진노 앞에 무너졌으니
> 여호와께서 이와 같이 말씀하시길 이 온 땅이 황폐할 것이나 내가 진멸하지는 아니할 것이며.

이 본문의 경우는 북방의 적이 황폐화시킨 가나안 땅의 풍경에 대해 진술하고 있다. 자연과 생물이 존재할 수 없고 빛마저 사라진 그야말로 창조 이전의 혼돈과 같은 무질서와 대혼란이 다가왔다.[19] 황무지(הנדבר)가 되어 버린 땅을 이보다 더 비참하게 묘사할 방법도 없을 것이다. 그것은 황폐 그 자체였다(שכבה). 4:23-27의 진술도 멸망의 끔찍함을 자극제 삼아 회개를 촉구하는 <임박한 재난의 선포>이다.

이사야서에서는 5:26-30과 24:17-20을 살펴보기로 한다. 먼저 5:26-30은 다음과 같다.

> 또 그가 기치를 세우시고 먼 나라들을 불러 땅 끝에서부터 자기에게로 오게 하실 것이라 보라 그들이 빨리 달려 올 것이로되
> 그 중에 곤핍하여 넘어지는 자도 없을 것이며 조는 자나 자는 자도 없을 것이며 그들의 허리띠는 풀리지 아니하며 그들의 들메끈은 끊어지지 아니하며
> 그들의 화살은 날카롭고 모든 활은 당겨졌으며 그들의 말굽은 부싯돌 같고

---

19) 예레미야는 여기에서 창세기 1장의 어휘를 대거 채용함으로 창조 질서 자체가 무효화되고 있음을 보여주고 있다: תהו ובהו("혼돈과 공허"; 렘 4:23, 창 1:2), הארץ, השמים("땅," "하늘"; 렘 4:23, 창 1:1), אור("빛"; 렘 4:23, 창 1:3-5), אדם("사람"; 렘 4:25, 창 1:26-27), עוף("새"; 렘 4:25, 창 1:20-22, 28, 30).

병거 바퀴는 회오리바람 같을 것이며

그들의 부르짖음은 암사자 같을 것이요 그들의 소리 지름은 어린 사자들과 같을 것이라 그들이 부르짖으며 먹이를 움켜 가져가 버려도 건질 자가 없으리로다

그 날에 그들이 바다 물결 소리같이 백성을 향하여 부르짖으리니 사람이 그 땅을 바라보면 흑암과 고난이 있고 빛은 구름에 가려서 어두우리라.

여호와께서 북방의 한 나라(앗수르)를 불러 이스라엘을 침탈케 하실 것이라는 예고이다. 그들은 속도가 빠르고 무시무시한 무기들로 무장했으며 조금의 자비도 없이 땅을 유린할 것이다. 이로 말미암아 엄청난 괴로움이 따라올 것은 자명한 일이다. 알터가 이 본문에 나타난 임박한 재난의 예고에 묵시적 요소가 가미되고 있음을 지적한 바 있다.[20] 그렇다면 닥쳐오는 고난의 수준은 인간의 상상을 초월하는 것이 되고 그 범위와 깊이는 우주적인 것이 되어서 인간으로서는 어찌할 수 없는 대 혼란의 때가 다가오고 있음을 의미하는 것이 된다.

이사야 24:17-20은 다음과 같다.

17 땅의 주민아 두려움과 함정과 올무가 네게 이르렀나니
18 두려운 소리로 말미암아 도망하는 자는 함정에 빠지겠고 함정 속에서 올라오는 자는 올무에 걸리리니 이는 위에 있는 문이 열리고 땅의 기초가 진동함이라
19 땅이 깨지고 깨지며 땅이 갈라지고 갈라지며 땅이 흔들리고 흔들리며
20 땅이 취한 자같이 비틀비틀하며 원두막같이 흔들리며 그 위의 죄악이 중하므로 떨어져서 다시는 일어나지 못하리라.

역시 이스라엘의 멸망 시에 생길 큰 혼돈과 재난에 대해 말하고 있다. "위에

---

20) Alter, *The Art of Biblical Poetry*, 152-53.

있는 문이21) 열린다"(18절)는 것은 창세기 7:11과 8:2에 의하면 하늘 문이 열려 대홍수가 난다는 것인데 "땅이 흔들리고 흔들린다"(19절)는 말씀과 더불어 범지구적 재앙(global havoc)이 임함을 의미한다.22) 땅이 "취한 자처럼 비틀비틀 하다가 쓰러지고 일어나지 못한다"(20절)고 한 수사적 표현(의인법)은 인간의 삶의 터전 자체가 송두리째 뿌리 뽑혀 사라진다는 사실을 말하고 있다. 이러한 재앙이 올 때에 이것을 피할 사람은 아무도 없을 것이다. 여기 든 이사야의 두 본문 모두 다가올 재앙의 심각함을 일깨워 이로 말미암아 선민을 회개케 하려는 <임박한 재난의 선포>이다.

3. 구원의 말씀

이미 말한 바와 같이 선지서에서 가장 중요한 부분인 예언의 말씀은 <심판의 말씀(Oracle of Judgment)>과 <구원의 말씀(Oracle of Salvation)>으로 나누어진다. <심판의 말씀>은 하나님의 뜻을 거역한 죄를 꾸짖고 그에 따르는 심판을 선포함으로 이스라엘의 현재의 삶을 돌이키려는 것이고 <구원의 말씀>은 결국 심판을 받은 이스라엘에게 다시금 하나님의 은혜가 임해서 그들이 큰 영광 중에 회복될 것이라는 약속을 주어 위로하는 내용이다. 이번은 <구원의 말씀>을 살펴볼 차례이다. <구원의 말씀>은 하위 범주로 더 나뉘지 않고 단일 범주로 사용된다. 직접 예를 들어보자. 기본적인 예들을 인용하고 있는 예레미야 서에서도 <구원의 말씀>을 많이 발견할 수 있다. 16:14-21, 23:5-8, 30:1-24,

---

21) 여기서 "문"(영어 성경들은 "windows"라 번역하고 있음)이라는 것은 히브리어 ארבה인데 벽에 난 구멍이거나 건축물 따위의 천장이나 지붕, 또는 승강구에 나 있는 해치(뚜껑) 같은 것이다. 창세기 7:11과 8:2에서는 노아의 홍수 때 비가 쏟아져 내린 하늘의 구멍을 지칭하는 단어로 쓰였다. 참고: HALOT, vol. 1, 83b.
22) Alter, *The Art of Biblical Poetry*, 153-54.

31:1-26, 31:27-40, 32:26-44, 33:1-13, 33:14-26, 46:27-28 등이 그것이다. 이 중 16:14-21은 다음과 같다.

> 14 여호와의 말씀이니라 그러나 보라 날이 이르리니 다시는 이스라엘 자손을 애굽 땅에서 인도하여 내신 여호와께서 살아계심을 두고 맹세하지 아니하고
> 15 이스라엘 자손을 북방 땅과 그 쫓겨났던 모든 나라에서 인도하여 내신 여호와께서 살아계심을 두고 맹세하리라 내가 그들을 그들의 조상들에게 준 그들의 땅으로 인도하여 들이리라
> 16 여호와의 말씀이니라 보라 내가 많은 어부를 불러다가 그들을 낚게 하며 그 후에 많은 포수를 불러다가 그들을 모든 산과 모든 언덕과 바위틈에서 사냥하게 하리니
> 17 이는 내 눈이 그들의 행위를 살펴보므로 그들이 내 얼굴 앞에서 숨기지 못하며 그들의 죄악이 내 목전에서 숨겨지지 못함이라
> 18 내가 우선 그들의 악과 죄를 배나 갚을 것은 그들이 그 미운 물건의 시체로 내 땅을 더럽히며 그들의 가증한 것으로 내 기업에 가득하게 하였음이라
> 19 여호와 나의 힘, 나의 요새, 환난날의 피난처시여 민족들이 땅 끝에서 주께 이르러 말하기를 우리 조상들의 계승한 바는 허망하고 거짓되고 무익한 것뿐이라
> 20 사람이 어찌 신 아닌 것을 자기의 신으로 삼겠나이까 하리이다
> 21 여호와께서 이르시되 보라 이번에 그들에게 내 손과 내 능력을 알려서 그들로 내 이름이 여호와인 줄 알게 하리라.

여호와는 출애굽의 하나님이 아니고 탈(脫)바벨론의 하나님이라고 불리울 만큼 쫓겨난 이스라엘을 회복시키시는 일에 확실한 책임을 지신다(14-15절). 우상숭배로 얼룩진 이스라엘은 정화되어 돌아오게 되며 그들은 이제 하나님을 아는 지식을 확실히 지니게 될 것이다. 우상이 아닌 여호와 하나님을 알게 될 것이라는 점을 강조하기 위해 21절 히브리어 원문은 "안다"는 동사(ידע)를 3번 거듭 사용한다.23) 이와 같이 심판 후에 일어날

회복을 약속하는 것이 <구원의 말씀>이다.

다음은 아모스 9:11-15를 살펴보기로 하자.

> 11 그 날에 내가 다윗의 무너진 장막을 일으키고 그것들의 틈을 막으며 그
> 허물어진 것을 일으켜서 옛적과 같이 세우고
> 12 그들이 에돔의 남은 자와 내 이름으로 일컫는 만국을 기업으로 얻게 하리라
> 이를 행하시는 여호와의 말씀이니라
> 13 여호와의 말씀이니라 보라 날이 이를지라 그 때에 파종하는 자가 곡식
> 추수하는 자의 뒤를 이으며 포도를 밟는 자가 씨 뿌리는 자의 뒤를 이으며
> 산들은 단 포도주를 흘리며 작은 산들은 녹으리라
> 14 내가 내 백성 이스라엘이 사로잡힌 것을 돌이키리니 그들이 황폐한 성읍을
> 건축하여 거주하며 포도원들을 가꾸고 그 포도주를 마시며 과원들을 만들고
> 그 열매를 먹으리라
> 15 내가 그들을 그들의 땅에 심으리니 그들이 내가 준 땅에서 다시 뽑히지
> 아니하리라 네 하나님 여호와의 말씀이니라.

9장 10절까지 내내 <직접 꾸중>과 <임박한 재난의 선포>만 하던 아모스는
모든 예언 활동의 마지막에 드디어 이스라엘의 회복을 약속함으로써
책을 마감한다. 비록 망하고 고토에서 쫓겨나지만 선민의 역사는 거기가

---

23) 개역개정은 두 번만 "안다"는 말을 사용하고 있어("알려서," "알게") 정확한 번역이 되지
못하고 있다. NIV와 NRSV의 경우는 "teach"를 두 번, "know"를 한 번 쓰고 있어 역시
원문의 의도를 정확히 알게 하는 데는 미흡하다. 히브리어 원문은 동사 ידע("알다")를 세
번 사용하고 있는데, 즉 מודיעם("알게 하는"), אודיעם("내가 그들을 알게 하리라"), ידעו("그들이
알 것이라") 등이다. Craigie와 Kelly, Drinkard의 번역이 원문을 정확히 반영한다:

Therefore, behold, I will make them *know*,
  this once I will make them *know*
my power and my might,
  and they shall *know* that my name is the Lord.

Peter C. Craigie, Page H. Kelly, and Joel F. Drinkard, Jr., *Jeremiah 1-25*, WBC 26 (Dallas
TX: Word Books, 1991), 218. NASB는 이들처럼 "know"를 세 번 정확히 나타내주고 있다.

끝은 아니다. 다윗 왕조는 회복되며 이스라엘은 돌아와 본토에 굳건한 터를 잡게 될 것이다. 대지는 풍부한 열매를 제공하여(13-14절) 이들의 확실한 회복을 돕게 된다. 선지자는 이스라엘이 결코 다시는 그 땅에서 뽑히는 일이 없을 것임을 말하여(15절) 그들의 회복이 "종말적인" 영구한 회복이 될 것임을 선포하고 있다. 재난 중에도 이스라엘의 궁극적인 회복을 약속한 <구원의 말씀>이다.

다음의 예는 이사야 49:14-23이다.

14 오직 시온이 이르기를 여호와께서 나를 버리시며 주께서 나를 잊으셨다 하였거니와
15 여인이 어찌 그 젖 먹는 자식을 잊겠으며 자기 태에서 난 아들을 긍휼히 여기지 않겠느냐 그들은 혹시 잊을지라도 나는 너를 잊지 아니할 것이라
16 내가 너를 내 손바닥에 새겼고 너의 성벽이 항상 내 앞에 있나니
17 네 자녀들은 빨리 걸으며 너를 헐며 너를 황폐하게 하던 자들은 너를 떠나가리라
18 네 눈을 들어 사방을 보라 그들이 다 모여 네게로 오느니라 나 여호와가 이르노라 내가 나의 삶으로 맹세하노니 네가 반드시 그 모든 무리를 장식처럼 몸에 차며 그것을 띠기를 신부처럼 할 것이라
19 이는 네 황폐하고 적막한 곳들과 네 파멸을 당하였던 땅이 이제는 거민이 많아 좁게 될 것이며 너를 삼켰던 자들이 멀리 떠날 것이니라
20 자식을 잃었을 때에 낳은 자녀가 후일에 네 귀에 말하기를 이곳이 내게 좁으니 넓혀서 내가 거주하게 하라 하리니
21 그 때에 네가 네 마음에 이르기를 누가 나를 위하여 아들을 낳았는고 나는 자녀를 잃고 외로워졌으며 사로잡혀 유리하였거늘 이들을 누가 양육하였는고 나는 홀로 남았거늘 이 들은 어디서 생겼는고 하리라
22 주 여호와가 이같이 이르노라 내가 뭇 나라를 향하여 나의 손을 들고 민족들을 향하여 나의 기치를 세울 것이라 그들이 네 아들들을 품에 안고 네 딸들을 어깨에 메고 올 것이며
23 왕들은 네 양부가 되며 왕비들은 네 유모가 될 것이며 그들이 얼굴을

땅에 대고 네게 절하고 네 발의 티끌을 핥을 것이니 네가 나를 여호와인 줄 알리라 나를 바라는 자는 수치를 당하지 아니하리라.

사랑스런 시온(예루살렘)이 망하여 거민이 포로로 잡혀갔으나 하나님은 그들을 결코 버리지도 잊지도 않으신다. 하나님은 그들의 이름을 손바닥에 새겨 두셨다 (16절). 그 분은 부모보다 더 큰 사랑으로 그들을 기억하셨다가 끝내는 고토로 귀환하게 해 주신다.24) 이 본문에서 시온(예루살렘)은 하나님의 딸이면서 동시에 귀환하는 거민의 어미이다. 자식을 완전히 잃은 줄 알았는데 그들이 돌아오는 것을 보고 어머니는 놀라며 상상할 수 없는 큰 기쁨에 휩싸이게 된다는 것이다(21절). 수치와 고난의 시대는 이제 지나갔다. 열국 권력의 보호 가운데 예루살렘의 자녀들은 영광스럽게 귀환하게 되며 돌아온 후에는 고토에서 크게 번성할 것이다. 절망 중에 일어날 회복을 말하는 이 본문은 <구원의 말씀>인데 이 말씀은 상실의 경험으로 인해 낙심 중에 있는 사람들에게 크나큰 위로가 되어온 말씀이다.

이상과 같이 <심판의 말씀>으로 <직접 꾸중>과 <임박한 재난의 선포>의 예들을, 그리고 <구원의 말씀>의 예들을 살펴보았다. 선지서에 나오는 <예언의 말씀>은 거의 모두 이 세 범주에 속한다고 할 수 있다.25) 그리고 이에 앞서서는

---

24) 하나님은 예루살렘을 자식으로 대하신다. 시온이란 이름은 하나님이 예루살렘을 의인화하여 부르신 사랑의 이름이다. 하나님은 꾸중하실 때부터 예루살렘을 "딸 시온"(1:8)이라 부르셨고 이사야서 내내 마치 부모가 딸자식을 대하듯 애틋한 애정과 온화함으로 이 도시를 대하시는 것을 볼 수 있다.

25) 에스겔서는 일반적인 선지서와는 달리 약간 특수한 사정을 보인다. 에스겔서도 <예언의 말씀>은 심판의 내용과 구원의 내용이 있다. 그리고 심판의 내용에도 꾸중의 내용과 임박한 재난을 알리는 내용이 있는 것이 사실이다. 그러나 에스겔서의 경우는 본서가 지금까지 개진해온 방식의 장르 분류와는 좀 다른 방식의 분석이 더 적절할 수 있다. 지금까지의 분석 방식은 <예언의 말씀>이 시(詩)인 것을 전제로 했는데 에스겔서는 예언적 메시지의 상당 부분을 산문의 형식을 빌려 전하고 있는 것이다. 그러므로 <예언의 말씀>을 <심판의 말씀>과 <구원의 말씀>, 그리고 <심판의 말씀>을 <꾸중>과 <임박한 재난> 따위로 나누는

선지서를 이루는 문학 장르의 큰 범주들인 <보도>, <예언의 말씀>, <기도>에 대해 살펴 보았다. 이상과 같이 살핀 선지서의 문학 장르를 도표로 정리하면 다음과 같이 될 것이다.

것보다는(그러한 내용이 다 나오기는 하지만), <신탁(Oracles)>, <상징행동(Sign Acts, 또는 Symbolic Acts)>, <알레고리(Allegories)>, <환상(Visions)> 등의 장르로 나누어 생각하는 것이 더 적절한 이해 방식이 될 수 있다. 에스겔서의 산문은 얼핏 보면 <보도>같지만 사실은 그것들은 선지자의 활동 기록이거나 그가 활동한 역사적 배경에 대한 설명이 아니고 선지자가 선포한 메시지 자체인 경우가 많기 때문이다.

제5장
선지서의 수사기법

앞의 4장에서는 선지서의 문학 장르를 살폈다. 이번 장에서는 선지서의 수사기법들에(rhetorical techniques) 대해 알아본다.

성경의 메시지는 문학이라는 매체를 통하여 전달되었는데 문학은 단순히 전달 매체의 기능만 하고 마는 것이 아니다. 그것은 메시지에 심미적 차원, 즉 아름다움을 공급하며, 그것이 지닌 구조를 통해서 메시지의 내용을 결정하기까지 한다. 아름다움은 독자(청중)의 감성에 호소해서 메시지가 전인적으로 수납되도록 돕고, 구조는 내용의 강조점이 어디인지를 보여주어 메시지의 핵심을 파악하게 해준다. 문학은 메시지 전달을 위한 부차적 형식 조건이 아니다. 그것은 메시지의 내용 형성에서부터 시작해서 그것의 수납까지 전과정에 직접적으로 관여하는 주체이다. 문학은 메시지의 일부 내지는 메시지 자체인 것이다.

따라서 정확한 본문 주해를 위해서는 문학, 특히 수사기법을 반드시 이해해야 한다.1) 선지서 본문의 경우도 그것을 온전하게(바르고 풍부하게) 해석하려면

---

1) 본서는 특히 구약의 시에 많이 등장하는 수사기법에 대해 말하고 있다. 산문도 산문대로의 수사기법이 있지만 구약 성경은 산문도 다분히 시의 성격을 띠고 있어서 시의 경우나

그것이 채용하고 있는 수사기법들에 대해 충분한 이해를 가져야 한다. 선지서가 채용하는 수사기법들은 다양한데 그중 가장 많이 쓰이고 대표적인 것은 평행법(parallelism), 반복(repetition), 봉투구조(수미쌍괄구조, inclusio), 교차대칭구조(chiasm) 등이다.2) 이것들을 하나씩 살펴보기로 하자.

I. 평행법

평행법은 선지서(특히 예언의 말씀)를 포함한 히브리 시의 가장 기본이 되는 관습(convention) 또는 수사기법이다.3) 히브리 성경의 기자들은 시를 썼다 하면4) 반드시 평행법이라는 '기술(技術)'을 사용했다. 평행법이 없는

산문의 경우나 문학적 특징이나 수사기술이 유사한 것이 많다. 선지서를 대표하는 장르는 예언의 말씀이고 예언의 말씀은 시로 되어 있기 때문에 선지서의 수사기법을 다룬다는 것은 구약 시의 수사기법을 다룬다는 것과 같은 의미가 된다.

2) 선지서를 포함한 구약 성경은(특히 시) 다양한 종류의 수사기법들을(수사구조[rhetorical structures] 내지는 형식들[rhetorical forms]) 채용한다. 평행법, 반복, 봉투구조, 교차대칭구조는 선지서가 사용하는 가장 대표적인 기법들일 뿐이다. 다소 사소한 수사기술을 포함하여 구약의 시가 채용하는 수사기법들에 대해 포괄적인 이해를 가지려면 다음의 책들이 좋은 참고가 될 것이다: E. W. Bullinger, *Figures of Speech Used in the Bible* (London: Messrs. Eyre and Spottiswoode, 1898; reprint ed., Grand Rapids: Baker Book House, 1968); Wilfred G. E. Watson, *Classical Hebrew Poetry: A Guide to its Techniques*, JSOT Sup 26 (Sheffield, England: JSOT Press, 1986).

3) 학자들은 평행법을 히브리 시의 "가장 뛰어난/대표적인 시작 기법"(the poetic device *par excellence*)이라고 부르곤 했다. 참고: Tremper Longman III, *Literary Approaches to Biblical Interpretation* (Grand Rapids: Academie Books, 1987), 120.

4) 히브리 성경은 분량상 2/3 정도가 산문, 1/3이 시라고 말해진다. 이와 같은 통계와는 별도로 학자들 사이에는 히브리 성경에서 과연 시와 산문이 구별될 수 있느냐 하는 것에 대해 뜨거운 논쟁이 있어온 것이 사실이다. 필자는 둘 사이의 구별이 가능하다는 입장이고 이러한 전제 아래 논의를 전개하고 있다. 시와 산문의 구별이 불가능하다(혹은 의미 없다)는 입장의 학자들은 히브리어 산문도 수사기법들을 능수능란하게 사용하고 있으며 이러한 점에서 산문이라는 것이 사실은 시의 연장선상에 있는 것일 뿐, 독립된 장르는 될 수 없는 것이라고 주장을 한다(참고: Sidney Greidanus, *The Modern Preacher and the Ancient Text: Interpreting and Preaching Biblical Literature* [Grand Rapids: Eerdmans, 1988], 245).

시는 생각할 수 없다고 할 만큼 평행법은 히브리 시의 본질이다. 언제부터 누구로부터 이 기법이 연원되었는지는 알 수 없으나 히브리 작가들은 누구나 이 관습을 몸에 익히며 태어났다고 말할 수 있다. 그들은 하나님의 말씀을 시로 기록할 때 자신들의 기본적 문학 자산인 이 평행법을 멋들어지게 활용하여 빼어난 작품들을 창작해냈던 것이다. 그 결과 하나님의 말씀은 그 주제에 있어 심원한 내용을 담고 있을 뿐 아니라 문학성에 있어서도 비슷한 유(類)를 허락하지 않는다고 할 만큼 탁월한 아름다움을 지니고 현재까지 전달되고 있는 것이다. 경우에 따라 평행법은 큰 변이(variation)를 겪기도 하고 또 어떤 시구(詩句)들은 평행법이라 부를 수 없을 정도로 '격'을 벗어난 경우도 있는 것이 사실이다. 그러나 히브리 시는 원칙적으로 평행법을 기본으로 하여 창작되었다. 설령 변화가 있다 하더라도 항상 평행법을 출발점으로 해서 그것의 주위를 맴돌며 어디까지나 그 원리가 주는 제약 아래 변용이 추구될 따름이다. 이러한 관계로 평행법은 형태와 내용 면에서 히브리 시의 본질에 해당한다고

특히 Kugel같은 학자는 시(정확하게는 시라고 불리는 것)는 산문(정확하게는 산문이라고 불리는 것)에 비해 평행법이 좀더 강도 높게 그리고 일관되게 채용된 소위 "고양된 문체"(elevated style)일 뿐(그 자신이 정확하게 이 표현을 사용하고 있는 것은 아님), 히브리인들에게는 둘 사이의 구별 따위라는 것은 애초부터 존재한 적이 없다고 주장하고 있다. James Kugel, *The Idea of Biblical Poetry: Parallelism and Its History* (New Haven: Yale University Press, 1981), 69, 85 and passim. 이에 대한 평가로는 Adele Berlin의 글을 볼 것: *The Dynamics of Biblical Parallelism* (Bloomington: Indiana University Press, 1985), 4-5. 그러나 필자에게는 이러한 주장들이 지나치게 현학적이고 불필요한 말싸움처럼 느껴진다. 시와 산문 사이에는 객관적으로 나타나는 매우 분명한 차이가 있다고 보이기 때문이다. 히브리 성경의 문제를 주의 깊게 관찰해보면 이야기를 전개하는 데 쓰이는 내러티브는 '와우 계속법'을 기본틀로 하여 담화(discourse)를 이끌어가는 것이 일반적이다. 이에 비해 대화(독백 포함)나 단순 묘사 같은 소위 시적인 문체들은 이 '와우 계속법'을 사용함이 없이 마치 한 폭의 그림을 그려내듯 묘사들을 그저 나열하는 방식을 취한다. 그러므로 이 '와우계속법'이라는 형태적 요소의 존재 유무가 시와 산문을 구별하는 객관적인 기준이 될 수 있는 것이다. 즉, '와우계속법'이 담화의 기본틀로 존재하면 그것은 산문이고 그것이 존재하지 않으면(우발적으로 간혹 쓰이는 수는 있음) 시라는 식으로 구별이 가능하다는 말이다. 이것은 고도로 엄밀한 구별법이라고까지는 할 수 없으나 그러나 대체로는 잘 맞아 들어가는 유용한 구별법이다.

할 수 있으며 히브리 시는 이 바탕 위에서 자신이 지닌 독특한 아름다움을 뿜어내고 있는 셈이다. 평행법을 연구하는 것은 성경 해석자로 하여금 하나님의 말씀을 읽을 때 '주제 찾기'라는 편향된 읽기에서 벗어나게 하고 본문을 총체적으로 이해하는 일을 도와 메시지 자체뿐 아니라 메시지의 '힘'까지 함께 읽어낼 수 있게 해준다.

평행법이란 가장 간단히 정의한다면 "하나의 사상(생각)을 조금 다른 말로 두 번5) 말하는(반복하는) 수법"이다. 하나의 생각을 표현하는 데 히브리 시인들은 반드시 그것을 두 번 말함으로 시적인 아름다움과 더불어 의미의 강화를 꾀했다.

> 소는 그 임자를 알고;
> 나귀는 그 주인의 구유를 알건마는. (사 1:3)

이사야는 이스라엘의 반역을 성토하기 위한 예를 들면서 "지각없는 짐승도 주인은 알아본다"는 메시지를 전하기 위해 같은 내용을 조금 다른 표현으로 두 번 말하고 있다.

> 그들의 허물은 많고;
> 그들의 반역은 심함입니다. (렘 5:6)6)

예레미야는 이스라엘의 타락을 꾸짖는 문맥에서 그들의 죄가 극심함을 지적하기 위해 같은 내용을 다른 표현으로 두 번 말하고 있다. 이 두 번 말하는 방식은 시인들의 관습(convention)이면서 동시에 전하고자 하는 메시지를 강조하는 기능을 한다. 이와 같이 평행법은 히브리 시(선지서) 어디서나 발견되는

---

5) 주로 두 번이지만 경우에 따라서는 세 번, 또 매우 드물게는 네 번, 다섯 번도 가능하다.
6) 개역개정이 원문을 정확히 알려 주는 데 미흡하므로 저자가 직역함. "심함입니다"로 번역한 רבב은 HALOT에 "be powerful"과 "be countless" 두 가지로 정의되어 있어서 "셀 수도 없음입니다"라는 번역도 가능하다고 생각됨(HALOT, vol. 1, 868b).

필수불가결한 기본 기법이다.

평행법의 발견은 성경의 문체에 대한 과학적 연구의 시작이라고도 말할
수 있다. 이를 최초로 발견한 사람은 영국의 로버트 로우쓰(Robert Lowth)이다.7)
로우쓰는 구약성경의 시는 아무런 법칙 없이 쓰여진 것이 아니라 평행법이라는
대원칙의 제약 아래 쓰였음을 밝히면서 히브리 시의 평행법에는 세 가지가
있음을 지적하였다. 즉 동의평행(同意平行, synonymous parallelism), 반의평행
(反意平行, antithetic parallelism), 종합평행(綜合平行, synthetic parallelism)이
그것이다.8)

동의평행이란 시구(詩句)의 전반절에 언급된 내용과 후반절에 언급된 내용
이 서로 동의(synonymous) 관계를 이루는 평행을 말한다. 가장 흔하고 대표적인
평행이다.

> 하나님이여, 주의 공의를 왕에게 주시고;
> 주의 의를 왕의 아들에게 주소서.9) (시 72:1)10)

---

7) 엄밀하게 말하면 로우쓰는 평행법을 발견한 최초의 사람이라기보다는 최초로 평행법을
체계적으로 정리한 사람이라 해야 옳을 것이다. 로우쓰에 앞서 평행법에 대해 연구한
학자들에 대해서는 퀴걸의 책에서 자세한 소개를 받을 수 있다. Kugel, *Idea of Biblical
Poetry*, 96-286. 로우쓰의 역사적인 평행법에 대한 진술은 1753년의 그의 강의 *Lectures
on the Sacred Poetry of the Hebrews*와(정확히 이 시리즈 중 세 번째와 열아홉 번째 강의임)
1778년의 그의 저술 *Isaiah*의 서론에서 찾아볼 수 있다. 참고: Kugel, *Idea of Biblical Poetry*,
12; Berlin, *Dynamics of Biblical Parallelism*, 1-2.

8) 이것은 물론 의미론적 차원(semantic level)의 평행법 분류이다. 로우쓰는 주로 그의 의미론적
평행에 관한 연구 성과 때문에 인용되는 경향이 있지만 사실은 로우쓰 자신은 히브리
시에는 의미론적 평행뿐 아니라 문법적인 (그리고 구문론적인) 평행도 존재함을 알고
있었던 것으로 보인다. 참고로 여기 *Isaiah*의 서론에 실린 그의 평행법에 관한 진술을
옮겨본다: "The correspondence of one Verse, or Line, with another, I call Parallelism. When
a proposition is delivered, and a second is subjoined to it, or drawn under it, equivalent, or
contrasted with it, in Sense; or similar to it in the form of Grammatical Construction; these
I call Parallel Lines; and the words or phrases answering one to another in the corresponding
Lines Parallel Terms" (밑줄은 강조를 위해 필자가 그은 것임). Berlin, *Dynamics of Biblical
Parallelism*, 1을 볼 것.

시의 전반절(first hemistich)과 후반절(second hemistich)이 거의 같은 내용을 말하고 있다. 공의(公義, '미쉬파트'[משפט])와 의(義, '처다카'[צדקה])는 구약성경에서 짝으로 등장하는 말인데 이 경우는 동의어나 다름없다. 의나 공의는 통치자에게 나라를 다스리는 지혜이다. 후반절은 전반절이 왕에게 나라를 다스리는 참된 지혜를 달라고 말한 것을 다시 한 번 반복하고 있다. 동의평행은 구약성경에 가장 많이 나오는 평행이며 가장 전형적인 평행이다.11)

반의평행은 전반절의 내용에 대해 후반절의 내용이 의미상 '대조'가 되는 평행이다. 로우쓰의 '반의'(反意, antithetic)라는 명칭은 사실은 적절치 않은 표현이다. 하나의 평행법은 하나의 사상(생각)을 전달하도록 고안된 것이므로 하나의 (평행) 시구 안에 '반의,' 즉 반대되는 두 명제가 존재하는 것은12) 있을 수 없는 일이다.13) 즉, 소위 반의평행 내의 두 반절을(stiches) 서로 '반의' 관계로 파악하는 것은 잘못이라는 말이다. 반의는 존재하지 않고 오직 대조가 있다. 두 반절은 대조의 방식으로(또는 대조되는 내용으로) 같은 생각을 두 번 말하고 있을 따름이다. 대조 기법으로 동일한 생각을 두 번 말함으로 그 생각을 강조하는 효과를 극대화한다. 로우쓰의 '반의평행'은 '대조평행'(contrastive parallelism)으로 바꾸어 부르는 것이 적절할 것이다.14) 이 평행은 그리

---

9) 필자의 사역. 개역개정은 성경의 주요 개념어를 번역하는 데 있어 일관성 면에서 상당히 취약하다.
10) 이 장은 선지서의 수사기법을 다루지만 그것은 사실상 구약 시 전체의 수사기법이기도 하므로 이해에 가장 도움이 된다면 선지서 밖에서도 성경의 예를 들기로 하겠다.
11) 물론 동의평행은 선지서에서도 대표적인 평행이다. 가장 흔하게 발견되는 기본적인 평행법이다. 몇 개의 예만 든다면 다음과 같다: 사 1:2; 9:6; 43:8, 9; 58:10 등.
12) 물론 매우 드물게 전반절과 후반절 사이에 '반의'(antithetic), 즉 서로가 반대되는 명제가 나타나는 수가 있기는 하다. 그러나 이런 경우는 예외적이라 할 만큼 희귀하다.
13) 이 점 때문에 로우쓰의 '반의평행'(antithetic parallelism)이란 개념은 상당한 저항을 받아 왔다. 아마 이 표현을 가장 격렬하게 비판한 사람은 쿼걸일 것이다. 참고: Kugel, *Idea of Biblical Poetry*, 13-14.
14) 필자는 이 점에 있어 조금 후에 언급하게 될 알터와 쿼걸의 생각을 따르고 있다. 그들이

흔하지 않다. 잠언에 다수 나오는 것은 사실이나 선지서 등 기타 책에는 드물다.15) 잠언의 경우 10-22장에 많이 나오는데 그중 10-15장은 수록된 금언의 88.6%가 반의(대조)평행이다.16)

> 지혜로운 아들은 아비를 기쁘게 하거니와;
> 미련한 아들은 어미의 근심이니라. (잠 10:1)

잠언 10:1은 로우쓰가 말하는 반의평행의 예다. 자세히 살피면 전반절과 후반절은 반의가 아니라 대조이다. 전반절과 후반절은 공히 사람이 지혜를 얻음으로 부모를 기쁘게 할 수 있다는 생각을 전하고 있다. 후반절은 전반절과 동일한 내용을 다만 부정적인 방식으로 진술할 따름이다. 하나의 생각이 대조의 방법으로 반복된 것이다.17)

종합평행은 동의평행도 반의(대조)평행도 아닌 것으로 시구의 전반절의 내용이 후반절에 가서 한층 발전(전진)되는 것을 말한다.18)

> 내가 가사의 성벽에 불을 보내리니;
> (불이) 그(가사)의 성채들을 삼킬 것이다. (암 1:7)19)

로우쓰의 반의평행 개념을 비판한 것은 정당하다고 생각된다.

15) LaSor, Hubbard, Bush는 이 평행이 선지서에는 드물고 "잠언과 시편에는 흔하다"고 했지만 필자의 관찰로는 시편에도 흔하지 않다. 참고: W. S. LaSor, D. A. Hubbard, and F. W. Bush, 『구약개관』, 박철현 옮김 (일산: 크리스챤다이제스트, 2003), 464.

16) 참고: 졸저, 『구약 지혜서 연구』 (수원: 합신대학원출판부, 2009), 71-72.

17) 선지서에 나타나는 반의(대조)평행의 예는 다음과 같다: 사 1:16b-17; 40:4, 8; 54:7, 8 등.

18) 종합평행은 '종합'(synthetic)이라는 말이 지니는 모호성 때문에 많은 비판에 직면해 왔다. 또한 이 평행은 어떤 시구까지를 포함하는 것인지 그 범위와 한계가 불분명하여 더욱 비판의 표적이 되어 왔다. 퀴걸은 이 평행은 평행이라고 하기엔 "결함이 있으며"(defective) 사실상 평행이라고 할 수 없는 잡다한 시구들을 모두 쓸어 담은 "잡동사니 바구니"(catchall)에 불과하다고 혹평했다. Kugel, Idea of Biblical Poetry, 12. 퀴걸은 로우쓰가 평행법을 세 개로 분류한 것 자체를 잘못된 일로 치부한다. Kugel, Idea of Biblical Poetry, 58.

전반절의 사건은 후반절의 결과로 '발전'되었다. 하나님이 가사 성에 불을(아마 전화(戰火)를 의미할 것임)20) 보내시는데 그 결과로 불이 가사의 요새와 궁궐들을 불사를 것이다. 전반절과 후반절의 관계는 동의도 대조도 아니고 원인에서 결과로 진전한 관계가 된다.21)

이상과 같이 로우쓰의 세 가지 평행법에 대해 살폈다. 이번에는 로우쓰의 평행법이 어떻게 비판되면서 현대에 이르러는 평행법에 대해 어떻게 새로운 이해가 제기되고 있는지 살펴보자.

로우쓰의 동의, 반의, 종합평행의 구분은 18세기 중후엽에 발표된 이래로 거의 반론 없이 200여 년간 받아들이고 사용되어 오다가 1980년대에 들어서면서 여러 학자들에 의해 문제점이 지적되기 시작하였다. 로버트 알터(Robert Alter)와 제임스 쿼겔(James Kugel)은 공히 로우쓰의 반의평행이란 개념에 흠이 있음을 지적했다. 성경의 평행법에는 엄밀하게 "반의"(反意, antithetic)란 존재하지 않는다는 것이다. 정 이름을 붙인다면 대조평행이 있을 따름이다. 기본적으로 평행법은 하나의 사상(내용)을 전하는 것이며 동일한 내용을 반복하는 것이다. 따라서 하나의 평행절(평행 시구) 내의 반절들(hemistiches) 사이에는 "동의"(同意)는 존재할 수 있을지 몰라도 서로 모순되는 생각, 즉 "반의"가 존재한다는 것은 있을 수 없는 일이다. 두 사람은 로우쓰가 반의평행이라고 말했던 것은 사실은 반의가 아니며 다만 대조를 통한 강조 또는 강화(intensification)라고 새로운 해석을 내리는 데 의견의 일치를 본다. 여기에 덧붙여 두 사람은 동의평행, 반의평행, 종합평행이란 구분 자체가 의미가 없는 것이고 평행은 사실상 모두

---

19) 필자의 사역. 개역개정의 "성"(城)은 "성벽"(城壁; wall)이 정확한 번역임.
20) 참고: Douglas Stuart, *Hosea-Jonah*, WBC (Waco, TX: Word Books, 1987), 311.
21) 위의 예 외에도 선지서에서 종합평행의 예를 더 든다면 다음과 같은 것들이다: 사 35:8; 40:15, 17; 60:21; 욥 9 등.

종합평행이라는 점에까지 의견의 일치를 보인다. 이것이 20세기 후반에 학계에 일어난 평행법에 대한 새로운 이해의 국면이다.

필자는 퀴걸이 산문과 시는 서로 구별될 수 없다 하고 알터는 구별될 수 있다고 주장하는 점을 제외하면 로우쓰를 비판하는 면에서나 평행법에 대한 전반적인 해석의 면에 있어 퀴걸과 알터는 대동소이하다고 본다. 두 사람은 하나의 평행절(stich)에 있어 전반절(first hemistich)에서 후반절(second hemistich)로 진행될 때(이것을 퀴걸은 "seconding"이라는 말로 표현함22)) 거기에는 반드시 의미의 발전(development) 내지는 강화(intensification)가 존재한다고 주장한다. 즉 어떤 전진이 없는 단순한 반복은 존재하지 않는다는 것이다. 이런 의미에서 (로우쓰가 부른 것처럼) 동의평행, 반의평행, 종합평행이라는 것은 존재하지 않고 다만 종합평행 한 가지만 존재할 뿐인 것이다.23) 퀴걸은 이를 "A is so, and what's more, B"(또는 간단히 줄여서 "A, and what's more, B"라고도 함; 이 때 A는 한 평행절의 전반절을, B는 후반절을 의미함)라는 말로 표현한다. 전반절에서는 하나의 단순한(또는 평이한) 언명을 하고 후반절에 가서는 좀더 나아간("carry further") 언명을 한다는 것이다.24) 즉 후반절은 강조의 성격(퀴걸의 정확한 표현은 "*emphatic* character")이 있다는 것이다.25) 이것이 성경 평행법의 성격이며 핵심이다.

알터 역시 퀴걸과 생각이 같은데 그는 "강화"(intensification), "발전"(develop-

---

22) Kugel, *Idea of Biblical Poetry*, 51-52.
23) 이에 대해 퀴걸이 말한 것을 옮겨보자: "As we have seen above, 'synonymous' parallelism is rarely synonymous, and there is no real difference between it and 'antithetical' parallelism—the whole approach is wongheaded. All parallelism is really 'synthetic'." Kugel, *Idea of Biblical Poetry*, 57. 그리고 다른 곳에서는 이렇게 말하고 있다: "Biblical parallelism is of one sort, 'A, and what's more, B,' or a hundred sorts; but it is not three." Kugel, *Idea of Biblical Poetry*, 58.
24) Kugel, *Idea of Biblical Poetry*, 51-58.
25) Kugel, *Idea of Biblical Poetry*, 51.

ment) 등의 단어들로써 평행법의 성격을 표현한다.[26] 히브리 시에서 전반절에서
후반절로 넘어갈 때[27] 단순히 동의어만(또는 동의적 의미만) 반복하는 경우는
거의 없고 후반절에서는 거의 필연적으로 강화된 의미를 제시한다는 것이다.
두 반절(hemistiches; 알터의 용어로는 versets) 사이에는 반드시 전진하는 움직임
(forward movement)이 있다. 즉 단순한 동의 반복이 아니라 의미상의 수정
(semantic modification)이 필연적으로 발생한다.[28] 의미를 더 높이 끌어 올리거나
(heighten) 강화하거나(intensify) 일반적인 것에서 구체적인 것으로 초점이 맞춰
지거나(specify, focus), 구체화하거나(concretize) 하는 것 등이다. 대체로 전반절
에 평이한 단어가 나오면 후반절에는 정도가 강하거나 심화된 의미의 단어가
나온다든지, 전반절에 일반적인 용어가 나오면 후반절에는 구체적인 보기가
나온다든지 하는 식이다. 한마디로 "강화"(intensify)되는 의미의 흐름 내지는
움직임이 존재하는 것이 성경 평행법에서 확고부동한 현상이라는 것이 알터의
견해이다. 의미의 '발전'을 관찰한 점에서 알터(1985)는 퀴걸(1981)의 제자라
할 수 있다.

두 사람의 주장을 앞에 든 이사야 1:3의 예를 통해 확인해보자.

> 소는 그 임자를 알고;
> 나귀는 그 주인의 구유를 알건마는.

전반절에서는 짐승(소)이 임자를 안다고 했고 후반절은 또 다른 짐승(나귀)이
주인의 구유를 안다고 했다. 물론 후반절에 "알건마는"이란 번역은(개역개정)
원문은 3+3의 운을 맞추기 위해 생략한 것을 말이 되도록 번역해 넣은 것이다.

---

26) Robert Alter, *The Art of Biblical Poetry* (New York: Basic Books, 1985), 9-26을 볼 것.
27) 알터는 평행절의 반절들을 "versets"라 부른다. Alter, *Art of Biblical Poetry*, 9.
28) Alter, *Art of Biblical Poetry*, 10.

원문 그대로는 "소는 그 임자를 알고; 나귀는 그 주인의 구유를"이다. 여기서 흥미있는 것은 전반절에서는 단순히 임자를 안다고만 한 것을 후반절에서는 주인의 구유를 안다고 하고 있는 것이다. 퀴걸에 의하면 전반절의 A에 대해서 후반절은 그보다 좀더 나아간 무엇(what's more), 즉 B를 말하고 있는 것이다. 전반절이 단순히 주인만 언급한 데 반해 후반절은 주인뿐 아니라 주인이 베풀어준 은혜("구유"로 상징됨)까지 언급하고 있는 것이다. 이것은 알터의 용어에 의하면 구체적으로 초점을 맞춘 것이며(specify, focus) 따라서 의미가 강화(intensify)된 것이다. "주인"이라는 단어에도 변화는 있었다. 전반절의 '코네후'(קנהו)는 개역개정이 단순히 "임자"라고 번역하고 있으나 원 뜻은 그를 "산 쟈"이다.29) 후반절의 '버알라브'(בעליו)는 "그의 주인"이란 뜻이다.30) 전반절의 단어는 짐승을 구매하는 '행위'에 초점이 맞춰져 있어 아직 완전히 주인이 되지 않은 상태라는 느낌을 준다(소유의 의미가 있기는 하지만 짐승을 얻고 아직 얼마 되지 않은 느낌을 줌). 그러나 후반절의 단어는 주인과 지배물 사이의 관계가 이미 확고히 고착되었음을 나타내 주고 있다. 주인으로서의 지위가 확고히 정립되었음을 의미하는 단어인 것이다. 이 의미의 차이는 전반절의 단어가 동사(분사)이고 후반절의 단어가 명사라는 점에서 더욱 명료해지는 것 같다. 퀴걸과 알터의 용어로 해석한다면 이 역시 단어들이 의미가 "좀더 나아가고"(carry further) "강화되는"(intensify) 방향으로 선택한 것이라고 해야 할 것이다.

퀴걸과 알터에서 한 걸음 더 나아간 이해는 아델 벌린(Adele Berlin)에

---

29) BDB는 קנה를 "get," "acquire," "buy" 등으로 정의하고 있음. BDB, 888b-889a.
30) 여기서 בעל은 복수형이지만 단수의 의미이다. 즉 "그의 주인들"이 아니고 "그의 주인"이다. בעל의 이런 용법을 "장엄의 복수"(pluralis maiestatis)(혹은 "수월의 복수"[pluralis excellentiae])라 부른다. '엘로힘'(אלהים)(하나님), '아도님'(אדני)(주[主]) 등이 이 용법의 대표적인 예이다. בעל은 종이나 가축 떼 등의 "주인"이라는 뜻일 때만 장엄의 복수 용법이 적용된다("남편"의 뜻일 때는 단수 꼴을 씀). GKC § 124i.

의해 제시되었다. 벌린은 쿼걸과 알터의 평행법 해석이 로우쓰 이래의 대부분의
평행법 연구가 그래 왔던 것처럼 지나치게 의미론에 치우쳐 있다고 본다.
벌린은 평행법의 개념을 어휘나 문장의 의미에만 국한시키지 않고 문법과
구문론에까지 확장한다. 그리하여 히브리 시의 저자는 평행절에서 단순히
의미의 반복만 시도한 것이 아니라 문법적이거나 구문론적인 요소라도 평행이
되면 시작(詩作)의 기술로 활용했다는 점을 용의주도하게 지적했다. 벌린의
제안 중 매우 중요한 개념은 "동등"(equivalence)이라는 개념이다. 벌린 자신이
지적하고 있듯이 이것은 단순히 히브리 시작(詩作)의 기법만이 아닌 언어생활
전체에까지도 적용될 수 있는 매우 일반적인 개념인데 벌린은 평행법의 유사
혹은 대조되는 단어들의 선택이(혹은 유사한 문법 구조의 선택까지도) 이
동등(equivalence)이라는 개념 하나에 의해 결정되고 있다고 보는 것이다.31)
수많은 유사어의 저수지(pool)에서 두(또는 셋 이상) 단어를(혹은 문법 구조를)
골라 이것을 병렬한다. 이것이 바로 평행인 것이다. 전자, 즉 단어의 저수지를
전형축(paradigmatic axis)이라 부르고 고른 단어를 병렬하는 것을 병치축
(syntagmatic axis)이라 부른다면 우리는 평행법을 가리켜 전형축을 병치축에
투사(project)한 것이라 이름할 수 있을 것이다. 실제로 벌린은 평행법을 유사성의
축(similarity axis)을 인접성의 축(contiguity axis)에 투사한 것이라고 정의하고
있다. 평행법이란 동등에 해당하는 무엇을(단어이든, 구문이든, 소리든) 반복하
거나 치환해 주는 것을 말한다(여기서 반복이나 치환은 사실상 같은 말이라
할 수 있다. 평행법에서는 꼭 같은 요소를 그대로 반복하는 경우가 거의 없고
무언가 약간은 다른 것으로 바꿔서 제시하기 때문이다).

역시 이사야 1:3을 예로 보자. 저자는 주어의 자리에 "가축"이라는 의미의

31) Berlin, *Dynamics of Biblical Parallelism*, 2-3, 7-8, 11-12 and passim.

어휘 저수지(pool)에서 "황소"(שׁוֹר)와 "나귀"(חֲמוֹר)를 선택하여 각 반절(hemistich)
에 배치한다. 목적어의 자리에는 "주인" 또는 "주인의 보호와 은혜"를 의미하는
말인 "그의 임자"(קֹנֵהוּ)와 "그의 주인의 구유"(אֵבוּס בְּעָלָיו)를 선택하여 배치한다.
물론 선택된 두 단어(구절) 사이에는 의미의 강화와 구체화가 있었다(특히
목적어의 경우에 그러함). 그리고 그 단어들에 의해 만들어진 문장의 의미
사이에도 강화가 있었다. 그러나 단어(구절) 사이의 의미의 변화를 떠나서
이 평행법은 두 유사한 단어(구절)가 병치되었다는 사실 하나만으로도 메시지의
강조가 이미 수행되고 있다. "동등"의 요소가 두 번 반복된 것 자체로 그리고
"동등"한 의미의 문장이 두 번 반복된 것 자체로, 말하고자 하는 바가 충분한
힘이 실려서 전달되고 있는 것이다. 다시 말하면 설령 두 반절 사이에 단어(구절)
들이나 문장의 의미의 강화가 존재하지 않는다 하더라도 평행법은 동등의
반복이란 사실 그 자체로 메시지를 강조하는 기능을 충분히 수행하고 있는
것이다.32) 동등의 것이 병치된 것 자체가 평행법이 가지는 힘이라는 말이다.

필자는 퀴걸과 알터의 관찰도 훌륭한 것으로 평가하지만 벌린의 생각은
더욱 높이 살 만하다고 생각한다. 왜냐하면 벌린의 생각은 성경의 평행법에
"발전" 또는 "강화" 따위의, 한편으로는 맞는 것 같지만 한편으로는 인위적인
요소가 개입될 소지가 많은 '법칙'을 무리하게 강요하지 않을 수 있기 때문이다.
평행절의 두 반절에는 그저 동등한(equivalent) 무엇인가가 두 개(또는 세 개
이상) 나란히 배열된 것이다. 그것은 어휘일 수도, 구문일 수도, 소리일 수도,
문장의 의미일 수도 있다. 중요한 것은 이 두 요소 사이에는 반드시 발전이란

---

32) 퀴걸이나 알터는 자신들의 가설이 옳다는 것을 증명하기 위해 강화된 B-word의 예를
많이 들지만 세밀히 관찰하면 강화라는 이름을 붙일 수 없는 B-words도 수없이 많다는
것을 알 수 있다. 그저 비슷한 두 단어를 평이하게 열거한 경우도 적지 않다는 것이다.
퀴걸과 알터의 생각은 지나치게 고집하면 성경에 사람이 고안한 규칙을 무리하게 뒤집어씌우
는 결과를 낳을 수도 있다.

것이 있을 필요가 없다는 점이다. 반드시 강화나 구체화가 있을 필요도 없다(물론
그런 것이 있을 수도 있음). 다시 말하면 이 발전, 강화, 구체화라는 것들이
평행법의 필수조건은 아니며 다만 동등한 무엇인가 두 개가 한 절 안에 병치된
것만으로 그것은 평행법이라는 말이다. 두 동등한 것이 배치된 것만으로 메시지
의 강조는 성취된다. 다만 이 양자 사이에 변화가 있다는 점이 중요하다.
꼭 같은(identical) 것이 두 번 반복되지는 않는다는 것이다(드물게는 그런 수도
있음). 동등하지만 무언가 대조되는 것이 선택되고 있다. 이를 유사성 내의
차이성(difference within similarity) 내지는 동등 내의 대조(contrast within equiv-
alence) 따위로 부를 수 있을 것이다. 바로 이 비슷하면서도 다르고 동등하면서도
대조되는 것의 병렬이 평행법의 묘미를 이룬다. 이 묘미는 동등한 것이 두
번 반복됨을 통하여 강조된 메시지에 이번에는 아름다움을 실어 주어 메시지가
새로운 힘을 얻도록 돕는다.33)

---

33) 이상 살핀 바와 같이 구약 시의 평행법은 로우쓰가 최초로 해설한 이래 퀴걸, 알터, 벌린
등의 해석을 거치면서 보다 정확한 이해에 이르게 되었다. 특히 구조주의에 바탕을 둔
벌린의 해석은 평행법 토론의 절정이라 해도 좋을 만큼 구약 시의 본질을 날카롭고 심도
있게 지적하였다. 벌린 등의 이론은 평행절의 본질적 성격에 대한 규명이므로 그 자체를
히브리 시작(詩作)의 원리로 잘 이해하는 것이 중요하다. 그러나 평행법에 대한 이해가
증진되고 로우쓰의 해석에 여러 문제점이 드러났다고 해서 로우쓰의 제안에 등장하는
것과 같은 분류법 자체의 필요가 사라지는 것은 아니다. 성경에 실제적으로 등장하는
시구들을 효과적으로 분석하고 이해하려면 어떤 형태로든 적절한 분류법이 성경해석자의
손에 들려있어야 하기 때문이다. 따라서 평행법 연구 역사에 대한 조감을 마치면서 여기에
구약 시의 실제적인 분석에 소용이 될 새 분류법 하나를 제안하고자 한다. 구약의 평행절들을
동의평행, 대조평행, 상승평행, 보충평행, 인과평행 등 다섯 가지 평행으로 나누는 분류법이다.
로우쓰의 반의, 종합평행은 개념이 오도되었거나 모호하기 때문에 폐기하고, 대신 대조,
상승, 보충, 인과평행을 도입한 것이다. 여전히 의미론 차원 밖에 고려하지 못했고 또
엄밀한 것이라기보다는 대강의 분류 밖에 되지 못한다는 한계가 있지만 구약의 평행절
거의 모두를 포괄할 수 있는 실용적인 도구라 본다.

(주: 제목 옆의 괄호 안의 기호들은 실제로 시구를 분석할 때 그 시구 옆에 간단히 분류
표시를 할 수 있도록 고안한 기호들임)
1. 동의평행(synonymous parallelism) (=): 전반절의 내용과 후반절의 내용이 서로 동의(同意)

II. 반복

반복 역시 선지서를 포함한 히브리 시에 매우 흔하고 중요한 수사기법이다
(물론 산문에서도 흔하고 중요한 기법임). 히브리 시인(들)은 종종 어떤 단어나
구를 반복함으로 해당 문단이나 책의 핵심 주제를(혹은 모티프를) 드러내고자
하였다. 자신이 말하고자 하는 바 핵심을 강조하기 위한 수단으로 핵심어나
핵심구를(keywords or key phrases) 거듭 등장하게 한 것이다.34) 따라서 반복은
자연스레 문단(pericope, literary unit)의 경계를 가르쳐주는 지표 기능도 지니게
된다. 핵심어가 반복되는 것은 아직 같은 주제가 다뤄지고 있음을 의미하게

관계 혹은 거의 동의 관계에 있는 평행.
예: 사 40:3 너희는 광야에서 여호와의 길을 예비하라; 사막에서 우리 하나님의 대로를
평탄하게 하라.
다른 예들: 사 1:2a, 3a, 9:6aα(MT 9:5aα).
2. 대조평행(contrastive parallelism) (⋈): 전반절과 후반절이 대조의 방식 혹은 대조되는
내용으로 같은 생각을 두 번 말한 평행.
예: 잠 3:33 악인의 집에는 여호와의 저주가 있거니와; 의인의 집에는 복이 있느니라.
다른 예들: 사 1:16b-17; 40:4, 8; 54:7, 8.
3. 상승평행(ascensive parallelism) (↑): 전반절의 내용을 후반절이 강화하거나 구체화한
평행.
예: 사 40:17 그의 앞에는 모든 열방이 아무것도 아니라; 그는 그들을 없는 것 같이,
빈 것 같이 여기시느니라(All the nations are as nothing before him; they are accounted
by him as less than nothing and emptiness [NRSV]).
다른 예들: 창 49:20; 잠 16:4; 17:3; 사 40:15.
4. 보충평행(complementary parallelism) (+): 전반절의 내용과 후반절의 내용이 합쳐져
하나의 생각(사상)을 이루는 평행.
예: 시 118:1 여호와께 감사하라; 그는 선하시며 그 인자하심이 영원함이로다.
다른 예들: 창 49:24a; 잠 16:3; 사 14:7; 35:8.
5. 인과평행(consequential parallelism) (→): 전반절의 사건이 원인이 되어 후반절의 결과로
발전하는 평행.
예: 시 30:2 내가 주께 부르짖으매; (주께서) 나를 고치셨나이다.
다른 예들: 시 23:1; 사 1:19; 60:21a; 욥 9.
34) 이러한 이유에서 반복은 "핵심어 기법"(the keyword technique)이라 불리기도 한다. Greidanus,
The Modern Preacher and the Ancient Text, 60.

되기 때문이다. 핵심어가 반복되는 한 하나의 문단이 지속되고 있는 것이며, 기존의 핵심어가 사라지고 새 핵심어가 등장하면 새로운 문단으로 바뀐 것이다.35)

반복이 주제 전달의 주요 수단이므로 반복은 본문의 의미(meaning)를 "해독"(decipher)하는 결정적인 단서가 된다. 성경 해석에서 핵심어의 반복이 지니는 의의에 대해 마틴 부버(Martin Buber)는 다음과 같이 해설한다.

> "핵심어(Leitwort)란 본문, 연속된 본문, 또는 연결하여 배열된 본문 안에 의미 있게 반복되는 단어 또는 단어의 어근이다: 이 반복을 따라 가면 해석자는(주: 밑줄 부분은 필자의 삽입) 본문이 말하고자 하는 의미를 해독하여 파악할 수 있다. 또한 의미가 좀더 충격적인 방식으로 전달되고 있음을 발견하게 된다."36)

반복은 어떤 주제나 사실을 강조하기 위해 채용된 히브리(혹은 셈어) 고유의 빼어난 문학기법이다. 단순한 수법이지만 의미를 전달하는 가장 강력한 수단 중의 하나이다. 반복은 본문에 "내적 리듬"(inner rhythm)을 부여하여 메시지가 역동적으로 전달되게 한다(반복어가 약간씩 변화하며 제시되는 경우에 특히

---

35) 성경 해석사에 있어 반복이 수사기법으로 주목받기 시작한 것은 비교적 최근의 일이다. 중요한 계기가 된 것은 James Muilenburg의 논문이라 할 수 있다: J. Muilenburg, "A Study in Hebrew Rhetoric: Repetition and Style," *VT Sup*, vol. 1 (1953): 97-111. 이 논문이 나온 이후로 학자들은 그동안 무시되거나 대수롭지 않게 생각되었던 성경의 반복이란 문학기법에 대해 새로운 주의를 기울이게 되었다. 이후 Muilenburg는 1969년의 논문을 통하여 수사비평(rhetorical criticism)이란 새로운 해석법을 제안하면서 반복을 비롯한 성경의 다양한 문학기법들에 대해 체계적인 관심과 주의를 기울여야 할 필요성을 환기시켰다. J. Muilenburg, "Form Criticism and Beyond," *JBL* 88/1 (1969): 1-18(이 논문은 그가 1968년 미국 성경문학학회[Society of Biblical Literature] 회장에 취임하면서 행한 그의 취임수락 연설임).

36) 부버의 말을 보다 정확히 알아 볼 수 있도록 영어 번역을 옮긴다: "A *Leitwort* is a word or a word-root that recurs significantly in a text, in a continuum of texts, or in a configuration of texts: by following these repetitions, one is able to decipher or grasp a meaning of the text, or at any rate, the meaning will be revealed more strikingly." M. Buber, *Werke*, vol. 2: *Schrift zur Bibel* (Munich, 1964), 1131, translated in Robert Alter, *The Art of Biblical Narrative* (New York: Basic Books, 1981), 93.

그러함).37) 성경 해석자는 이러한 본문의 '움직임'(movement) 내지는 '음악성'(musicality)까지 포착하여 자신의 본문 해석이 단순한 내용 파악에 머무는 것이 아닌, 메시지의 역동성, 입체성, 전체성을 충분히 드러내는 것이 되도록 해야 한다.38)

선지서를 비롯한 시 본문에 나타나는 반복으로 어떤 예가 있는지 몇 가지만 살펴보자. 먼저 성경 한 권에 어떤 단어가 여러 번 반복된 예를 보자. 이 경우 반복은 그 책의 주제를 나타내려는 의도일 때가 많다.

호세아서에는 "(하나님을) 안다," "(하나님을 아는) 지식"이라는 말이 여러 번 등장한다. "안다"('야다'[ידע]), "지식"('다아트'[דעת]) 모두 같은 어근(ידע)의 말이다. "안다"가 15번(2:8, 20; 5:3, 4; 6:3, 3; 7:9, 9; 8:2, 4; 9:7; 11:3; 13:4, 5; 14:9), "지식"이 4번 나온다(4:1, 6, 6; 6:6). 도합 19번 나오는 이 단어는 호세아서에서 가장 흔한 단어이다. 호세아서는 이스라엘이 하나님에 대한 "지식"이 없기 때문에 부패하여 멸망해 가고 있다고 통렬히 지적하는 책이며, 동시에 하나님을 "알아서" 그의 은택 안으로 돌아오라고 강력히 권고하는 책이다. 이러한 호세아의 주제가 "안다"("지식")라는 핵심어의 반복으로 표현되었다.39)

---

37) 참고: Buber, *Werke*, 1131.
38) 본서가 반복과 더불어 평행법, 봉투구조, 교차대칭구조 들을 함께 다루고 있는데 사실은 이 후자 세 가지도 본질은 반복이다. 평행법은 유사 단어들이 인접하여 반복되는 것이고, 봉투구조는 문단의 시작과 끝에 같은(유사한) 단어가(또는 생각이) 반복되는 것이며, 교차대칭구조는 같거나 유사한 요소가 역순으로 배열되어 반복되는 것이기 때문이다. 반복은 그 자체로도 하나의 독립된 수사기법이지만 주요한 수사 기술들의 근저에서 그 본질을 형성하는 성격이기도 하다.
39) 호세아의 독특한 표현인 "하나님을 아는 지식"(knowledge of God)은 이스라엘의 규범적인 믿음을 표현하는 공식(formula for normative faith)이었다. 하나님을 아는 지식은 이스라엘의 영적인 건강상태를 측정하는 잣대였다. 그것이 있으면 이스라엘은 하나님과 건강한 관계에 있는 것이고, 그것이 없으면 하나님과 어그러져 영적 도덕적으로 부패한 상태에 있는 것이었다. 하나님을 아는 지식은 하나님과 그분의 은혜에 대한 정보적 지식을 의미하기도

전도서에는 통상 "헛되다"로 번역되는(명사이지만 한글 성경에는 동사로
번역되고 있음) '헤벨'(הבל)이란 단어가40) 총 38회 나온다(1:2, 2, 2, 2, 2, 14;
2:1, 11, 15, 17, 19, 21, 23, 26; 3:19; 4:4, 7, 8, 16; 5:7[MT 5:6], 10[MT 5:9];
6:2, 4, 9, 11, 12; 7:6, 15; 8:10, 14, 14; 9:9, 9; 11:8, 10; 12:8, 8, 8). 이 단어는
성경 전체에 총 73회 등장하므로41) 성경 전체 등장 횟수의 절반 이상이 전도서에
나오는 셈이다.42) '헤벨'은 전도서에 두드러진 단어이다.43) 전도서는 인간의
실존의 삶을(개인 생활과 사회생활을 포함하여) "헛되다"라고 평가하는 책이다.
'헤벨'이란 말을 직접 쓴 곳은 물론이고 '헤벨'을 쓰지 않을 때에도 단어만
'헤벨'을 쓰지 않았지 그가 평가하는 바는 언제나 "헛되다"라는 내용이다.44)
'헤벨'("헛됨")이 전도서의 인생(세계) 해석의 요지인 것이다. 따라서 '헤벨'은
전도서의 핵심어라 할 수 있다.45) 전도서는 핵심어 '헤벨'을 반복시킴으로

했고 그분과의 깊은 영적 교제를 의미하기도 했다. 졸고, "소선지서 연구 (I): 호세아서,"
「신학정론」 29/1 (2011): 63-68.

40) '헤벨'의 정확한 의미와 그에 따른 적절한 번역에 대해 학자들 사이에 많은 논란이 있어
왔다. 전통적으로 "헛됨"(vanity)으로 이해하여 번역해 왔지만 최근에 "부조리함"(absurdity)
이라는 이해가 더 정확하다는 주장도 적지 않은 동의를 얻고 있다. 이에 대해서는 졸저,
『구약 지혜서 연구』, 165-70을 참고.

41) 명사 hebel만의 통계임. 동사, 즉 hebel에서 파생된 명사파생동사(denominative verb) hābhal은
성경 전체에 총 5회 나온다. 참고: K. Seybold, "הֶבֶל hebhel; הָבַל hābhal," TDOT, vol. 3 (1978),
313.

42) 전도서 외에는 책 한 권에 그리 많은 수가 나오는 단어가 아니다. 시편에 9회, 예레미야
8회, 욥기 5회, 잠언 3회, 열왕기 2회 등이다(명사만의 통계임). K. Seybold, "הֶבֶל hebhel;
הָבַל hābhal," 313.

43) 물론 전도서에는 '헤벨'보다 더 높은 빈도로 나오는 단어들도 있다. '아사'(עשׂה; "하다,"
"만들다," 62회), '하함'(חכם; "지혜로운," 51회), '톱'(טוב; "좋은," 51회), '라아'(ראה; "보다,"
46회) 등이 그것이다. 참고: 졸저, 『구약 지혜서 연구』, 164, n. 63. 그러나 이 단어들은
일반적인 의미의 단어들이고 다른 책에도 많이 나오는 단어들이어서 '헤벨'의 빈도와
단순 비교하는 것은 의미가 없다. '헤벨'은 흔치 않은 단어이면서 유독 전도서에 많이
쓰이기 때문에 주목할 필요가 있는 것이다.

44) 참고: 졸저, 『구약 지혜서 연구』, 170.

45) 물론 전도서는 인생과 세계의 '평가'에만 머무는 책이 아니고 그 평가의 바탕 위에 진정한
인생의 지혜에 대해 '상담'하는 데까지 나아가는 책이다. 역시 참고: 졸저, 『구약 지혜서

책의 인생과 세계 해석의 골자를 드러낸다.

다음으로 한 문단에 어떤 단어나 구절이 여러 번 반복된 예를 보자. 이 경우의 반복도 문단의 주제, 또는 그 문단이 강조하려는 바를 드러내는 목적인 수가 많다.

비교적 긴 문단인 아모스서 4:6-12를 보기로 하자. 하나의 구절이 여러 차례 반복되고 있다(알아보기 쉽게 반복되는 부분에 밑줄을 그었음).

또 내가 너희 모든 성읍에서 너희 이를 깨끗하게 하며 너희의 각 처소에서 양식이 떨어지게 하였으나 <u>너희가 내게로 돌아오지 아니하였느니라 여호와의 말씀이니라</u>

또 추수하기 석 달 전에 내가 너희에게 비를 멈추게 하여 어떤 성읍에는 내리고 어떤 성읍에는 내리지 않게 하였더니 땅 한 부분은 비를 얻고 한 부분은 비를 얻지 못하여 말랐으매 두 세 성읍 사람이 어떤 성읍으로 비틀거리며 물을 마시러 가서 만족하게 마시지 못하였으나 <u>너희가 내게로 돌아오지 아니하였느니라 여호와의 말씀이니라</u>

내가 곡식을 마르게 하는 재앙과 깜부기 재앙으로 너희를 쳤으며 팥중이로 너희의 많은 동산과 포도원과 무화과나무와 감람나무를 다 먹게 하였으나 <u>너희가 내게로 돌아오지 아니하였느니라 여호와의 말씀이니라</u>

내가 너희 중에 전염병 보내기를 애굽에서 한 것처럼 하였으며 칼로 너희 청년들을 죽였으며 너희 말들을 노략하게 하며 너희 진영의 악취로 코를 찌르게 하였으나 <u>너희가 내게로 돌아오지 아니하였느니라 여호와의 말씀이니라</u>

내가 너희 중의 성읍 무너뜨리기를 하나님인 내가 소돔과 고모라를 무너뜨림 같이 하였으므로 너희가 불붙는 가운데서 빼낸 나무 조각 같이 되었으

나 <u>너희가 내게로 돌아오지 아니하였느니라 여호와의 말씀이니라</u>

그러므로 이스라엘아 내가 이와 같이 네게 행하리라 내가 이것을 네게 행하리니 이스라엘아 네 하나님 만나기를 준비하라.

"너희가 내게로 돌아오지 아니하였느니라 여호와의 말씀이니라"는 구절이 다섯 번 반복된다(사실상 아모스서 4:6-12는 이 구절을 후렴구[refrain]로 하여 다섯 개의 연[聯, stanzas]으로 나누어지는 형상임). 아모스서는 선택받은 백성인 이스라엘이 자신들의 사회에 공의를 시행할 것을 촉구하는 책이다. 4:1-13에서는 자신들의 잘못을 교정(矯正)하기를 거부하면서 말씀에 순종하지 않는 이스라엘을 질타한다.[46] 그 중 4:6-12는 여러 가지 징계에도 불구하고 결코 뉘우치지 않는 이스라엘의 완악을 지적하는 부분이다. 먹을 것이 떨어지게 하고 비가 오지 않게 하며 전염병과 전화(戰火)를 보냈지만 이스라엘은 끝끝내 하나님께 돌아오지 않았다. "너희가 내게로 돌아오지 아니하였느니라"는 말씀의 반복은 이스라엘의 이러한 완고함을 힘주어 고발한다. 같이 등장하는 "여호와의 말씀이니라"(히브리어 '너움 아도나이'[נאם יהוה])는 선지적 언설(言說) 공식(Prophetic Utterance Formula, Prophetische Offenbarungsformel)이란 것으로서 보통 말씀 단위의 끝에 붙여져 예언의 말씀에 신적 권위를 부여하는 기능을 한다.[47] 이스라엘의 끝내 회개하지 않는 불순종과 완악함이 "너희가 내게로 돌아오지 아니하였느니라 여호와의 말씀이니라"는 구절의 5회 반복으로 첨예하게 강조되며 고발되었다. 이 같은 반복 후 12절에 "이스라엘아 네 하나님 만나기를 준비하라"는 말씀이 나오는데 그같이 완고하였으니 이제 하나님의 심판을

---

46) 참고: 졸고, "아모스서 연구," 『신학정론』 30/1 (2012): 44.
47) 선지서의 정형화된 어구들인 공식들에 대해서는 Ronald M. Hals, *Ezekiel*, FOTL, vol. 19 (Grand Rapids: Eerdmans, 1989), 359-63을 참고.

받을 각오를 하라는 최후통첩의 말씀이다.

III. 봉투구조

봉투구조는 수미쌍괄구조(首尾雙括構造)라고도 불리는 것으로,48) 문단
의49) 첫 부분에 나오는 어떤 단어나 구절이50) 문단의 맨 끝에 다시 한 번
반복되는 현상을 말한다. 반복되는 요소가 문단을 앞뒤로 감싸는 형상이 된다.
따라서 자연스레 봉투구조는 문단의 경계를 정해주는(demarcate, mark the limits)
기능을 지니게 된다. 봉투구조는 단순화된 형태의 교차대칭구조(simple chiasm)
라 볼 수도 있다(교차대칭구조에 대해서는 뒤에 다루게 됨). A-B-A 형태이면서
바깥 쪽 요소(A)가 가운데 요소(B)에 비해 매우 짧은 모양새를 한 구조이다.51)
봉투구조를 반복(repetition)의 특수한 형태로 볼 수도 있다.52) 봉투구조는 동일
한 요소가 처음과 끝에 반복되기 때문에 이를 통해서 메시지나 모티프를
강조하는 기능을 하기도 한다.

세 가지 수준의 봉투구조를 생각할 수 있다. 짧은 문단(short unit), 책의
한 부분(section), 그리고 책 한 권 전체(book)에 나타나는 봉투구조들이다.
먼저 짧은 문단에 나타나는 봉투구조를 보자. 에스겔 26:15-18이 그 예이다(반복
되는 부분에 밑줄을 그음).53)

---

48) 영어로는 "inclusio," "envelope structure," "ring composition" 등으로 불린다.
49) 일반적으로 말하여 문단이라 한 것이고 시의 연(聯, stanza), 긴 시 전체, 성경의 책 한
    권 전체 등 문학 단위(literary unit)의 모든 수준에 적용할 수 있다. 참고: Greidanus, *The
    Modern Preacher and the Ancient Text*, 248.
50) 경우에 따라 소리나 모티프도 될 수 있음.
51) Greidanus, *The Modern Preacher and the Ancient Text*, 63.
52) Greidanus, *The Modern Preacher and the Ancient Text*, 209.

> 15 주 여호와께서 이같이 두로에 대하여 말씀하시되 네가 무너지는[54] 소리에 섬들이[55] 흔들리지 아니하겠느냐[56] 곧 너희 가운데에 상한 자가 부르짖으며 죽임을 당할 때에라
> 16 그 때에 바다의 모든 왕이 그 보좌에서 내려 조복을 벗으며 수놓은 옷을 버리고 떨림을 입듯 하고 땅에 앉아서 너로 말미암아 무시로 떨며 놀랄 것이며
> 17 그들이 너를 위하여 슬픈 노래를 불러 이르기를 항해자가 살았던 유명한 성읍이여 너와 너의 주민이 바다 가운데에 있어 견고하였도다 해변의 모든 주민을 두렵게 하였더니 어찌 그리 멸망하였는고
> 18 네가 무너지는 그날에 섬들이 떨 것임이여 바다 가운데의 섬들이 네 결국을 보고 낙담하리로다 하리라.

15절의 "네가 무너지는"이 18절에 반복된다. 또한 15절에 나오는 "섬들이 흔들린다"가 18절에 표현만 조금만 달리 하여 반복된다("섬들이 떤다," "섬들이 낙담한다"). "흔들린다," "떤다," "낙담한다"는 하나님의 심판이 임할 때 인간이 느끼는 두려움을 표현한 말들로서 모두 동의어이다. 이 두 종류의 표현은("네가 무너지는"과 "섬들이 흔들린다"의 동의 문장들) 26:15-18의 시작과 끝에 반복되

---

53) 전체적으로 개역개정을 옮기되 반복 부분은 중요하므로 개역개정의 부정확한 면을 고쳐 번역함.

54) 개역개정은 같은 '맢팔테흐'(מפלתך)를 15절에서는 "네가 엎드러지는"으로, 18절에서는 "네가 무너지는"으로 옮기고 있다. 한 문단 안의 같은 단어(구)를 뚜렷한 이유 없이 다른 말들로 옮기는 것은 적절하지 않다. 보다 이해하기 쉽고 보편적인 표현인 "무너지는"으로 통일하였다.

55) 개역개정은 "모든 섬이"인데, "모든"은 원문에 없으므로 뺐고, "섬"은 복수이기 때문에 "섬들"로 바꿨다.

56) 개역개정은 "진동하지 아니하겠느냐"인데 "흔들리지 아니하겠느냐"로 바꾸었다. 반복 부분에 나오는 동사들이 세 개가 다 다르다: 15절 '라아쉬'(רעש); 18절 '하라드'(חרד), '니브할'(נבהל의 니팔]). 이를 개역개정은 "진동하다"와('라아쉬'와 '하라드') "놀라다"('니브할') 두 단어로 옮기고 있는데 좋은 선택이 아니라고 본다. 한 문단 안의 다른 단어들은 각기 다른 말로 옮겨주는 것이 옳다. 그래야 원문 이해에도 도움이 된다. 세 단어를 구별하기 위해 15절의 '라아쉬'는 "흔들리다"로, 18절의 '하라드'와 '니브할'은 각각 "떨다"와 "낙담하다"로 옮겼다.

어 26:15-18을 앞뒤로 감싸는 형상을 하면서 이 부분을 하나의 문단으로 경계 짓는다. 26:15-18이 하나의 독립된 문단이 되는 점은 예언에서 새 단위를 시작하는 공식인 "수 여호와께서 이같이 말씀하셨느니라"가[57) 15절과 19절에 나오는 사실로부터 자명하다. 반복되는 "네가 무너지는"과 "섬들이 흔들린다"는 26:15-18의 메시지를 요약한 것이라 볼 수 있다. 26:15-18은 두로에 하나님의 심판이 임할 것이며 그것을 보고 주변 지역이 크게 놀라며 두려워하게 될 것이라는 예언의 말씀이다. 이 말씀의 내용이 반복된 두 가지 표현에 잘 집약되어 있다. 전율할 심판이 두로에 임할 것이라는 주제가 봉투구조로 주어진 동의어의 반복에 의해 효과적으로 강조되고 있다.

책의 한 부분(section)에 나타나는 봉투구조의 예는 잠언 1-9장이다. 1:7과 9:10에 (거의) 동일한 진술이 반복된다. 1:7 "여호와를 경외하는 것이 지식의 근본이거늘"; 9:10 "여호와를 경외하는 것이 지혜의 근본이요." 1-9장의 초두와 말미에 반복된 이 진술은 1-9장을 앞뒤로 감싸면서 그것을 그 이후와 구별된 독립된 부분으로 한계 지어주고 있다. 10:1에 "솔로몬의 잠언이라"는 제목이 붙어 있어 10:1 이후가 새 부분임을 알려주므로 1-9장이 하나의 독립된 단위인 점은 명백하다. 실제로 1-9장은 문학적 성격에 있어서 이어지는 10:1-22:16과 현저히 구별된다.[58) 장르상 1-9장은 2인칭 명령으로 된 '훈계들'(Admonitions)이고, 10:1-22:16은 3인칭 서술식으로 된 '금언들'(Sayings)이다.[59) 1-9장은 일정한

---

57) כה אמר אדני יהוה. 이를 사자 공식(Messenger Formula, Botenformel)이라 부른다. 선지서에 가장 많이 나오는 공식 중의 하나이다. 이에 대해서는 Hals, *Ezekiel*, 361을 참고.

58) 잠언은 1-9장, 10:1-22:16 등 총 8개 정도의 부분으로 이루어진다. 학자들이 대체로 동의하는 잠언의 구조는 다음과 같다. I. 1:1-9:18("아들"을 향한 권면, 1:1-7의 제목 포함); II. 10:1-22:16 (솔로몬의 금언 모음 1); III. 22:17-24:22(지혜자들의 말씀 모음 1); IV. 24:23-34(지혜자들의 말씀 모음 2); V. 25:1-29:27(솔로몬의 금언 모음 2); VI. 30:1-33(야게의 아들 아굴의 말 모음); VII. 31:1-9(르무엘 왕의 말 모음); VIII. 31:10-31(이상적 아내에 대한 알파벳 시). 참고: 졸저, 『구약 지혜서 연구』, 66-84.

59) 잠언의 장르들에 대해서는 졸저, 『구약 지혜서 연구』, 60-66을 참고.

길이를 가진 (훈계들로 이루어진) 교훈들의 집합이며(15개 정도의 강의[lectures]
의 집합으로 파악됨),60) 10:1-22:6은 하나씩 끊어지는(discrete) 독립된 금언들의
모음이다(375개의 금언을 모은 것임).61) 초두와 말미에 배치된 동일 진술이
1-9장을 하나의 독립된 부분으로 경계 지어주고 있다. "여호와를 경외하는
것이 지혜의 근본"이라는 진술은 지혜사상의 대명제이다.62) 봉투구조로 주어진
이 명제의 반복은 지혜사상의 핵심을 효과적으로 강조하고 있기도 하다.

책 한 권 전체(book)를 망라하는 봉투구조는 예레미야서에서 찾아볼 수
있다.63) 예레미야 1:1과 51:64에 "예레미야의 말들"이라는 공통 구절이 반복된
다.64) 1-51장의 맨 첫 절과 맨 마지막 절에 반복된 이 동일 구절은 1-51장를
앞뒤로 감싸는 형상을 하면서 1-51장 전체를 한 권의 책으로 경계 매김하고
있다. 표현 자체도 1:1에 "예레미야의 말들"이라고 하고65) 51:64에 "여기까지
가 예레미야의 말들"이라고 함으로66) 책의 시작과 끝을 분명히 해주고 있다.
또한 "예레미야의 말들"은 원문에서 어순상으로 1-51장의 가장 처음에 배치된

---

60) 졸저, 『구약 지혜서 연구』, 67-70.
61) 졸저, 『구약 지혜서 연구』, 70-74.
62) 이 진술은 잠언이 우발적으로 개발해낸 명제가 아니다. 이스라엘의 지혜스승들의 보편적인
   사상이었다. 즉, 이스라엘의 지혜스승은 지혜의 원천이 여호와를 두려워함에 있다고
   보았다. 여호와 경외가 구약 성경에서 '신앙'이란 말과 동의어인 점을 감안하면 지혜는
   하나님에 대한 신앙에서 비로소 시작된다는 뜻이 될 것이다. 졸저, 『구약 지혜서 연구』,
   29. 이 진술은 잠언 1:7, 9:10 외에 욥기 28:28과 시편 111:10 등에도 나온다.
63) 봉투구조가 등장하는 책의(특히 1-51장) 바깥 틀(outer frame)이 산문이지만 예레미야서는
   시에 채용된 봉투구조의 예로 충분하다. 상당한 분량의 산문(주로 예레미야에 관한 전기적
   보도임)의 존재에도 불구하고 예레미야서 전체는 기본적으로 시(詩)인 예언의 말씀을 전하는
   "시적인"(poetic) 책이기 때문이다. 그리고 히브리 성경에는 근대적 관념의 기준에서나
   가능한 엄격한 시와 산문의 구별이 없다. 같거나 유사한 수사기술이 시와 산문에 공통적으로
   빈번히 채용된다. 봉투구조도 한 예이다(Greidanus, *The Modern Preacher and the Ancient
   Text*, 63, 209을 볼 것).
64) 개역개정에는 "예레미야의 말"이라고 되어 있는데 원문은 정확히 옮기면 복수로 "예레미야의
   말들"임.
65) דברי ירמיהו.
66) עד-הנה דברי ירמיהו.

구절이요 동시에 가장 끝에 배치된 구절이기도 하다.67) "예레미야의 말들"은
물리적으로 1-51장을 완벽히 싸안고 있다. 문자 그대로 앞뒤를 감싼 봉투구조
이다.

예레미야서는 51장 이후 52장 한 장이 더 계속되는 것이 사실이다. 그러나
51장에서 예레미야서가 (봉투구조로) 마감되는 사실은 52장을 내용상 '부록'으
로 이해하도록 도와준다.68) 51장까지로 선지자의 심판 예언, 즉 "예레미야의
말들"이 끝났다. 그리고 52장의 예루살렘 함락 보도는 그 "말들"이 반드시
성취되는 말씀임을 보여준다.69) 예레미야가 함락을 선포할 때(특히 34장)
사람들은 그 말을 믿지 않았다. 그러나 예레미야가 선포한 대로 예루살렘
성벽은 파괴되었으며 성전은 무너졌고 사람들은 바벨론으로 사로잡혀 가게
되고 말았다. 52장은 51장까지의 "예레미야의 말들"이 반드시 이루어지는
말씀임을 입증하기 위한 역사 자료이다.

"예레미야의 말들"은 예레미야서의 핵심어라 할 수 있다. "예레미야의
말들"은 하나님의 종 선지자를 통해 선포된 하나님의 말씀이다. 유다는 하나님을
버리고 우상숭배에 빠져 들었고, 하나님 대신 주변 강대국을 의지했으며,
그들의 사회에 의와 공의를 실천하는 일에 실패했다.70) 이와 같은 전면적인
타락과 부패는 국가와 종교의 멸망으로 심판받아 마땅한 것이었다. "예레미야의

---

67) 영역들은 흥미롭게도 1:1을 'The words of Jeremiah, the son of Hilkiah, ...'로, 51:64를 '...
Thus far are the words of Jeremiah'로 번역함으로 이를 시각적으로 재현하는 데 성공하고
있다(KJV, NASB, NRSV 등). 한글 번역들은 그렇지 못하다.
68) 물론 이때 '부록'이란 말은 타 부분에 비해 52장이 완전성(integrity)이나 영감성에서 떨어진다
는 의미가 아니고, 내용상 51장까지 마감된 예레미야의 예언이 52장의 보도 자료에 의해
보충된다는 의미이다. Gleason Archer도 52장을 "역사적 부록"으로 이해한다. G. L. Archer,
『구약총론』, 김정우 옮김 (서울: 기독교문서선교회, 1985), 413-14.
69) 예루살렘 함락 보도는 39장에 이미 한 차례 주어졌다. 52장은 보다 상세히 한 번 더 보도하는
것이다.
70) 7장의 '신학과 메시지' 부분 참고.

말들"은 바로 이와 같은 죄들을 지적하고 그 죄들에 필연적으로 따르는 심판을
선포한 것이다.71) "예레미야의 말들"은 하나님의 말씀이기에 진실된 것이고
그것이 예언한 심판은 사람들의 조롱에도 불구하고 한 치의 착오 없이 반드시
이루어지고야 말 것이었다. 책 한 권 전체의 봉투구조로 주어진 이 구절의
반복은 예레미야서 내에서의 이 구절의 중요성을 두드러지게 강조한다.

IV. 교차대칭구조

교차대칭구조(交叉對稱構造, chiasm)란 어떤 가운데 요소(central element)를
중심으로 문단의 전반에 열거된 요소들이 후반에서도 평행을 이루어 나오되
역순으로 배열되어 나오는 독특한 문학구조를 일컫는 말이다.72) 예컨대
ABCDCBA와 같은 배열인데 가운데 요소 D를 중심으로 전반부에 A-B-C의
순으로 배열된 요소들이 후반부에는 역순, 즉 C-B-A의 순으로 배열되어 등장하
는 구조이다. 이 구조에서 가운데 요소는 핵심적인 역할을 하기 때문에 혹자는
이를 "중심의 핵심 회전축 점"("central key pivot point")이라는 다소 긴 이름으로
부르기도 하였다.73) 교차대칭구조는 가운데 요소를 중심으로 양쪽으로 날개를
펴기 때문에 "동심구조"(同心構造, concentric structure)라 부르기도 하고, 중심

---

71) 물론 예레미야의 예언은 심판의 말씀만 아니라 구원(회복)의 말씀도 있는 것이 사실이다.
그러나 52장과 관련하여 볼 때 예레미야서의 우선적인 관심은 유다의 현실적인 죄와 그에
따르는 심판이었던 것으로 보인다.
72) 가운데 요소가 있기 때문에 ABBA식의 소위 역전평행(逆轉平行, inverted parallelism)의
특수한 형태로 생각된다.
73) Edward G. Newing, "A Rhetorial and Theological Analysis of the Hexateuch," *South East
Asia Journal of Theology* 22/2 (1981): 5, quoted in Greidanus, *The Modern Preacher and
the Ancient Text*, 62.

(안)을 향해 주의가 집중되도록 하기 때문에 "내향구조"(內向構造, introversion) 라 하기도 한다.74)

교차대칭구조 역시 봉두구조처럼 두 가지 문학적 기능을 갖는다. 첫째, 본문의 단위를(textual unit) 경계 짓는(demarcate) 기능이다. ABC.. 순으로 나온 요소들이 중심점(pivot)을 거친 후 ..CBA 순으로 배열되어 전후가 부채꼴 형상을 하면서 완벽한 대칭이 될 뿐더러 가장 처음에 나온 요소가(A) 가장 마지막에 배치되므로(A) 진술이 전체적으로 완결되는 모양을 하기 때문이다. 둘째로 가운데 요소(central element, pivot)를 강조하는 기능이다. ABCDCBA의 배열을 예로 들면 D에 강조가 주어진다는 말이다. 모든 것이 D를 향해 갔다가 D로부터 파생되어 나오는 형상이고, "전반부의 마지막 요소(C)가 후반부의 첫 요소(C)로 등장하는 급작스럽고 예기치 못한 반복 때문에 자연스럽게 변화가 발생하는 D에 주의가 집중된다."75)

아모스 5:10-13을 예로 살펴보자.

A. 10무리가 성문에서 책망하는 자를 미워하며 정직히 말하는 자를 싫어
  하는도다
　B. 11너희가 힘없는 자를 밟고 그에게서 밀의 부당한 세를 거두었은즉
　　C. 너희가 비록 다듬은 돌로 집을 건축하였으나 거기 거주하지 못할 것이요
　　 아름다운 포도원을 가꾸었으나 그 포도주를 마시지 못하리라
　　 12너희의 허물이 많고 죄악이 무거움을 내가 아노라
　B'. 너희는 의인을 학대하며 뇌물을 받고 성문에서 가난한 자를 억울
  하게 하는 자로다
A'. 13그러므로 이런 때에 지혜자가 잠잠하나니 이는 악한 때임이니라

---

74) Greidanus, The Modern Preacher and the Ancient Text, 62.
75) Augustine Stock, "Chiastic Awareness and Education in Antiquity," Biblical Theology Bulletin 14/1 (1984): 23, quoted in Greidanus, The Modern Preacher and the Ancient Text, 62-63.

A와 A'가 평행이며 B와 B'가 평행인데 가운데 요소 C를 전후해서 역순으로 배치된다. A로 시작하여 A'로 끝나는 아모스 5:10-13은 하나의 독립된 문단이다. 초점이 C에 맞춰지므로 이 문단의 핵심 메시지는 "부유한 자에 대한 심판"이라 할 수 있다.[76)

다음의 예는 시편 12편이다(내용을 요약하여 도표화 함).[77)

A. 1-2절, 여호와를 부름; 경건하고 신실한 자들이 사라짐
  B. 3-4절, 여호와에 관해 말함; 인간의 헛된 말들
    C. 5절, 여호와가 말씀함 ("연약한 자를 안전히 지키리라")
  B'. 6절, 여호와에 관해 말함; 여호와의 신실한 말씀들
A'. 7-8절, 여호와를 부름; 악인들이 횡행함

제일 바깥으로 신실한 자들이 사라지는 것과(A) 악인들이 활보하는 것이(A') 호응한다. 그 안으로 거짓되고 헛된 인간의 말과(B) 진실하고 신뢰할 만한 하나님의 말씀이(B') 대조된다. 이것들은 중심축(pivot) C를 중심으로 역순으로 배치되어 있다. 시편 12편은 그 자체로 하나의 교차대칭구조를 이룬다.[78) 핵심 메시지는 C에 있다고 볼 수 있는데 하나님께서 약한 자들의 고통을 보시고 일어나시어 그들을 안전히 보호하시겠다는 약속이다.

---

76) Duane A. Garrett, "The Structure of Amos as a Testimony to Its Integrity," *Journal of the Evangelical Theological Society* 27/3 (1984): 275, quoted in Greidanus, *The Modern Preacher and the Ancient Text*, 249.

77) 이는 Schaefer의 도움을 받음. Konrad Schaefer, *Psalms*, Berit Olam: Studies in Hebrew Narrative & Poetry (Collegeville, MN: The Liturgical Press, 2001), 30.

78) Schaefer는 "인생"(בני אדם)이 시편 12편의 외곽에서 봉투구조를 형성하고 있음도 관찰한다. 그는 이 점은 이 시편을 인간의 보편적인 삶에 적용할 수 있는 시가 되게 해준다고 생각한다. Schaefer, *Psalms*, 30.

제II부
대선지서의 분석과 메시지

대선지서의 분석과 메시지

지금까지 I부에서 선지서를 주해하는 원리에 대해 살폈다. 이제 II부에서는 대선지서 각 권을 분석해 보고자 한다. 문헌학적, 문학적, 신학적 해석을 통해 선지서들의 메시지를 살필 것이다. 선지서 본문을 주해하고 설교하려면 그 본문이 속한 선지서 자체의 성격과 책 전체의 메시지에 대한 정확한 이해가 필수적이다. 본문이 처한 큰 문맥에 대한 지식 없이 개별 본문이 주는 부분적 인상만으로 본문의 의미에 대해 성급한 "읽어 넣기"(eisegesis) 식 결론을 내리는 것은 성경해석(설교)에 있어 가장 피해야 할 일이다. 선지서의 역사적 배경, 문학적 특징, 신학, 메시지 들을 정확히 이해함으로 개별 본문을 온전히 주해할 수 있도록 돕는 것이 II부의 목표이다.

사정상 본서는 소선지서는 다루지 못한다. 소선지서 12권에 대한 해설은 차후 증보판이나 혹은 별도의 책을 통하여 준비될 것이다. 그러나 대선지서 세 권에 대한 해석 연습만으로도 선지서가 어떤 책인지, 선지서는 어떻게 해석해야 하는지 등 선지서 자체에 관한 지식을 구체적으로 습득하는 데 충분한 도움이 될 것이다.

제6장
이사야서의 분석과 메시지

I. 들어가는 말

시론(詩論)에서 시에는 두 가지 요소가 있다고 말한다. 하나는 주제(主題, subject matter)라는 요소요, 다른 하나는 심미성(審美性, aestheticity)이라는 요소다. 즉, 시(문학 일반이라 해도 좋다)에는 저자가 전달하고자 하는 사상적 요소와 그것을 전달하는 방식인 미학적 요소가 있다는 말이다. 어떤 하나의 시가 훌륭한 작품이 되기 위해서는 그 시가 단순히 작가의 재치있는 말장난에 머무르지 않고 인간의 삶의 깊은 진실을 전하는 바가 있어야 한다는 것이고 동시에 그 진실은 문학적 아름다움이라는 세련된 옷을 입고 전달되어야 한다는 것이다. 좋은 시(문학)란 진리와 유희성(음악성 또는 노래의 성격)을 동시에 갖춘 것이라는 말이다.

아마 이러한 두 요소를 동시에 그리고 탁월하게 갖춘 것이 이사야서일 것이다. 사실 성경(특히 구약성경)의 모든 책들이 이 두 시학적(詩學的) 요소의 분석의 대상이다. 각 성경은 깊은 신앙-신학적 진리를 지닐 뿐 아니라 그

진리를 전하는 문학적 수완도 빼어나기 때문이다. 히브리 성경은 비단 시로
된 부분만 아니라 산문 부분도 시적 성격을 띤다.1) 따라서 주제와 심미성이라는
두 요소는 원래는 시만을 분석하는 범주였다고 할 수 있지만 성경의 경우는
산문에도 충분히 적용될 수 있는 범주인 것이다. 그래서 시이든 산문이든
성경의 각 부분은 이 두 범주를 적용하면 바르고 풍부한 이해를 도모할 수
있다. 그러나 역시 주제와 심미성이라는 두 요소를 적용하기에 가장 적절하며,
또 적용했을 때 가장 큰 수확이 있을 것으로 생각되는 책은 이사야서이다.
이사야서는 심원한 주제를 많이 지니고 있을 뿐 아니라 그것을 전하는 문학적
수완 또한 빼어나기 때문이다. 마치 위에 설명한 시학과 시학의 범주들이
이사야서의 이해를 위해 만들어진 것이 아닌가 착각하게 될 정도이다.

　　이사야서는 다른 어떤 책보다도 신학적 통찰이 깊고 풍부하다. 그리고
그 통찰을 전달하는 문학적 솜씨 또한 타의 추종을 불허할 정도로 탁월하다(문학
적 수완에 있어 이사야서에 비길만한 책이 있다면 성경 내에서는 욥기 정도일
것이다).2) 하나님과 하나님의 일하심, 이스라엘의 삶과 그들에게 요구된 책임,

---

1) 구약성경은 오경, 역사서 등이 주로 산문이고, 선지서 시편 지혜서 들이 대체로 시로 되어
　있다. 히브리 성경은 절(節) 수로 따져 전체 분량의 2/3 정도가 산문이요 1/3 정도가 시라고
　할 수 있다. Tremper Longman III, *Literary Approaches to Biblical Interpretation* (Grand Rapids:
　Academie Books, 1987), 119. 구약 학자 중에 시와 산문은 사실상 구별이 없다고 말하는
　사람이 있을 정도로(James Kugel) 성경의 산문은 시적 성격(특히 평행법)을 띠고 있다.
　"poetics"라는 말이 꼭 시학(詩學)만을 뜻하기보다는 문학학(文學學)이라는 넓은 의미로도
　쓰이기는 하지만 그러나 성경의 내러티브를 취급하면서 그것을 Poetics라고 하는 수도
　꽤 있는 것을 보면(예: Adele Berlin, *Poetics and Interpretation of Biblical Narrative* [Sheffield:
　Almond Press, 1983]; Meir Sternberg, *The Poetics of Biblical Narrative* [Bloomington, IN:
　Indiana University Press, 1985]) 성경의 산문(내러티브)은 시적 성격을 농후하게 지닌 무엇이라
　할 수 있을 것이다.
2) 이사야서는 표현(diction)과 문체(style)의 다재다능함과 영상(imagery)과 상징기법의 탁월함
　에서 히브리 문학의 최고봉임에 틀림없다는 것이 학자들의 중론이다. 주석가와 해설가들이
　이사야서의 문학성에 대해 말할 때 하나같이 최고의 형용사만을 골라 찬사를 보내는 사실에서
　이것을 알 수 있다. 심원한 신학 사상을 지닌다는 사실을 포함하여 이사야서는 그 자체로
　하나의 위대한 걸작(literary masterpiece)이다. 참고: G. L. Robinson and R. K. Harrison,

역사의 최종 시점에 일어날 일들, 대리 속죄를 담당하는 고난의 종 등, 심원한 신학적 주제들이 이사야서에는 빼곡히 들어차 있다. 그리고 이 거대한 주제들은 장엄하고 경이롭다고 할 만큼 빼어난 문학 솜씨로 전달되고 있는 것이다. 하나님의 영광과 그 백성의 영광이 보석과 같은 문학에 의해 찬란한 광채로 빛나고 있다. 본 장은 하나님께서 이같이 빼어난 문학을 동원하여 당시의 청중과 오고 오는 시대의 하나님의 사람들의 마음속에 말씀코자 하신 바 신학과 메시지를 살핌으로 이사야서에 대해 한층 깊은 이해를 도모하고자 하는 것이다. 그러나 제한된 지면에 이사야처럼 방대한 책에 담긴 신학을 다 요약할 수는 없다. 이사야서의 신학은 하나님, 인간의 죄, 심판, 구속, 종의 노래 등의 주제로 나누어 정리할 수 있겠으나 본 장에서는 가장 핵심적이고 중요한 '하나님' 주제 하나만을 다루기로 하겠다. 이 '하나님' 주제('하나님은 어떤 분이신가'에 대한 논지)는 그 자체로 중요하기도 할 뿐더러 다른 나머지 주제들의 내용 형성에도 결정적인 영향을 끼쳤다.

  먼저 책의 구조를 간단히 살핀 연후에 이 주제를 다루기로 하자.3)

  "Isaiah," *ISBE*, vol. 2 (1982), 885b. 물론 이사야는 기록 선지자들 중에서 가장 위대하고(greatest) 가장 장엄한(sublimest) 선지자로 일컬어진다. Sawyer 등의 말을 빌려 이사야서를 요약해서 평가한다면 1. 가장 힘찬 책, 2. 구약에서 가장 영향력 있는 책(신약에 가장 많이 인용됨), 3. 구약 내의 최고 걸작, 4. 가장 긴 예언집 등이라 할 수 있다. 참고: John F. Sawyer, 『이사야 (상)』, 바클레이패턴 구약주석 (서울: 기독교문사, 1987), 13-16.

3) 본 장이 별도의 취급을 못하고 있는 것이 하나 있는데 이사야서에 대한 비평의 문제(the critical problem)이다. 이 문제는 이사야서뿐 아니라 구약 전체의 해석사에 있어 매우 중요하다. 이 또한 상세한 논의가 필요하나 책의 메시지 파악에 좀더 집중하기 위해 여기 간략히 언급하는 것으로 만족해야 할 것 같다. 이사야서는 비평적으로 대단히 중요한 책이다. 근대 비평에 의해 가장 많은 공격을 받은 책이 있다면 그것은 창세기와 이사야서라 할 것인데 그만큼 이사야서는 근대 역사비평의 표적이 되어 왔다. 이사야서는 18세기 말부터 전권(全卷)에 대한 진정성이 의심되기 시작하면서 주전 8세기의 이사야가 이사야서 전체의 저자라는 전통적인 믿음이 무너지기 시작했다. 즉 이사야서는 한 사람 우리가 아는 선지자 이사야의 손에서 나온 작품이 아니라 서로 다른 시대의 다른 사람들에 의해 쓰인 여러 작품들을 임의로 모아 놓은 것이라는 견해가 비평 학자들 사이에 번지게 되었다. Johann C. Doederlein(1745-1792)과 E. F. K. Rosenmueller(1768-1835)를 거쳐 Bernard Duhm(1847-1928)

에 이르면서 이사야서에 대한 이 '분해적 이해'는 절정에 이르게 된다. 이 이해를 완성시킨 Duhm은 "이사야서는 역사적으로 독립적이고 저자가 다른 세 권의 책들이 우연히 합해져서 형성된 책"이라고 주장하면서 그 셋을 제1이사야서(Proto-Isaiah, 1-39장), 제2이사야서 (Deutero-Isaiah, 40-55장), 제3이사야서(Trito-Isaiah, 56-66장)라 이름 붙였다. 그후 이 구분은 비평 학계의 정설이 되어 이사야서를 해석할 때면 의례 이 구분을 써 왔다. Duhm에 의하면 이사야서에서 제일 먼저 문서화된 것은 제2이사야서(40-55장)인데 이것은 바벨론 포로민 촌에 살았던 한 무명의 선지자가 창작한 것이다. 주전 538년 이전의 한 시점이었다. 그 다음으로 문서화된 것은 제3이사야서(56-66장)인데 이것은 바벨론 포로에서 돌아와 예루살 렘을 재건코자 한 귀향민 공동체와 함께 살았던 또 다른 익명의 선지자가 쓴 것이다. 주전 450년경에 지어진 것으로 본다. 가장 늦게 문서화된 것은 제1이사야서(1-39장)이다. 물론 이 책의 상당부분은 주전 8세기의 이사야 선지자로부터 기원한다. 시간이 지나면서 이사야의 원 재료에 수많은 새로운 메시지와 편집물이 첨가되었고 주전 2세기 중반쯤(마카비 시대) 되어 오늘날의 1-39장과 같은 형태로 정리되었다. 이 세 이사야서에는 그 후에도 수많은 편집 과정을 거쳤고 그 결과 주전 1세기경에 이르러 오늘날의 이사야서 형태로 모습을 갖추게 되었다. 이것이 전통적인 세 이사야설의 근간을 이루는 Duhm의 주장이다. Duhm의 주장과 세 이사야설은 그동안 서구 학자들의 상식처럼 되어왔으나 사실은 많은 문제점을 내포하고 있다. 그것은 서구식 비평주의의 취향은 만족시켜 줄지 모르지만 자체적 으로 여러 모순을 노정한다. 여기에 Archer 교수의 도움을 받아 Duhm과 비평주의자들의 세 이사야설이 성립할 수 없는 이유를 간략히 설명하고자 한다. 첫째, 여러 가지 내증이 40-66장은 팔레스틴에서 지어진 것임을 증명한다(공간에 관한 내증). 이 부분이 언급하는 식물군, 동물군, 기후조건 등을 살피면 저자가 바벨론보다는 팔레스틴 지방에 익숙한 사람임 을 알 수 있다. 예를 들면 40장 이하가 백향목(cedar), 잣나무(cypress), 참나무(oak) 등을 자주 언급하는데(41:19; 44:14 등) 이 나무들은 팔레스틴 지방에서 자라는 나무들이다. 사용된 부사 또는 부사구의 용도도 팔레스틴 저작설을 지지한다. 52:11에 "'여기서부터' 나가라"가 아니고 "'거기서부터'(סשמ) 나와라"고 한 것은 바벨론에서 한 언급이 아니고 팔레스틴에서 바벨론 지방을 바라보면서(염두에 두고) 한 언급인 것을 알 수 있다(팔레스틴 저작을 지지하는 어법의 다른 예들은 43:14, 46:11 등에서 더 찾아볼 수 있다). 40:9와 62:6 등의 언급은 아직 유다의 성읍들이 파괴되지 않은 상황을 반영하고 있는 것으로 보이는데 이도 포로전 팔레스틴에서의 저작을 지지한다. 둘째, 내증은 40-66장이 포로전의 작품인 점을 증명한다(시간에 관한 내증). 가장 대표적인 것은 40-66장에 거듭되는 우상숭배 에 관한 언급(비판)일 것이다. 포로후기 선지서(학개, 스가랴, 말라기)나 에스라 느헤미야에 보면 포로귀환 후의 유다 지방에는 포로전에는 그렇게 극성이었던 우상숭배가 이제는 더 이상 존재하지 않게 되었음을 알 수 있다. 포로기간 동안 이스라엘이 많이 정화된 것이다. 그러나 40-66장에는 우상숭배에 대한 언급(비판)이 수없이 반복되는데—더 이상 문제가 되지 않는 주제라면 그토록 많은 지면을 할애하여 언급했을 이유가 없다—이는 포로전기의 작품이라는 증거에 다름 아닌 것이다(44:9-20; 57:7; 65:2-4; 65:7; 66:17 등 참고). 여기다 우상숭배들이 산지나 구릉지에서 행해졌다고 언급하는데 이것은 지형적으로 바벨론 이 아니라 팔레스틴에 어울리는 상황이다(바벨론은 산지가 드물고 주로 평평한 충적평야[flat, alluvial terrain]이다). 셋째, 1-39장과 40-66장에 공히 쓰인 어휘와 상투구절들이 전 이사야서가 한 사람의 작품일 가능성을 강하게 지지한다. 대표적인 것이 이사야서만의 독특한 하나님의

II. 이사야서의 구조

한 권의 성경을 이해하는 데 꼭 필요한 일은 책의 구조에 대한 파악이다. 그런데 이사야서는 구조에 관한 한 어느 두 학자도 의견의 일치를 보지 못할 만큼 구조 분석이 까다로운 책이다. 학자들의 견해는 너무 다양해서 다 소개할 수 없고 종류를 나눠 분류하기도 힘들다. 대선지서 중에서 에스겔서의 구조가

명칭인 "이스라엘의 거룩한 자"이다. 이 표현은 1-39장에 12회, 40-66장에 13회 나오는데 다른 책에는 잘 나오지 않는 이 특이한 이름이 양쪽에 여러 번 쓰인 것은 한 사람의 언어 습관임을 시사하는 것이고 따라서 양쪽이 동일 저자의 작품일 가능성에 상당한 무게가 실린다. 이외에도 40-50개 정도의 구절 또는 문장이 양쪽에 공통적으로 쓰이고 있는데(예: 1:20; 40:5; 58:14에 공히 쓰인 "여호와의 입의 말씀이니라") 이것들 모두 1-39장과 40-66장이 동일저자의 작품일 가능성을 크게 한다. 마지막으로 언어적 증거를 들 수 있다. 포로후기의 작품인 에스라 느헤미야를 보면 어휘나 표현, 문법 등이 바벨론 말이나 아람어의 영향을 많이 받은 것을 알 수 있다. 그러나 이사야 40-66장의 히브리어는 그런 영향을 전혀 받지 않은 순수 히브리어이다. 이것 역시 40-66장이 포로전기의 작품이라는 강한 증거가 된다. 이외에도 이사야서 전체가 포로전기에 팔레스틴에서 지어진 작품이라는 것을 증명하는 증거가 수없이 많으나 다 열거할 수 없을 따름이다. Archer가 옳게 본 것처럼 선지자는 하나님께 직접 말씀을 받아 전하는 직책이었기에 그들의 정체란 이스라엘 사회에서 매우 중요하고 예민한 사안이었다. 심지어 오바댜같이 적은 분량의 예언을 남긴 선지자도 그 이름이 분명히 보존되어 있는데 이사야 40-66장 같은 대작을 남긴 선지자가 익명으로 남아 있다는 것은 도무지 납득하기 힘든 일이다. 40-66장의 저자의 이름은 지금 우리 앞에 보존되어 있는 것이고 그것은 바로 주전 8세기 팔레스틴의 바로 그 선지자 이사야인 것이다. 흥미로운 것은 비평학계 자체 안에서도 이제는 Duhm처럼 이사야서를 확연한 세 사람의 작품으로 나누려는 사람이 없고(명칭은 그대로 사용하고 있는 것이 사실이다) 책의 통일성 (unity)을 읽는 것이 중요하다는 생각이 대세를 이뤄가고 있다는 점이다. 그것이 곧바로 이사야서의 단일 저작권을 수용한다는 의미는 아니지만 이사야서를 종래처럼 분해하여 읽기에는 세 부분이 사상적으로나 수사적으로 너무 깊이 서로 얽혀 있고 더 나아가서 서로를 서로의 연관 속에 읽지 않으면 책 전체의 메시지와 신학이 실종되고 만다는 평가와 반성이 점증하고 있다. B. S. Childs도 현재 전수받은 성경의 최종 형태와 내용을 포괄적으로 고려하지 않은 읽기는 이사야서의 메시지를 찾는 데 결코 성공할 수 없을 것이라고 말하고 있다. 결국 이사야서의 비평적 연구는 통일성 주장이 분해성 주장을 누르고 대세를 얻고 있는 형편이며 지난 200년여간의 치열한 '분해 실험'은 그 에너지를 다 소진한 채 원래의 자리로 돌아오고 있는 형상이다. 참고: Gleason L. Archer, 『구약총론』, 김정우 옮김 (서울: 기독교문서선교회, 1985), 378-404; 송병현, "이사야서 연구의 과거와 현재," 「그말씀」 (2000년 3월): 63-69; B. S. Childs, *Introduction to the Old Testament as Scripture* (Philadelphia: Fortress Press, 1979), 311-38.

가장 선명한 편이며 그 다음이 예레미야서이고 이사야서는 구조에 관한 한 저자의 전략이 가장 모호한 책이다. 다음은 필자가 분석한 이사야서의 구조이다.

제1부

I.   1-6장   힐책과 약속

II. 7-12장   임마누엘 부분

III. 13-23장 이방나라들에 대한 신탁

IV. 24-27장 세계의 심판과 이스라엘의 구속 I

V.   28-33장 이방을 의지하는 것의 어리석음 (6개의 '호이'[הוֹי])

VI. 34-35장 세계의 심판과 이스라엘의 구속 II

제2부

VII. 36-39장 히스기야의 역사 부분

제3부

VIII. 40-48장 이스라엘의 구원과 회복

IX.   49-57장 종의 사역과 이스라엘의 회복

X.   58-66장 영원한 구원과 영원한 심판

III. 이사야서의 신학: 하나님은 어떤 분이신가?

이사야서는 대신학서이다. 이사야서의 문학성이 아무리 뛰어나다 할지라도

그것이 지니고 있는 신학적 주제들의 양과 폭과 깊이에 비하면 아무 것도
아니다. 구약성경뿐 아니고 기독교 신학 전체에서 중요한 위치를 차지하는
이사야서의 신학에 대해 다뤄보기로 한다. 이사야시의 여러 신학적 주제들
중 가장 중요한 것은 뭐니뭐니 해도 신론일 것이다. 신론은 이사야 신학의
중심이 되며 신론이 정리되면 사실상 다른 주제들은 이미 성격이나 윤곽이
결정된 것이나 다름없다. 다른 주제들은 어떤 의미에서 신론에 대한 보조적
설명들에 불과하다고 할 수 있을 정도이다. 이사야의 신학을 논하는 것은
이사야의 신론을 논하는 것과 다름없기 때문에 신론에 대해서는 주의 깊게
다뤄져야 한다.

　　여러 학자들이 동의하듯 이사야서의 신론은 이사야만의 독특한 하나님의
명칭인 "이스라엘의 거룩한 자"(the Holy One of Israel, קדוש ישראל)라는 구절에
집중적으로 함의되어 있다. 이 구절의 의미를 살핌으로 하나님은 어떤 분이신가
를 논하기로 하자.4) 이 명칭은 1-35장에 11회(1:4; 5:19, 24; 10:20; 12:6; 17:7;
29:19; 30:11, 12, 15; 31:1), 36-39장에 1회(37:23), 40-66장에 13회(41:14, 16,
20; 43:3, 14; 45:11; 47:4; 48:17; 49:7; 54:5; 55:5; 60:9, 14) 총 25회 등장한다.5)
물론 여기에 약간 변형된 꼴인 29:23의 "야곱의 거룩한 자"(קדוש יעקב), 10:17과
49:7의 "그의 거룩한 자"(קדושו), 43:15의 "너희의 거룩한 자"(קדושכם), 40:25와
57:15의 단순한 "거룩한 자"(קדוש) 들까지 합치면 전체 등장 횟수는 31회로

---

4) "이스라엘의 거룩한 자"라는 명칭이 이사야서의 중심 주제라는 것은 여러 학자가 동의하는
　바다. 그러나 이것을 가장 명확하게 천명하고 이를 집중적으로 토론한 학자는 J. J. M.
　Roberts이다. "Isaiah in Old Testament Theology," *Int* 36 (April 1982): 130-43.
5) "이스라엘의 거룩한 자"(קדוש ישראל)라는 명칭은 이사야서 외에서는 열왕기하 19:22, 시편
　71:22, 78:41, 89:18, 예레미야 50:29, 51:5 이 여섯 군데밖에 발견되지 않는다. 따라서 이
　이름은 이사야만의 독특한 특징이라 할 수 있다. 참고: S. Mandelkern, *Veteris Testamenti
　Concordantiae Hebraicae atque Chaldaicae* (Tel Aviv: Sumptibus Schocken Hierosolymis, 1971),
　1015.

증가한다.6) 이처럼 이 이사야의 독특한 명칭은 책의 각 부분에 골고루 쓰이고 있다.7)

이 명칭의 주요 부분인 "거룩"(또는 "거룩한 자")(קדושׁ)은 정확한 의미를 파악하기 매우 힘든 말이다.8) 학자들은 이사야가 쓴 이 단어의 의미를 파악하려면 그의 소명에 관한 기사(6장)를 살펴보는 것이 가장 정확한 방법이라고 생각한다.9) 이사야가 이와 같은 이름을 집중적으로 사용한 것은 그의 소명 사건과 밀접하게 관련된 것으로 보이기 때문이다.10) 그가 성전에서 본 하나님 보좌의 환상은 너무도 중요하고 충격적인 것이어서 그는 자신의 책 이름 자체를 "환상"(개역개정 "계시," חזון)이라 붙이게 될 정도였다.

> 유다 왕 웃시야와 요담과 아하스와 히스기야 시대에 아모스의 아들 이사야가
> 유다와 예루살렘에 관하여 본 계시라. (1:1)

---

6) John N. Oswalt, *The Book of Isaiah Chapters 1-39*, NICOT (Grand Rapids: Eerdmans, 1986), 33, n. 2와 비교할 것. Oswalt는 10:17의 קדושׁ와 57:15의 קדושׁ는 관찰하지 못하고 있다.

7) 이에 덧붙여 קדושׁ라는 단어가 들어가지는 않았더라도 "이스라엘의 거룩한 자"와 구(句)의 형성이 비슷하거나 의미가 유사한("이스라엘의 거룩한 자"의 의미는 앞으로 상세히 논할 것임) 경우까지 다 세면 그 수는 더욱 많다: "이스라엘의 강한 자"(אביר ישׂראל, 1:24), "이스라엘의 빛"(אור ישׂראל, 10:17). "이스라엘의 왕"(מלך ישׂראל, 44:6), "이스라엘의 하나님"(אלהי ישׂראל, 45:3, 15; 48:1, 2; 52:12), "야곱의 강한 자"(אביר יעקב, 60:16) 등(여기 원문 번역은 정확한 의미 전달을 위해 개역개정을 따르지 않고 필자가 사역한 것임).

8) 본문에 든 예 이외에 형용사 קדושׁ('카도쉬')가 쓰인 예는 좀더 있는데(역시 하나님에 대해 쓰였음) 5:16, 24, 6:3, 10:17, 29:23 등이다. 명사 קדושׁ('코데쉬', "거룩")도 많이 쓰였다. 4:3, 11:9, 35:8, 48:2, 52:1, 10, 56:7, 57:13, 58:13, 62:9, 12, 63:15, 18, 64:9-10, 65:11, 66:20 등이다(모두 하나님과 관계된 것들에 대해 쓰였음: 그의 팔, 도시, 거하시는 곳, 산, 집, 백성, 길, 특별한 날 등). 8:14에는 מקדשׁ('미크다쉬', "성소")가 나오는데 하나님 자신을 가리키는 말로 쓰였다. 같은 어근의 동사도 나온다. 5:16에 니팔꼴이, 8:13과 29:23에 히트파엘꼴이 쓰인다(하나님이 동사의 주어가 되거나 목적어가 됨). 참고: Roberts, "Isaiah in Old Testament Theology," 131, nn. 4-6.

9) Roberts와 Oswalt 등이 그와 같이 생각한다. Roberts, "Isaiah in Old Testament Theology," 132; Oswalt, *The Book of Isaiah Chapters 1-39*, 32.

10) 참고: 송제근, "이사야서의 신학적 주제와 구조,"「그말씀」(2000년 3월): 16.

이사야는 스랍들이 하나님을 "거룩하신 분"이라고 외치는 음성을 듣게 된다.

> 거룩하다 거룩하다 거룩하다 만군의 여호와여 그의 영광이 온 땅에 충만하도다.
> (6:3)

여기 "거룩하다"가 세 번 언급된 것은 최상급을 의미한다. 하나님은 가장 거룩하신 분이시라는 말이다.11) 이 최상의 거룩으로 묘사된 하나님이 이사야가 대언자로 활동한 바로 그 하나님이셨다. 이사야가 성전에서 본 이 두렵고 장엄한 환상은 이사야의 전 사역에 걸쳐 강한 인상이 남아서 이사야로 하여금 하나님을 거듭하여 "거룩한 자"로 소개하게 하는 기본 원인이 된 것 같다. 그러므로 그의 소명 기사(6장)를 자세히 살피면 이사야의 애호 명칭인 "이스라엘의 거룩한 자"의 정확한 의미가 드러날 것으로 생각된다.

1. 이사야 6장에 묘사된 하나님의 모습

이사야 6장에서 이사야가 경험한 소명 환상은 하나님에 대해 적어도 다음 세 가지를 말씀한다. 가. 여호와는 유일한 주권자이시다; 나. 삼킬 듯한 의(義)의 요구; 다. 자기 백성과 교제하시는 하나님. 이 세 가지를 하나씩 살펴본다.

1) 여호와는 유일한 주권자이시다

6장의 환상은 맨 먼저 하나님을 왕으로 묘사하고 있다. 이사야 자신이

---

11) 박윤선 박사는 "거룩하다"를 세 번 말한 것은 하나님에게 대하여 말할 수 있는 힘을 다하여 말한 것을 의미한다고 해석한다. 박윤선, 『구약주석 이사야서 (상)』 (서울: 영음사, 1985), 76.

여호와를 "왕"이라 고백한다.

    ... 만군의 여호와이신 왕을 뵈었음이로다. (5절)

하나님은 "높이 들린 보좌에" "주"로 앉아 계셨다(1절). "웃시야 왕이 죽던 해에"라는 말은 선지자 이사야가 계시를 받은 역사적 정황에 대한 설명도 되겠지만 세속 국가의 왕이 죽고 우주의 진정한 왕을 만난다는 수사적 효과(대조) 라는 의미도 있는 것으로 보인다. 따라서 여호와 하나님이 '왕'으로 인식되고 있는 것은 분명하다. 또한 그의 영광은 온 세계에 충만하다(3절). 하나님의 영광과 통치가 우주 곳곳에 미치지 않은 곳이 없다는 것이다. 하나님은 왕이시며 그의 영광이 우주 전체에 미쳐 있으므로 따라서 하나님은 이 우주의 유일한 주권자가 되신다.[12]

    이 사실은 로버츠가 옳게 관찰하듯이 스랍들의 행동 전체를 통해서도 증명된다. 성전 문지방이 흔들릴 정도의 장엄한 소리를 내며 여섯 날개를 가진 무시무시한 형상을 한 스랍들이지만 그것들은 여호와께 대하여 큰 경외를 나타내고 있다.[13] 두 날개로는 얼굴을 가리었는데 피조물로서 창조주를 바로 볼 수 없었을 뿐만 아니라[14] "감히 여호와의 성결하신 엄위를 대면 할 수는 없었기" 때문이었다.[15] 다른 두 날개로 발을 가리었다는 것은 아마 생식기 부위(genitalia)를 가리었다는 의미로 생각되는데(참고. 출 4:25; 룻 3:4, 7, 8; 사 7:20)[16] 성(sexuality)과 죄 의식(guilt-feeling)을 연관시켜 생각하던 고대의

---

12) 참고: Roberts, "Isaiah in Old Testament Theology," 132.
13) Roberts, "Isaiah in Old Testament Theology," 132.
14) Oswalt, *The Book of Isaiah Chapters 1-39,* 179.
15) 박윤선, 『구약주석 이사야서 (상)』, 76.
16) 발이란 단어가 정확히 무엇을 지칭하는지 아직까지 분명히 알려져 있지 않다. 다만 여기 든 본문들과 더불어 성기 부위를 가리키는 완곡어법(euphemism)이 아닌가 하는 것이 학자들

습관과 관계가 있는 것으로 보인다. 즉, 두 날개로 발을 가리는 것은 여호와의 임재 앞에서 피조물의 죄성 또는 죄의식을 가리는 행위일 수 있다.17) 역시 성결한 창조주 앞에 아무리 완전한 피조물이라도 설 수 없다는 것을 강하게 시사한다. 스랍들이라 하더라도 여호와의 두려운 영광을 보고서는 살 수가 없는 것이다. 이 스랍들의 행동은 여호와의 비할 데 없는 영광과 위엄을 나타내므로 여호와만이 온 우주의 주이심을 잘 나타내 보이고 있다.

2) 삼킬 듯한 의(義)의 요구

하나님의 "거룩"에는 하나님 자신이 초월적인 분이라는 의미 외에 그가 더할 나위 없이 '의로운' 분이라는 의미가 함께 들어 있다. 따라서 자신의 백성에게는 삼킬 듯이 의를 요구하신다(devouring righteousness). 박윤선 박사의 말처럼, "'거룩하다'는 것은 그가 피조 세계에 속하시지 않고 초월하여 계심을 가리키는 동시에 죄를 전연 용납치 않으시는 성품을 의미하는" 것이다.18) 하나님의 영광 앞에 부패하고 타락한 모든 것이 제 모습 그대로 가장 추하게 드러나기 마련이다. 이사야는 하나님이 어떠한 분이신가 하는 환상을 볼 때에 자기와 자기 백성의 죄악을 또한 보게 되었다.

> 그 때에 내가 말하되 화로다 나여 망하게 되었도다 나는 입술이 부정한 사람이요 나는 입술이 부정한 백성 중에 거주하면서 만군의 여호와이신 왕을 뵈었음이로다. (5절)

의 대체적인 생각이다.

17) John D. W. Watts, *Isaiah 1-33*, WBC (Waco, TX: Word Books, 1985), 74.

18) 박윤선, 『구약주석 이사야서 (상)』, 76.

이에서 보아 알 수 있듯이 여호와의 거룩에는 강한 윤리적 요소가 개입되어 있는 것이다. 하나님의 사명자로 부르심 받기 위해서 이사야는 먼저 그의 입술(lips)이 정결함을 받아야 했다. 선지자는 하나님의 입(mouthpiece)으로 쓰임 받는 존재이기에 특히 그의 입술이 문제가 되었을 것이지만 입 또는 입술이란 인간의 마음의 모든 악이 표출되는(issue) 곳이기 때문에[19] 입술이 정결함 받는다는 것은 내면의 모든 죄악이 제거된다는 의미가 될 것이다. 실제로 7절에서 이사야의 입술에 "핀 숯"(glowing coal, רצפה)이[20] 닿았을 때 "네 악이 제하여졌고 네 죄가 사하여졌다"고 선언되는 것을 본다. 한 가지 흥미로운 것은 이사야의 죄가 속해지는 방식이다. 본문은 이사야의 속죄를 매우 특수하고 강렬한 방식으로 묘사한다. 타는 숯이 직접 이사야의 입에 대어졌다. 제단의 숯이란 원래 속죄제물을 태우게 되어 있다. 이사야의 경우는 대리 제물이 태워진 것이 아니라 그 자신(그 자신의 입술)이 직접 태워졌다. 인간의 죄가 이렇게 직접적이고 강렬한 방식으로 사해진 경우는 다시없을 것이다. 그만큼 6장은 인간의 죄가 사해져야 하는 필요에 대해 강하게 말하고자 함일 것이다. 인간은 하나님과 교제하기 위하여 그리고 자신에게 마땅한 사명을 받기 위하여 반드시 죄 용서함을 받아야 한다. 이 속죄 사건은 하나님이 자신의 교제 파트너에게 강렬하게 의를 요구하시는 분이신 것을 잘 말해주고 있다.

3) 자기 백성과 교제하시는 하나님

위에 말한 의의 요구는 바꿔 말하면 하나님의 인간과의 교제의 욕구라

---

19) 마 15:11에서 예수께서 하신 말씀이 이와 같은 사실을 잘 말해 준다: "입으로 들어가는 것이 사람을 더럽게 하는 것이 아니라 입에서 나오는 그것이 사람을 더럽게 하는 것이니라." 마 12:34도 참조: "독사의 자식들아 너희는 악하니 어떻게 선한 말을 할 수 있느냐 이는 마음에 가득한 것을 입으로 말함이라."
20) HALOT, 1285a.

할 수 있다. 이사야나 이스라엘과 교제할 필요가 없다면 의를 요구하실 필요도 없었을 것이기 때문이다. 물론 6장 자체에는 하나님의 교제에 대한 욕구가 명시적으로 나타나 있는 것은 아니다. 그러나 이사야의 죄의 자백이 있었을 때(5절) 즉각적으로 스랍이 날아와 죄를 제거하는 '의식'을 치른 것은(6-7절)[21] 교제에 대한 하나님의 주도적 열의를 말해준다. 여기다 자신을 거룩한 자로 소개하시는 환상이 성전에서 주어진 사실이 또한 교제의 관심에 무게를 실어준다.[22] 왜냐하면 성전은 하나님이 이스라엘 백성 중에 거하시고 교제하시는 장소이기 때문이다(참고: 출 25:8; 대하 6:18-21). "거룩한 자" 여호와는 이스라엘과 교제하기를 원하시는 분이시다. 하나님의 이름이 "거룩한 자"로 끝나지 않고 "이스라엘의 거룩한 자"로 주어진 것이 흥미로운데 바로 이 이름에 들어간 "이스라엘의"라는 문구가 교제에 대한 하나님의 이러한 열의를 말하는 것이라 할 수 있다. 하나님은 엄청난 힘을 가지신 우주의 주권자이시다. 동시에 그는 세상의 모든 불순물을 태워버릴 수 있는 의를 가지고 계신 분이시다. 그러한 하나님이 이스라엘과 교제하기 원하신다. 하나님은 이 세계를 초월하시는 분이시다. 존재 자체가 그러하고 그 분의 의로운 성품도 그러하다. 그러나 그 분은 자신의 이름을 위해 지어진 성전에 왕으로 계시면서 자신의 백성과 사귀시는 것이다.

2. 이사야서 전체에 그려진 하나님의 모습

앞서 말한 바와 같이 이사야서의 신론(神論)은 "이스라엘의 거룩한 자"라는

---

21) 5절 이후에 6절이 와우계속법으로 시작되는 것은(נאמר) 6-7절의 사죄 의식이 5절의 고백에 바로 이어 일어나고 있음을 말해준다.

22) 참조: Roberts, "Isaiah in Old Testament Theology," 132.

구절에 집중되어 있으며 그 내용은 6장의 소명 기사에 대강의 윤곽이 제시되었다
고 보는 것이 본서의 입장이다. 위에 6장에 그려진 하나님의 모습에서 살폈듯이
"이스라엘의 거룩한 자"라는 개념은 첫째 우주의 유일한 주권자, 둘째 엄정한
의를 인간에게 요구하시는 분, 셋째 자기 백성과 교제하시는 분 등의 의미를
지니고 있다. 이사야서 전체로는 이 의미들이 어떻게 나타나는지 살펴보기로
한다.

1) 여호와는 유일한 주권자이시다

'거룩'이라는 말은 우선적으로 '구별'(being separate, being set apart)의 의미를
지닌다. 그러므로 "거룩한 자"라는 말은 피조물과는 구별된, 즉 초월적인 존재라
는 의미가 될 것이다. 우주에 대해 구별된(초월적인) 하나님은 곧 우주를 지으신
자이시요 왕으로서 다스리는 자이시다. 따라서 "거룩한 자" 하나님은 우주와
역사를 다스리시는 주권자이신 것이다. 이사야의 설교에 나타난 주제들 중
가장 분명하고 핵심이 되는 것이 바로 이 하나님의 주권에 관한 사상이다.
여호와만이 우주의 유일한 주권자라는 것이(the sole Lordship of YHWH) 이사야
가 그의 책 전반에 걸쳐 거듭 강조하는 바이다.[23] 심판의 말씀이든 구원의

---

23) 사실 하나님 주권 사상은 이사야만의 전유물은 아니다. 선지자들 모두 이 점을 강조하는
데 온 힘을 쏟은 것으로 미루어 선지서 전체의 주제라고 해도 과언이 아니며 더 나아가
성경 저자 모두의 관심이기도 했으니 구약 전체의 주제라 해도 결코 지나칠 것은 없다.
선지서의 핵심 주제가 하나님 중심주의임은 설교자들을 위한 그레이다너스 교수의 언급에
잘 나타나 있다: "In prophetic literature, theocentric emphasis is so evident that it is hard
to ignore... Consequently, theological interpretation serves a useful function if it reminds preachers
of the central concern of the prophets—the concern to reveal God at work in history for the
purpose of reestablishing his kingdom on earth. Sometimes this central thrust is overlooked
because preachers concentrate on the person of the prophet..." Sidney Greidanus, *The Modern
Preacher and the Ancient Text: Interpreting and Preaching Biblical Literature* (Grand Rapids:

말씀이든 이사야의 설교는 모두 이 한 가지 사상을 중심으로 전개된다.24) 이스라엘의 범죄로 인해 내려지는 심판도, 하나님의 긍휼로 주어지는 구원(회복)도 다 하나님의 주권에 의해 시행되는 것이다. 악트마이어가 옳게 지적한 것처럼 선지자들은 "하나님이 일하신다(역사하고 계시다)"는 사실 하나를 집중적으로 증거한 사람들이었는데25) 이사야도 예외가 아니었다.

이사야가 하나님에 대해 탁월하게 지적하는 것 중의 하나는 하나님 외에는 다른 신이 존재하지 않는다는 사실이다.

나는 처음이요 나는 마지막이라 나 외에 다른 신이 없느니라. (44:6b)26)

하나님만이 유일한 창조주시며 역사의 주인이시다. 하나님 외에 그 누구도 그 아무것도 심판을 가져오거나 구원을 가져올 수 없다. 하나님만이 계획하시며 판단하시고 집행하신다. 인간은 오직 하나님 앞에 책임을 지고 하나님만 두려워해야 하며 하나님만 의지해야 한다.

우상은 용납되지 않는다. 이사야는 과도하리 만큼 우상의 헛됨에 대해 많이 언급하는데 이는 하나님의 유일성과 그분의 주권을 선포하려는 특별한 열심에서 비롯한 것으로 생각된다. 이사야서에서처럼 우상 만드는 어리석음을

Eerdmans, 1988), 256.

24) 선지서는 예언의 말씀(prophetic speeches), 보도(reports), 기도(prayers) 등의 장르로 이루어진다. 선지서의 선포 또는 설교 내용을 다루고 있는 것이 선지서의 가장 중요한 부분인 예언의 말씀인데 이 예언의 말씀은 크게 심판의 말씀(oracle of judgment)과 구원의 말씀(oracle of salvation) 두 종류로 나누어진다. 선지서의 문학 장르에 관한 상세한 해설은 4장을 참고.

25) Elizabeth Achtemeier, *Preaching from the Old Testament* (Louisville, KY: Westminster/John Knox Press, 1989), 110-13.

26) אני ראשון ואני אחרון ומבלעדי אין אלהים. 같은 내용의 유사한 언명이 44:8, 45:5, 6, 14, 18, 21, 48:12 등에도 나온다. 각 구절은 이사야 특유의 반복 어법을 동원, 여호와만이 하나님인 사실을 격앙된 톤으로 외친다.

신랄하게 조롱한 책이 없다. 나무토막을 반쪽은 밥 짓느라고 불쏘시개로 쪼개 쓰고 남은 반쪽으로 우상을 만들어 거기 절하는 어리석은 행위를 상상해보라는 것이다(44:9-20; 참고: 41:6-7; 2:8, 20; 17:7, 8; 30:22; 31:7; 57:12-13).27) 우상에게는 과거를 설명하는 능력도 미래를 예언할 능력도 없다(41:22-23; 43:8-9; 44:6-8; 45:20-23). 그것들은 어떤 방식으로든 현재에도 영향을 주지 못한다(41:23; 45:16, 20; 47:12-15).28) 그것들은 이 땅의 재료로 만들어진 그저 단순한 피조물의 일부일 뿐, 결코 이 세계를 초월할 수 있는 무엇이 아니다. 우상들(또는 그것이 대표하는 신들)은 결코 세계의 시작이나 끝에 대해 알지 못한다. 세계를 창조하거나 제어하거나 하는 것은 그것들과는 전혀 관계없는 일이다. 하나님은 어떠하신가? 그분은 우상들과는 전혀 다르다. 그 분은 이 세계라는 체계와는 구별되신 (separated) 분이시다. 그는 창조자이시며 판정관이요 이 세계를 제어하시며 이끌어 가시는 분이시다. 그는 이 세계를 시작하신 분이시며 동시에 어떤 분명한 목적 아래 이 세계를 종결하실 분이시다. 그는 과거를 설명하신다. 그리고 미래를 예언하신다(41:26-29; 42:24-26; 44:7-8; 45:21; 46:10; 48:3-6, 12-16 등).29) 무엇보다 하나님은 새 일을 창조하신다(42:9; 43:19; 48:6). 하나님의 창조 능력은 과거에 이 세계를 창조했다는 사실에 머무르지 않는다. 그 분은 새 목적을 위해 새롭게 새 세계를 창조하신다. 우상은 이 일을 할 수 없다. 하나님은 포로된 자기 백성을 구원해 내실 것이며 새 하늘과 새 땅을 창조하실 것이다(65:17; 66:22). 이처럼 이사야의 신론의 상당 부분은 우상과 우상숭배를 공격하는 데 할애되고 있다. 이것은 곧 하나님의 절대 주권을 증명해 보이려는 노력이기도 하다. 결국 "그 날에" 이스라엘은 "이스라엘의 거룩한 자"만을

---

27) Oswalt, *The Book of Isaiah Chapters 1-39*, 34.
28) Oswalt, *The Book of Isaiah Chapters 1-39*, 34.
29) Oswalt, *The Book of Isaiah Chapters 1-39*, 34.

알아보고 인간의 손의 제작물에 불과한 우상들을 모두 버리게 될 것이다(17:7-8; 31:7; 참고: 2:8, 18, 20; 27:9; 30:22; 37:19).30)

따라서 이스라엘은 하나님만 두려워하고 하나님만 의지해야 한다.31) 여호와께서 거룩한 분이시라는 말은 이 세상에서 오직 여호와 한 분만이 인간의 두려움의 대상이라는 의미이다(8:12-13). 하나님 이외의 것은 그것이 아무리 강해 보이고 위력적인 것이라 하더라도 두려워해서는 안 되며 두려워할 필요도 없다는 것이 하나님의 이름 "거룩한 쟈"가 지닌 강력한 의미이요 교훈인 것이다. "참되이 하나님을 두려워하면 여타의 모든 두려움은 물러가게 되어 있다."32) 하나님을 두려워하는 자는 하나님 이외의 아무 것도 두려워하지 않고 하나님을 두려워하지 않는 자는 하나님 이외의 모든 것을 두려워한다고 한 주석가 벵겔의 말은 옳다.

하나님을 두려워하는 자는 또한 하나님도 의지하게 된다. 두려움과 신뢰는 서로 모순될 것 같지만 성경적 신앙에서는 동전의 양면이다. 성경적 신앙은 인격적이어서 하나님을 참되게 두려워하는 사람은 곧 그 분을 철저히 신뢰하게 된다. 인간은 자신에게 다가오는 모든 어려움과 도전 앞에서 절대자이신 하나님을 의지한다. 그분의 언약과 약속을 믿으며 그분의 개입과 도움과 인도를 기대한다. 동요하지 않고 차분히 그를 의지하고 그의 말씀을 믿으면 그 분은 참된 안전을 보장해 주시고 구원과 평안과 형통을 가져다주신다(7:9; 12:2;

---

30) 참고: Oswalt, *The Book of Isaiah Chapters 1-39*, 35, n. 5.
31) 하나님만 신앙해야 함의 구체적 의미에 대해서는 루터의 언급이 명쾌하다. 루터는 자신의 소교리문답서(1529)의 십계명 해설 부분에서 제1계명 "나 외에는 다른 신들을 네게 두지 말라"(출 20:3)의 의미를 다음과 같이 해설하고 있다(루터는 우상 제작을 금한 명령되[출 20:4-6] 1계명의 일부로 봄): <문> "이것은 무슨 뜻입니까?"; <답> "모든 것 이상으로 하나님을 두려워하고 사랑하며 또한 신뢰하라는 뜻입니다." 지원용 감수·편집, 『세계를 위한 목회자』, 루터선집 제9권 (서울: 컨콜디아사, 1983), 385.
32) Roberts, "Isaiah in Old Testament Theology," 133.

28:12, 16; 30:15).33) 하나님을 의지하는 자는 굳게 설 것이요 기뻐할 이유를
찾게 될 것이다! 인간은 결단코 자기 자신이나, 하나님을 제외한 그 무엇도
의지하면 안 된다. 하나님이 제일 견디지 못하시는 것이 라이벌(rival)이다.
하나님 외에 어떤 신도 있게 말라는 1계명이나 우상을 만들지 말라는 2계명
모두 하나님의 '질투'를 촉발할 경쟁자를 금하시는 말씀이다. 이사야가 그토록
거듭 우상 숭배를 질타한 이유를 알 수 있다. 하나님 이외의 어떤 것을 의지하려는
것은 무익하며 어리석다 못해 심각한 범죄 행위이다.34)

---

33) 7:9의 "만일 너희가 믿지 아니하면 정녕히 굳게 서지 못하리라"는 말씀이 흥미롭다. 여기서
"믿는다"는 말과 "굳게 선다"는 말을 하는데 히브리어로 같은 어근의 동사들이 쓰였다.
즉, "믿지"의 '타아미누'(תאמינו)는 어근 '아만'(אמן, "지지하다")에서 나온 히필 동사이고,
"굳게 서지"의 '테아메누'(תאמנו)는 '아만'에서 나온 니팔 동사이다. 의도성이 짙은 언어유희로
보인다. 아마 "의지한다"는 것과 "안전하다"는 것이 내적으로 밀접하게 관련되어 있다는
것을 보이려 한 수사적 유회로 생각된다. 즉 (하나님을) 의지하면 필연적으로 안전하다는
의미를 주고자 함일 것이다. 이것 말고도 히브리어에는 또 다른 재미있는 한 쌍의 말이
있다. "의지하다"라는 뜻의 '바타흐'(בטח)와 "안전"이라는 뜻의 '베타흐'(בטח)이다. 이 둘은
어원이 전혀 다른 말들로서 서로 연관이 없다. 그러나 소리가 서로 매우 유사하기 때문에
히브리인들은 '바타흐'를 써서 "의지한다"고 말할 때마다(예: 시 37:5; 잠 3:5) "안전하다"는
생각을 가질 수 있었을 것으로 보인다.

34) 하나님만이 유일한 주권자시며 그 분만이 인생의 의지할 자이시라는 것을 이사야는 또
하나의 독특한 수사학으로 증명하고자 한다. 즉 창조라는 주제를 통해서이다. 특히 이스라엘
의 구원과 회복에 대해 집중적으로 말하는 40장 이하에서 창조를 많이 언급하는데 이는
하나님의 창조의 능력을 보임으로 하나님은 이스라엘을 구원할 능력이 충분하시다는 것을
말하려 함이다. "창조하다"(또는 분사로 "창조자")를 의미하는 '바라'(ברא)가 4:5, 40:26, 28,
41:20, 42:5, 43:1, 7, 15, 45:7(2회), 8, 12, 18(2회), 48:7, 54:16(2회), 57:18(MT 19), 65:17,
18(2회) 등에 나온다. '바라'라는 단어를 직접 쓰지는 않아도 창조를 설명하는 그림언어(picture
language)를 사용하거나 창조와 관련되거나 그것을 연상케 하는 어휘를 써서 창조의 영상
(image)을 제시하는 곳도 매우 많다. 40:12, 21, 22, 42:4, 43:6, 44:2, 23, 24, 45: 6, 8, 9,
11, 12, 22, 46:3, 4, 48:13, 50:2, 3, 51:6, 13, 16, 52:10, 54:5, 55:9, 10, 12, 56:9, 60:19, 20,
61:11, 63:6, 64:1, 65:17, 66:1, 22 등이다. 여호와만이 높이 들린 주권자 되심은 그의 창조의
능력 속에 나타난다. 이스라엘의 거룩한 자는 자신의 창조의 능력을 통해 이 우주에 어떤
라이벌도 존재할 수 없음을 보이신다. 아무리 절망적인 상황이라 할지라도 이스라엘은
자신의 구속을 위해 하나님만 의지하면 된다. 40장 이하의 핵심 주제들은 위로, 구속,
(여호와의) 힘, 영광, 기쁨 따위라 할 수 있는데 하나님이 이스라엘을 구속하여 영광과
기쁨을 주시는 근거(힘)는 어디까지나 창조에 나타난 그의 능력에 있다. 여호와 그 분만이
세상에 존재하는 모든 것을 지으셨다(40:25-26; 66:1-2). 그리고 그의 능력은 역사의 모든

2) 삼킬 듯한 의(義)의 요구

'거룩'이란 말의 원의(原義)가 '구별'이라면 기록은 두 번째로 '죄에서 구별'되었다는 의미가 될 것이다. 즉 하나님은 완벽하게 의로운 분이시다. 피조 세계의 어떤 죄의 오염에도 영향받지 않은 의(義) 그 자체이시다. 따라서 하나님은 죄를 전혀 용납치 않으신다. 즉, 레위기 19:2의 말씀처럼[35] 자기 백성에게도 자신과 같은 의를 소유하도록 요구하신다는 말이다. 이사야가 성전에서 하나님을 만났을 때 그는 바로 이 하나님의 의를 만났던(깨달았던) 것이다. 그는 자신과 자신의 백성의 죄를 고백하게 되었고 자신의 죄를 사함 받는 독특한 체험을 하게 된다. 이사야에게는 이 체험이 그의 일생을 통하여 지워지지 않는 강렬한 인상으로 남아 있었던 것이 분명하다. 그는 사역 전체를 통하여 하나님의 의를 증거했고 또한 백성들에게는 의의 삶을 줄기차게 요구했다.

이사야의 일차적 사역은 이스라엘의 죄를 지적하는 것이었다. 예배를 아무리 드려도 고쳐지지 않는 행실과 설교를 아무리 들어도 깨닫거나 뉘우치지 않는 심령을 향하여 선지자는 줄기차게 그 잘못과 그 잘못이 가져올 비극에 대해 선포해야 했다. 도대체 선지서라는 것 자체가 존재하게 된 것이 의를 요구하시는 하나님과 의로운 삶을 살지 못하는 이스라엘 사이의 불협화음 때문이었다. 이스라엘은 가진 자들이 약자들을 사회적으로 억압하고 빼앗았다. 방탕하고 탐욕스러웠다. 교만하고 사치했으며 사회적으로 전혀 책임지려 하지 않았다. 하나님이 세계에 원하시는 의(義, צדקה)와 공의(公義, משפט)를 도저히

세력을 통제하실 것이다(60:1-14). 이러한 연고로 이스라엘의 거룩한 자를 의지하는 자는 그 억울함이 해결되는(신원되는, vindicated) 은총을 받게 될 것이다(34:8; 54:17; 58:8; 62:1-2; 63:1; 66:6).
35) "너희는 거룩하라 이는 나 여호와 너희 하나님이 거룩함이니라."

찾아볼 수 없었다(5:7). 따라서 하나님은 찌꺼기와 불순물을 제거하기 위해 심판/징계를 시행하지 않으실 수 없게 되었던 것이다(1:25). 물론 심판을 넘어서는 그 분의 자유로운 주권 가운데 또 다른 신비의 경륜인 구속이 시행되어야 할 것이었다(1:27).

주지하는 바와 같이 선지서의 예언의 말씀(prophetic speeches)은 심판의 말씀(oracle of judgment)과 구원의 말씀(oracle of salvation)으로 나누어진다. 이 중 심판의 말씀은 — 대략 말해서 — 다시 직접 꾸중(direct accusation)과 임박한 재난의 선포(announcement of impending disaster)로 나뉜다.36) 이 직접 꾸중과 임박한 재난의 선포라는 것이 모두 하나님의 의에 대한 관심을 나타내는 것이다. 이스라엘이 그들에게 요구된 의로운 삶을 살아내지 못했기 때문에 이것들이 주어진 것인데 하나님은 이스라엘 안에 다른 그 무엇보다(경제적 부의 축적, 풍요한 생활, 국토의 확장, 성공적인 외교 따위) 의(義)와 공의(公義)가 살아 있느냐 하는 것에 관심을 가지셨던 것이다. 이사야가 사명을 받은 것이 이 힐책(rebuke)과 위협(threat)의 말씀을 전하는 것이었으며 또 이사야서 전체 내용의 절반이 이 말씀이었던 것을 생각하면 의의 문제야말로 하나님의 백성에게 얼마나 중요한 문제였는지를 알 수 있다(책 내용이 대부분 심판의 말씀인 예레미야서의 경우는 이 점이 더욱 두드러지다 할 수 있다). 어쨌든 이사야서 전체를 통해 하나님의 관심은 자기 백성의 불의와 부패와 오염과 불순종에 주어져 있었다. 이스라엘의 문제는 단순히 그들이 무한자(Infinite) 앞의 유한자(finite)라거나 불멸자(Immortal) 앞의 제한된 생명을 가진 자(mortal)라거나 하는

---

36) 예언의 말씀이 심판의 말씀과 구원의 말씀으로 나누어지는 것은 주 24)에 이미 언급한 바 있다. 이 중 심판의 말씀은 다시 직접 꾸중, 임박한 재난의 선포, 풍자로 나누어지는데 풍자는 나오는 빈도도 적고 주로 이방 나라를 조롱할 때 쓰기 때문에 이스라엘을 향한 말씀과는 큰 관련이 없다. 따라서 이스라엘을 향한 심판의 말씀은 주로 직접 꾸중과 임박한 재난의 선포 두 가지라 할 수 있다. 참고: 4장.

문제가 아니었다.[37] 도덕적으로 완전히 순결하신 분 앞에서 방자히 행하는
불결한 자였다는 것이 심각한 문제였다.

3) 자기 백성과 교제하시는 하나님

하나님은 단순히 거룩한 자가 아니시고 "이스라엘의" 거룩한 자이시다.
"이스라엘의 거룩한 자"라는 말은 하나님이 이스라엘의 소유라는 말이다. 즉
이스라엘과 깊은 관계에 있는 분이라는 것이다. 여호와 하나님은 우주의 주권자
이시지만 초월적인 존재로만 머물러 계신 게 아니라 친히 땅 위의 한 민족을
택하셔서 관계를 맺으시는데 이스라엘이란 특정 민족을 택하셔서 그들의
하나님이 되시고 그들과 교제하신다. 그래서 그들의 보호자가 되시고 구원자가
되시며 그들에게 특수한 질의 삶을 요구하시게 된다. 즉 자신의 성품과 닮은
의 또는 거룩의 삶을 요구하시는 것이다. 이와 같이 이사야서의 하나님은
이스라엘의 유익을 위하여 역사하시는 하나님이시며 이스라엘과 교제하시는
하나님이신 것이다. 이사야서가 하나님을 이스라엘의 구원자로(the Savior),
구속자로(the Redeemer), 아버지로(the Father), 남편으로(the Husband) 묘사하는
것이 이러한 사실을 반영한다.[38]

여호와 하나님이 이스라엘과 교제하는 하나님이라는 것은 무엇보다도
그 분이 이스라엘과 언약을 맺은 하나님이라는 사실에 분명히 나타난다 할

---

37) 참고: Oswalt, *The Book of Isaiah Chapters 1-39*, 33.
38) 하나님이 "구원자" 또는 "구속자"로 언급되거나 묘사된 곳은 너무 많으므로 예를 들 필요가
    없을 것이다. 하나님이 "아버지"로 언급된 곳은 63:16, 64:8 등이다. 심지어 9:6에서는 앞으로
    오실 메시야를 "(영존하시는) 아버지"라 부르고 있다. 하나님이 "남편"의 이미지로 묘사된
    곳은 49:21, 62:4 등이다. 62:4에서는 시온이 "결혼한 여자"(בעולה) 또는 "혼인하다"(be married,
    בעל[בעל]의 니팔) 등의 말로 표현된다. 하나님의 아내가 되었다는 말이다.

것이다. 이사야도 하나님과 이스라엘의 관계를 말하면서 언약이라는 말을
많이 쓰고 있다. 24:5, 54:10, 55:3, 56:4, 56:6, 59:21, 61:8 등에서다.39) 이 중
54:10에서는 "평화의 언약"(개역개정, "화평의 언약")이라는 표현을 사용하여
하나님은 이스라엘이 그토록 원하는 "샬롬"을 선물하시는 분이심을 말하고
있으며, 24:5, 55:3, 61:8에서는 "영원한 언약"이라는 표현으로써 이스라엘을
향한 하나님의 사랑은 영구히 지속될 것임을 강조하고 있다(54:10의 "평화의
언약"도 "인자"[개역개정, "자비"]라는40) 말과 평행을 이루고 있어 그 언약이
영구히 지속될 성격의 것으로 암시하고 있다41)). 이 외에 직접 언약이란 말을
쓰고 있지는 않지만 "자손," "땅" 등 언약에 관계된 어휘들을 사용하여 사실상
언약적 상황을 시사한 곳도 수없이 많다. 어쨌든 언약이란 여호와 하나님이
이스라엘과 맺은 특수한 관계를 설명하는 말인데 이사야도 어김없이 여호와를
언약의 하나님으로 소개하고 있다.

---

39) 24:5 "땅이 또한 그 주민 아래서 더럽게 되었으니 이는 그들이 율법을 범하며 율례를
어기며 영원한 언약을 깨뜨렸음이라"; 54:10 "산들이 떠나며 언덕들은 옮겨질지라도 나의
자비는 네게서 떠나지 아니하며 나의 화평의 언약은 흔들리지 아니하리라 너를 긍휼히
여기시는 여호와께서 말씀하셨느니라"; 55:3 "너희는 귀를 기울이고 내게로 나아와 들으라
그리하면 너희의 영혼이 살리라 내가 너희를 위하여 영원한 언약을 맺으리니 곧 다윗에게
허락한 확실한 은혜이니라"; 56:4 "여호와께서 이와 같이 말씀하시기를 나의 안식일을
지키며 내가 기뻐하는 일을 선택하며 나의 언약을 굳게 잡는 고자들에게는"; 56:6 "또
여호와와 연합하여 그를 섬기며 여호와의 이름을 사랑하며 그의 종이 되며 안식일을 지켜
더럽히지 아니하며 나의 언약을 굳게 지키는 이방인마다"; 59:21 "여호와께서 이르시되
내가 그들과 세운 나의 언약이 이러하니 곧 네 위에 있는 나의 영과 네 입에 둔 나의
말이 이제부터 영원하도록 네 입에서와 네 후손의 입에서와 네 후손의 후손의 입에서
떠나지 아니하리라 하시니라 여호와의 말씀이니라"; 61:8 "무릇 나 여호와는 정의를 사랑하며
불의의 강탈을 미워하여 성실히 그들에게 갚아 주고 그들과 영원한 언약을 맺을 것이라."
40) 개역개정의 "자비"는 원문(חסד)의 의미를 오도할 수 있음. 개역한글의 "인자"를 유지하는
것이 좋음.
41) "인자"(חסד)는 언약의 밑바탕이 되는 하나님의 사랑을 말하는데 그 기본적인 성격은 하나님의
사랑의 성실성(faithfulness)이다. 인자를 "하나님의 자비로운 사랑과 말로 다 할 수 없는
성실"이라고 정의한 Knight의 정의는 매우 적합하다. George A. F. Knight, 『시편 (상)』,
이기문 옮김 (서울: 기독교문사, 1985), 17.

하나님은 이와 같이 교제에 깊은 관심을 가지셨는데 문제는 이에 대한 이스라엘의 반응이었다. 이스라엘은 상상을 초월하는 엄청난 사랑을 하나님께 받았지만 하나님의 교제의 기대에는 전혀 부응하지 못하는 망나니들이었다. 이사야는 그들이 짐승만도 못한 반역의 백성이었다고 보고한다(1:2-3). 옛날의 의의 성읍이 이제는 창기가 되어 버렸던 것이다(1:21). 물론 회개하고 행동을 고치면 희망은 있었다(1:16-20). 그러나 그 일은 그리 쉽게 일어날 수 있는 것이 아니었다. 이스라엘은 얻어맞아도 깨닫지 못하고 계속해서 더 맞을 짓만을 계속하고 있었기 때문이다(1:5-9). 따라서 하나님은 이스라엘을 정화하시고자 (purge) 하셨다(1:25). 죄악에 찌들고 죄악에 대해 무감각하기까지 한 이스라엘에게는 징계/심판은 불가피한 것이었다. 달리는 죄를 깨닫거나 고치도록 할 방법이 없었기 때문이다. 오직 "정화하는 심판"(purging judgment)을[42] 통해서만 이스라엘의 거룩과 순결은 회복될 수 있었다.[43] 그 때에야 비로소 이스라엘은 하나님과의 관계가 회복되고 그 분과 정상적인 교제를 누릴 수 있는 것이었다.

이 교제/관계의 회복을 이스라엘의 구속(redemption)이라 말할 수 있는데 이 하나님의 구속 계획은 다음의 세 단계를 거치면서 이루어져야 했다: 1. 이스라엘의 불순종(강퍅해짐); 2. 하나님의 심판(정화); 3. 시온의 궁극적 구속.[44] 하나님과 이스라엘의 교제는 값싸게 얻어지는 것이 아니었다. 죄악과 범죄로 불결해진 이스라엘에게 하나님과 교제하는 데 필요한 '거룩'이 보장되려면 먼저 정화의 과정이 반드시 필요했다. 하나님은 선지자를 통해 수도 없이 꾸중하시고 심판을 선포하시며 돌이키도록 촉구했다. 이스라엘이 적정한 반응

---

42) Roberts, "Isaiah in Old Testament Theology," 134.
43) 이 거룩과 순결의 회복은 심판을 통하여서만 일어날 수 있다는 것인데(1:24-28) 하나님은 심지어 시온의 적과 싸우기 전에 먼저 시온과 싸우겠다고까지 말씀하신다(31:4-5).
44) 참조: Roberts, "Isaiah in Old Testament Theology," 138.

을 보이지 않고 자신들이 가던 길로 더욱 나가자 급기야 나라의 멸망이라는, 그리고 적국에의 포로라는 특단의 징계/심판을 내리시게 된다. 이것은 이스라엘이 받아들이기에는 너무 가혹한 것이었는지 모른다. 그 시련은 그들의 이해나 믿음의 한계를 넘어서는 것이었을 것이다. 그들은 하나님을 그 존재 자체부터 의심했을지도 모른다. 설령 존재를 믿는다 해도 과연 하나님은 공의로운 분이신가 하는 의구를 가질 수도 있었을 것이다. 택한 백성을 하나님을 모르는 이방인들의 손에 맡겨 멸망시키는 분이 과연 우주를 정상적으로 운영하는 하나님이실 수 있을까 하는 치명적인 질문을 던졌을 수도 있다. 그러나 여호와는 피조물이 아니시고, 그 길을 사람이 자신의 인지 능력으로 이해할 수 있는 그런 하나님이 아니셨다(55:8-9). 하나님은 사람의 이해의 한계와 믿음의 한계를 넘어서는 방법으로 이스라엘을 정화하고 계셨다. 그의 '거룩'에의 요구는 순수하고 철저했으며 그가 그것을 이루시는 방법은 모사가 필요 없을 정도로 완벽한 것이었다(40:12-14). 이스라엘은 오직 주어진 훈련을 기쁨으로 받고 구속의 때를 기다리고 있으면 되었다. 설령 이해할 수 없더라도 이해하고 믿을 수 없더라도 믿으며 하나님의 시간을 기다리는 것, 그것이 그들의 할 일이었던 것이다. 드디어 때는 이르러 회복과 구원의 시간이 되었다. 상상조차 할 수 없었던 — 역시 특단의 — 은총의 시간이었다. 정화된 이스라엘은 이제 전보다 더 깊어진 친밀함으로 하나님과 교제하며 영광과 기쁨을 영원히 누리게 될 것이었다.

하나님의 관심은 온통, 결여된 것 한 가지, 그리고 가장 중요한 것 한 가지에 집중되어 있었다. 거룩의 문제였다. 이 문제만 해결되면 여타의 모든 것은 그냥 다 받도록 준비되어 있었다. 하나님과의 교제를 필두로 이 세상의 모든 좋은 것들이 (개인적으로든 사회적으로든) 다 주어질 것이었다. 불순물을 제거한 뒤 이스라엘의 거룩을 회복시켜 그들과 사랑의 교제를 나누시려는 하나님의 '정화'의 열심이 구속사의 끊임없는 동인(動因)이었다.

3. 하나님은 어떤 분이신가에 대한 결론

본 장은 이사야의 독특한 명칭인 "이스라엘의 거룩한 자"에 이사야서의 신론 전체가 담겨 있는 것으로 보고 이 명칭의 의미에 대해 상세히 탐구하였다. 여호와 하나님은 라이벌을 허락하지 않으시는 우주의 유일한 주권자이시다. 동시에 이스라엘에게 자신의 도덕적(또는 윤리적) 성품인 성결과 의를 요구하는 분이시다. 그러나 무엇보다도 중요한 것은 이 초월적인 하나님이 이스라엘과 사귀시기를 원하신다는 것이다. 하나님은 사랑하는 자기 백성에게 정화 (purging)의 과정을 허락하신다. 정화하는 징계/심판을 통과하면서 비로소 인간은 성화의 긴 여정을 시작할 수 있기 때문이다. 실제로 이스라엘은 국가의 멸망과 포로라는 불로 연단하는 것과 같은 시련 속에서 불결한 그들의 죄악을 많이 버리게 된다. 포로 후에 팔레스틴으로 돌아온 사람들의 모습 속에서는 우상 숭배와 심각한 계층 차별과 같은, 포로 전에 이스라엘을 심히 병들게 했던 사악한 범죄들을 찾아볼 수 없다(에스라 느헤미야와 학개 스가랴 말라기서 등을 참조).[45] 견디기 어렵고 이해하기 어려운 시련이었지만 그 속에서 이스라엘은 그만큼 성결해졌던 것이다. 하나님의 사랑, 동정, 교제에의 열심이 이스라엘의 정화 과정 곳곳에 드러나 있음을 이사야서가 잘 증거하고 있다.

하나님의 구속사는 인간의 생각으로는 다 이해하기 어려운 경륜인데 이스라엘의 강퍅해짐(6:9-13), 정화, 궁극적 구원이라는 세 단계를 거치며 완성됨을

---

45) 이스라엘이 포로라는 쓰디쓴 연단을 받으면서 신앙과 삶의 순결을 얻게 된 과정에 관해서는 졸고의 설명을 참조할 것: 현창학, "에스라 · 느헤미야서의 신학적 이해," 「그말씀」 (2005년 2월): 25-26.

볼 수 있었다. 해석이 매우 난해한 "여호와의 고난 받는 종"(42:1-9; 49:1-17; 50:4-11; 52:13-53:12)은 이 구속사의 핵심에 개입하는 어떤 이상적인 존재(메시야)로 여겨진다.46) 그는 "우리를 대신하여 죽는" 자며(53:4-6, 12) "많은 사람을 의롭게(거룩하게) 하는" 자라고(53:11) 하였다. 대속의 구세주를 통해 인간의 죄악이 제거되고 그 안에 거룩과 의가 온전히 회복될 것이다. 이 신비한 중재자는 하나님의 교제의 열심을 완성하는 분이신 것이다.

---

46) "여호와의 종"의 정체에 대해서는 아직까지도 논의가 끊이지 않고 있다. 이 종이 역사적 존재냐 이상적 존재냐 하는 것에서부터 개인을 가리키느냐 집단(예: 이스라엘)을 가리키느냐 하는 것에 이르기까지 학자들 사이에 완전한 동의가 이뤄진 것은 하나도 없다. 뿐만 아니라 학자들 중에는 50:4-11과 52:13-53:12에 언급되는 "고난 받은 자"(the Sufferer)와 40장 이하의 여러 곳에 언급된 "여호와의 종"은 구별하여 (다른 인물/존재로) 보아야 한다고 주장하는 사람까지 있다. John D. W. Watts, *Isaiah 34-66*, WBC (Waco, TX: Word Books, 1987), 115-18, 227-28. 대체로 보수진영에서는 42:1-9, 49:1-17, 50:4-11, 52:13-53:12에 나오는 "고난 받는 종"을 미래의 이상적 존재, 즉 메시야를 예언한 것으로 보는 데에 이견이 없다. 참고: 박윤선, 『구약주석 이사야서 (하)』 (서울: 영음사, 1985), 506-20; Oswalt, *The Book of Isaiah Chapters 1-39*, 41. 종의 정체에 관한 현금의 논란을 잘 정리하고 종이 미래의 이상적인 존재라는 결론을 무난히 이끌어 낸 최근의 좋은 글로는 다음을 볼 것: Robert. R. Ellis, "이사야 40-55장에 나타난 고난 받는 종," 「그말씀」 (2000년 3월): 70-85.

제7장

예레미야서의 분석과 메시지

I. 예레미야서의 개괄적 특징

선지서 중에 가장 선지서다운 책을 고르라 한다면 그것은 예레미야서일 것이다. 어떤 학자가 말하기를 누군가가 선지서에 관해 책을 쓴다면 그것은 사실상 예레미야서에 대해 쓴 것일 거라고 했는데[1] 그 정도로 예레미야는 여러 면에서 전체 선지서를 대표하는 책이다. 선지자의 소명과 기능, 사명에 관한 내용부터 선지서의 메시지, 선지서의 장르와 수사 기법에 이르기까지 예레미야서는 전형적인 선지서의 특징들을 다수 보유하고 있다. 따라서 예레미야서를 공부하면 사실상 대부분의 선지서들을 공부한 것이나 다름없다. 예레미야서를 공부하면 선지자들이 사역한 환경과 그들의 내적인 고뇌가 무엇이었는지, 선지서는 무엇을 말하고자 하는 책이며 그를 위해 어떤 기법을 사용했는지 등에 대해 개괄적으로 파악하게 된다. 예레미야는 이스라엘(유다) 역사의 마지

---

1) A. Bentzen, *Introduction to the Old Testament*, vol. 2 (Copenhagen, 1948), 116, quoted in W. S. LaSor, D. A. Hubbard, and F. Wm. Bush, *Old Testament Survey* (Grand Rapids: Eerdmans, 1982), 403, n. 1.

막 가장 어려운 시기에 나타나 보통 사람들이 생각하지 못하는 관점에서 역사를 해석했고, 그 해석을 비길 데 없는 탁월한 시적 수완으로 전했다. 시대와 타협하지 않은 메시지와 그로 인해 그가 겪은 고난은 참 예언은 무엇인가와 참선지자는 누구인가에 대한 전형(paradigm)을 보여준다 할 수 있다. 학자들이 이스라엘 역사 해석의 정점에 있는 예레미야를 "최고의 선지자"(the prophet *par excellence*)라고 부르는 것은 우연이 아닌 것 같다.[2]

예레미야서는 다뤄야 할 흥미로운 이슈가 많은 책이다. 우선 텍스트 문제, 즉 본문비평의 문제가 해결되지 않은 숙제로 남아 있고, 책의 내용에도 독특한 것이 많아 주의 깊은 연구를 요하고 있다. 텍스트 문제란 것은 맛소라 본문과 칠십인역 사이에 서로 너무 큰 차이가 나는 것인데, 우선 분량 한 가지만 가지고 말한다면 칠십인역은 맛소라에 비해 1/8이 적다(학자들은 맛소라에 있는 약 2,700개의 단어가 칠십인역에 반영되지 않았다고 보고 있음). 내용 배치도 두 텍스트가 현격한 차이를 보인다. 구약에서 예레미야만큼 맛소라와 칠십인역 사이에 큰 차이를 보이는 책은 없을 것으로 생각된다. 학자들이 그동안 두 텍스트 사이의 관계를 밝히기 위해 많은 노력을 기울여 왔는데 사안이 심각한 관계로 아직까지 어떤 합의도 이루어내지 못하고 있다. 보수 진영 내에서조차 여러 의견이 혼재하는 것을 보면 이 문제가 얼마나 어려운 문제인지 실감케 된다. 본고는 이와 같이 혼전이 거듭되는 논제에 깊숙이 개입하려 하지 않는다. 이 문제를 다루는 것은 본고가 의도하는 범위 이상의 토론을 요구하며 지면이 허락할 것 같지도 않다. 따라서 이 문제에 대한 자세한 논의는 생략하고자 한다.[3] 본고는 다만 맛소라 텍스트를 기준 본문으로 삼아

---

2) John Bright, "The Book of Jeremiah," *Int* 9 (1955): 259을 볼 것.
3) 예레미야서의 본문 비평의 문제는 어느 주석서든 다 그 해설을 싣고 있으므로 본고가 굳이 소개할 필요도 없을 것이다. 다음의 몇 권이 좋은 도움이 될 것이다: John Bright,

그것을 중심으로 예레미야서에 대한 연구를 진행할 것이다. 맛소라 텍스트는 우리가 정경으로 받은 본문이기 때문이다.

책의 내용으로 가장 주목할 흥미로운 것은 역시 예레미야서만이 지닌 두 가지 독특한 장르(내용)라 할 것이다. 그 두 가지는 소위 예레미야의 "고백"(Confessions)과 전기적 내러티브(biographical narratives)이다. 이 두 장르는 다른 선지서에는 그리 두드러지지 않는데 예레미야서의 경우 유독 집중적으로 등장하여 선지자 개인에 대해 소상한 정보를 제공해 준다. 이 둘은 선지자가 가졌던 심경과 그가 사역한 환경에 대해 자세히 알려 준다. "고백"은 선지자가 사역 수행 중에 겪은 내적 갈등을 기도로 하나님께 고한 것이다(11:18-23; 12:1-6; 15:10-12, 15-21; 17:12-18; 18:18-23; 20:7-18).[4] 문학 장르로 말하면

Jeremiah, AB (Garden City, NY: Doubleday & Company, 1965), cxix-cxli; John A. Thomson, *The Book of Jeremiah*, NICOT (Grand Rapids: Eerdmans, 1980), 117-20; S. K. Soderlund, "Jeremiah, Book of," *ISBE*, vol. 2 (1982), 990-91. 맛소라 텍스트(the Masoretic Text)와 칠십인역 (the Septuagint)의 문제를 간단히 설명하다면 다음과 같다. 본문에서 말한 대로 칠십인역이 맛소라 텍스트에 비해 분량이 1/8이나 짧다. 칠십인역은 무려 2700개에 달하는 맛소라의 단어를 빼뜨리고 있고 100개가 채 안 되는 단어를 더 가지고 있는 것으로 보인다. 칠십인역이 빼뜨리고 있는 것은 단어나 구 한두 개와 같이 짧은 것이 있는가 하면 문단 전체를 빼먹은 경우도 있다(예: 33:14-26). 내용 배치가 전혀 다른 부분도 있다. 이방에 대한 심판 예언인 맛소라의 46-51장은 칠십인역에서는 25장 13절과 15절 사이에 배치되어 있다(칠십인역은 14절이 없음). 게다가 나라별 예언의 순서도 다르다. 즉, 맛소라는 애굽, 블레셋, 모압, 암몬, 에돔, 다메섹, 게달, 엘람, 바벨론의 순서인데 반해, 칠십인역은 엘람, 애굽, 바벨론, 블레셋, 에돔, 암몬, 게달, 다메섹, 모압의 순이다. 이 외에도 크고 작은 차이가 수없이 많다. 이 문제를 해결하기 위한 그간의 학계의 토론은 말할 나위 없이 뜨거웠다. 그러나 아직까지 여러 방향의 의견은 서로 평행을 달리고 있을 뿐이다. 일군의 학자들은 1947년 이래 사해사본에서 발견된 예레미야 파편들을 두 텍스트(맛소라, 칠십인역)와 연결시키면서 이를 토대로 본문의 역사(textual history)를 새롭게 재구성하는 데 나름대로의 성과를 거두고 있는 것도 사실이다. 그러나 어쨌든 텍스트의 고대성 혹은 우월성을 결정하기 위한 토론은 아직도 계속되는 중이라 할 것이며 두 텍스트의 차이가 워낙 크기 때문에 학자들 개인이 가진 신학적 전제의 차이에서 빚어지는 이견들은 서로 쉽게 수렴되기 어려울 것으로 보인다.

4) 사실 "고백"(Confessions)이라는 이름은 그리 적절한 이름은 아니다. 이 단어가 지니는 의미의 여러 가능성 때문에 오해가 생길 수 있다. 그러나 예레미야의 고뇌의 기도를 지칭하는 데 학계가 이제는 이 명칭에 너무 익숙해져 있어서 고치기는 어려운 것 같다. Soderlund같은 학자는 단순히 "개인적인 시들"(personal poems)이라고 부르는데 "고백"이란 이름이 지니는

개인 탄식시(Individual Lament)이며 많은 불평을 담고 있다. 전기적 내러티브는 선지자가 활동할 때에 직면한 외적인 환경 조건에 관한 진술이다(26-29장; 36-45장 등). 고위층으로부터 받은 반대와 박해, 그리고 이에 따른 선지자의 고난이 주된 내용이다. 선지자는 물러서지 않고 불굴의 인내와 용기로 하나님의 말씀을 전한 "하나님의 사람"(God's man)이었다. 3인칭 관찰자가 기록한 이야기 형식으로 되어 있다. 이 두 장르를 통해 예레미야서는 선지자 자신과 그가 겪은 어려움에 대해 풍부하고 진술한 정보를 제공해 줌으로 독자들로 하여금 인간 예레미야에 대해 소상히 알게 해주고 또한 그를 가까이 느끼게 해준다. 그만큼 하나님의 심정도 가까이 느끼게 해주며 하나님의 메시지가 전달되는 강도도 어느 책보다 강하다. 예레미야서를 "가장 인간적이며 가장 감동적인(the most human and most appealing) 책"이라 부르는 이유가 여기에 있을 것이다.[5]

　　예레미야서는 선지자의 목회자적 감수성이 잘 드러난 책으로도 유명하다. 우선, 선지자의 감성이 풍부하게 표현되었다. 선지자는 "눈물의 선지자"(the weeping prophet)라는 별명이 붙을 정도로 여러 곳에서 눈물로써 깊은 슬픔을 표현하는데, 죄에 대해 무감각하고 다가오는 재난에 대해 무지한 백성을 바라보며 흘린 고통의 눈물이다(9:1[MT 8:23], 10[MT 9:9]; 14:17). 선지자의 눈물은 때로는 하나님의 그것과 구별되지 않는데 이것은 선지자가 오히려 하나님의 슬픔(pathos)에 참여하고 있음을 암시하고 있어 더 큰 감동을 불러일으킨다. 예레미야서는 선지자가 지닌 백성을 향한 애절한 연민에 대해서도 많이 엿보게 한다. 선지자가 선포한 말씀 중 여러 군데에 이러한 것이 비치고 있다. 흥미로운 것은 예레미야는 백성을 위해 기도하고자 하는데 하나님은 이를 말리고 금하시

　　오해의 가능성을 제거했다는 점에서는 찬성할 만하다. S. K. Soderlund, "Jeremiah, Book of," 987a.

　5)　참조: Bright, *Jeremiah*, lxxxvi.

는 특이한 긴장 상황이다(7:16; 11:14; 14:11; 15:1). 보낸 이(하나님)는 막는데 보냄 받은 자는 하고자 한다. 유다의 죄가 심각하므로 그들을 그냥 둘 수는 없으나, 한편 그 죄인들을 사랑하지 않고는 못 배기시는 것이 하나님의 마음의 갈등일 것이다. 이러한 하나님의 내적 이율배반이 하나님과 선지자 사이의 갈등이라는 특이한 설정으로 표현된 것으로 보인다. 한 가지 더 살필 수 있는 것은 사역 후반기에 보여주는 선지자의 특이한 메시지이다. 예루살렘이 바벨론의 포위 공격으로 함락 직전의 위기에 놓인다. 그런데 선지자는 일반적으로 지도자에게서 기대할 수 있는 것과는 달리 싸우지 말고 적(바벨론)에게 항복하라는 권면과 설교를 하고 다닌다. 하나님을 신앙하고 대동단결하여 최후의 일인까지 싸우라고 해도 부족한 판에 멸망을 기정사실화하고 저항을 중지하라고 했으니, 그리고 심지어 도망치는 자만 생명을 부지할 것이라고 설교했으니(38:2, 17-18), 이는 사람들로 하여금 전의를 상실케 한 일이요 국론 분열의 결정적 단초를 제공한 일임이 틀림없었다. 왕과 백성에게 하나같이 항복할 것을 종용한 그를 모두가 반역자로 본 것은 당연한 일이었다. 그러나 예레미야는 역사를 깊이 그리고 멀리 본 사람이었다. 죄의 결과 이제 선민의 운명은 정해졌다. 예루살렘은 함락되며 성전은 파괴되고 다윗 왕조는 망하게 되어 있다. 이제 최선의 길은 전쟁을 포기하여 한 사람의 생명이라도 구하는 것이었다.6) 회복의 때가 오긴 하겠지만 '죄인'들의 능력이나 수단에 의해서가 아니고 오직 은혜로 주어질 것이었다.7) 그 때까지는 인간의 수단을 포기하고 기다려야 한다. 정화(淨

---

6) Cresko는 예레미야가 항복을 강권한 것은 정부의 착취로부터 민생을 보호하고자 한 것이라고 주장한다. 유다 정부가 바벨론에 대한 저항을 포기하게 되면 백성들에게 군역을 지울 일과 군비를 위해 세금을 거둘 일이 없어지므로 백성들은 불을 보듯 분명한 착취로부터 해방될 수 있다는 것이다. 바벨론에 항복하는 것이 그러한 효과를 수반하리라는 것은 상상할 수 있지만, 선지자의 설교가 그처럼 사회 해방을 일차적으로 목표로 했다는 것은 본문에서 증거를 찾기 어렵다. 참고: Anthony R. Cresko, *Introduction to the Old Testament: A Liberation Perspective* (Maryknoll, NY: Orbis Books, 1992), 206-7.

化, purging)의 과정을 지난 다음에라야 회복의 때가 올 것이다. 따라서 지금은 한 사람의 생명이라도 구하는 일이 급선무다. 이처럼 선지자는 백성에 대해 깊은 동정과 연민을 지닌 사람이었다. 국가의 주권이라든지 공식 신학이라든지 하는 따위의 명분이나 이데올로기는 그에 비하면 큰 가치가 없는 것이었다.

예레미야서를 개괄적으로 살피는 데 있어 마지막으로 언급해야 할 것은 책의 문학성일 것이다. 예레미야서는 선지서들 중에, 아니 전 구약성경을 통해 가장 뛰어난 문학적 기량을 보여주는 책이라 할 것이다. 다양한 문학(문예) 기법을 채용하는 예레미야서는 하나의 "문예 축제"라고 불릴 정도이다.8) 소리, 단어, 의미, 구문의 평행법(parallelism), 점층법, 은유와 직유, 수사 의문, 과장법(hyperbole), 조롱(mockery), 반어법(irony), 드라마, 상징 행동(sign acts) 등이 뛰어난 기술로 사용된다. 문학 장르도 다양하고 풍부한데 신탁(연설), 기도, 내러티브가 나오는가 하면 "고백," 환상, 지혜 등도 나타난다. 예레미야는 문학적으로 가장 위대한 선지자 중의 한 사람으로 평가되는데 혹자는 선지자를 "뛰어난 시적 열정과 숨막힐 정도의 풍부한 상상력을 갖춘 설교가"(a speaker with poetic passion and stunning imagination)라고 부르기도 하고,9) 혹자는 "탁월한 문학성과 시적 열정의 사람"(a man with literary magnificence and poetic passion)이라고 부르기도 한다.10)

---

7) 회복의 메시지는 예레미야 16:14-21, 23:1-4, 5-8, 그리고 30-33장 등에 나타난다. 이스라엘의 회복이 인간적인 자원에 의존하지 아니하고 전적으로 신적인 은혜로 되어지는 것임은 스가랴 4:6 말씀에 가장 잘 표현되었다. "이는 힘으로 되지 아니하며 능력으로 되지 아니하고 오직 나의 영으로 되느니라."

8) W. VanGemeren, "하나님의 증인 예레미야와 예레미야서," 「목회와 신학」 (1999년 11월): 199.

9) Walter Brueggemann, "The Book of Jeremiah: Portrait of the Prophet," *Interpreting the Prophets*, ed. J. L. Mays and P. J. Achtemeier (Philadelphia: Fortress Press, 1987), 117, 127.

10) Willem A. VanGemeren, *Interpreting the Prophetic Word* (Grand Rapids: Zondervan, 1990), 291.

II. 역사적 배경

선지서의 말씀은 이스라엘 역사의 어떤 구체적인 정황을 향해 선포된 것이기 때문에 그 역사적 배경을 알아야 정확한 이해가 가능하다. 예레미야서의 말씀은 남왕국 유다가 종막을 고하는 긴박한 시점에 주어진 것이다. 간략히 예레미야가 활동한 시대의 정치적 상황을 살피는 일이 책의 메시지를 정확히 파악하는 데 필요하다.11)

책의 전반적인 이해를 위해서 먼저 유다 역사 말년의 중요한 연대를 간추려 보자.12)

B.C. 648 : 요시야왕의 출생

641 : 요시야왕의 즉위(왕하 22:1)

628 : 예레미야가 선지자로 부름 받음(렘 1장)

609 : 요시야왕이 므깃도에서 바로느고 II세와 전쟁하다 죽음(왕하 23:29, 30). 그후 여호아하스가 3개월간 다스리다 애굽으로 잡혀 감(왕하 23:30-34)

608 : 바로느고가 여호야김을 유다 왕으로 세움(왕하 23:34)

---

11) 예레미야와 관련된 유다 말년의 역사는 열왕기하 22-25장에서 소상한 정보를 얻을 수 있다.

12) 정확한 연도는 학자들 사이에 항상 조금씩 차이가 있다. 예컨대 예레미야가 소명을 받은 해를 어떤 이는 628년으로(박윤선), 어떤 이는 627년으로(Craigie-Kelley-Drinkard, Thompson), 어떤 이는 626년으로(NIV Study Bible) 계산하는 따위이다. 여기에 수록하는 연대는 박윤선 박사의 주석을 기준으로 한 것이다. 박윤선, 『구약주석, 예레미야서 (상)』 (서울: 영음사, 1985), 19-20. 참고: Peter C. Craigie, Page H. Kelly, and Joel F. Drinkard, Jr., *Jeremiah 1-25*, WBC (Dallas, TX: Word Books, 1991), xlv; J. A. Thompson, *The Book of Jeremiah*, NICOT (Grand Rapids: Eerdmans, 1980), 50-51; *The NIV Study Bible* (Grand Rapids: Zondervan, 1985), 1115.

606 : 느부갓네살이 예루살렘을 점령하고 성전 기구들을 가져감(단 1:1, 2)[13]

605 : 느부갓네살이 갈그미스에서 애굽 왕 바로느고를 이김(렘 46:1 이하). 유다 왕 여호야김이 바벨론에 조공함

602 : 여호야김이 베벨론을 배반함(왕하 24:1). 바벨론 왕 느부갓네살이 군대를 유다로 보내어 침략함(왕하 24:2)[14]

598 : 여호야김의 죽음(왕하 24:6; 렘 22:18, 19)

597 : 여호야긴이 아버지 여호야김을 이어 3개월간 다스리다가 가족과 수천 명의 지도급 인사 및 기술자들과 함께 바벨론으로 잡혀 감(왕하 24:10-16; 렘 29:1, 2)

596 : 느부갓네살이 시드기야를 유다 왕으로 앉힘

588 : 시드기야가 바벨론을 반역(겔 17:3-21). 느부갓네살이 다시 유다를 침략(렘 34:7)

586 : 성벽에 구멍이 뚫리고 시드기야는 도망하다 잡힘(왕하 25:4-7; 렘 39:1-7, 52:5-11)

561 : 여호야긴이 바벨론 옥에서 놓임(왕하 25:27-30; 렘 52:31-34)

---

13) 다니엘 1:1은 "여호야김이 다스린 지 삼년이 되는 해에 바벨론 왕 느부갓네살이 예루살렘에 이르러 성을 에워쌌다"고 함으로 느부갓네살이 606년 이전에 이미 왕이 되어 있었음을 말하고 있다. 학자들이 느부갓네살의 등극 연대로 계산해 내는 604년과 약간의 차이가 있다. 참조: Peter C. Craigie, Page H. Kelly, and Joel F. Drinkard, Jr., *Jeremiah 1-25*, xlvi.
14) 바벨론 군대가 유다를 침공한 것이 여호야김 배반 직후인지 아니면 몇 년이 지난 후인지 열왕기하 24:2의 언급만으로는 확정하기 어렵다. 성경은 두 사건 사이에 상당한 시간이 경과한 경우도 별도의 언급 없이 뒷 사건을 앞 사건에 바로 이어 언급하는 수가 종종 있기 때문이다(예: 이사야 37장 37절과 38절 사이에 20년의 간격이 있음[701년과 681년]). 박윤선 박사는 배반(왕하 24:1)과 침공(24:2) 사이에 시간 경과가 거의 없다고 보아 침공을 602년으로 잡고 있으나, Craigie-Kelly-Drinkard의 경우는 3년 정도의 시간이 지난 (Craigie-Kelly-Drinkard는 배반 연도를 601로 봄) 598년을 침공 연도로 잡고 있다. Peter C. Craigie, Page H. Kelly, and Joel F. Drinkard, Jr., *Jeremiah 1-25*, xlvi.

예레미야의 선지 활동은 대략 B.C. 628-586년의 기간에 이루어졌다.15) 이는 요시야왕으로부터 시드기야왕에 이르기까지의 시간에 해당한다(렘 1: 2-3). 요시야왕이 즉위하던 해는 B.C. 641년인데 그의 나이 8세였다(왕하 22:1, 2; 대하 34:1). 31년을 통치했는데 중동 지방의 힘의 균형이 큰 변화를 맞던 시기였다. 앗수르는 앗수르바니팔왕(668-627)의16) 죽음으로 급격한 쇠락의 길을 걷게 된다. 애굽의 사메티쿠스 I세(664-610)가 앗수르로부터 독립을 선언하고(665년 경) 652년에는 바벨론이 반란을 일으키는데 4년이 지나서야 진압이 될 정도였다. 앗수르의 동요는 요시야왕에게는 유다 나라의 중흥을 도모할 절호의 기회로 다가온 것 같다. 요시야는 628년부터 종교개혁을 단행한다. 먼저 유다로부터 시작하여 므낫세, 에브라임, 시므온, 납달리에 이르기까지 산당을 철폐하고 이방 제의를 제거한다(이는 요시야의 영향력이 이미 망한 이스라엘 지역까지 어느 정도 미치고 있었고 그의 통치 범위는 준통일 왕국 [quasi-united kingdom]의 수준은 되어 있었음을 의미한다). 622년에는 성전을 수리하다 율법책을 발견하는데 이것이 개혁의 새로운 동인이 되어 유월절 준수가 대대적으로 이루어진다.

예레미야가 요시야의 종교개혁에 어느 정도 관계하였는지는 분명히 알 길이 없다. 일단 예레미야의 설교들을 보면 요시야가 추구한 것과 사상적으로 일치하는 것으로 나타나지만 실제 개혁 프로그램에 직접적으로 관여했다는 기록은 없다. 그러나 물론 그런 기록이 없는 것이 예레미야가 개혁에 반대했다는 것을 의미할 수는 없을 것이다. 다만 아직 어린 선지자였기에 국가적인 프로그램

---

15) John Bright는 예레미야의 탄생 연도를 645년 또는 그보다 약간 이전으로 추정한다. 악명 높은 므낫세 통치의 막바지 무렵이다. 이 추정대로라면 예레미야가 소명을 받은 나이는 17-18세경이 된다. Bright, *Jeremiah*, lxxxvii.

16) 여기에 나오는 연대들은 편의상 Craigie-Kelly-Drinkard를 따르고 있다. Peter C. Craigie, Page H. Kelly, and Joel F. Drinkard, Jr., *Jeremiah 1-25*, xlv-xlvii.

에 참여할 기회가 주어지지 않았을 수 있다. 어쨌든 예레미야는 요시야의 개혁에 적극적인 지지를 보이고 또 개혁 자체가 가능하도록 분위기를 조성하는 데 상당 부분 기여했을 것으로 생각된다.17) 다만 예레미야는 요시야가 단행한 종교개혁의 질에 대해서는 만족치 않았을 가능성이 높다. 이방 제의가 철폐되고 산당이 제거되었지만 인간의 근본적인 변화는 일어나지 않았다는 것이다. 예레미야는 하나님의 백성 한 사람 한 사람의 인격과 삶의 태도, 즉 각 사람의 내면에 근본적 변화가 일어날 것을 요구하였다. 예레미야는 많은 것을 요구한 선지자였다.18)

요시야의 개혁은 신샤리쉬쿤(629-612) 치하의 앗수르가 정치적으로 불안정한 상태에 있었기 때문에 가능했던 면도 있다. 626년에는 나보폴라살이 앗수르로부터 바벨론을 독립시키고 자신이 신 바벨론 제국의 왕이 되었다. 614년에는 앗수르(Assyria)의 옛 수도 앗술(Asshur)이 메데의 시악세레스에게 함락되더니, 612년에는 니느웨가 바벨론과 메데의 연합군에게 무너지므로 급기야 대제국 앗수르는 멸망하고 말았다. 패주한 앗수르 군대는 하란에 집결하여 재기를 노려보지만 그것도 610년에 궤멸되고 말았다.

다음 해 609년에는 신흥 바벨론의 급부상을 두려워한 애굽의 바로느고 II세(610-594)가 하란의 탈환을 노리는 앗수르를 돕기 위해 군대를 이끌고 북진한다. 요시야왕은 이를 저지하기 위해 출병하는데 그 자신이 므깃도 전투에서 전사하게 된다(왕하 23:29-30; 대하 35:20-24). 요시야의 출병은 이스라엘과 유다가 너무나 오랫동안 앗수르의 압제 하에 시달렸기 때문에 무엇보다도

---

17) 한번이기는 하지만 예레미야가 상당한 수준으로 요시야를 칭찬한 것을 보면(렘 22:15f) 그는 요시야와 그의 개혁에 대해 매우 호의적이었음이 틀림없다.

18) 예레미야와 요시야의 개혁과의 관계에 대해서는 John Bright, *Covenant and Promise* (Philadelphia: Westminster Press, 1976), 143-44, 151을 참조.

앗수르의 재기를 막아야 한다는 필요에서 감행된 것이었을 것이다. 그러나 요시야의 죽음은 유다 역사 자체의 종막을 고하는 사건이 되고 만다. 요시야 치하에서 이루어졌던 불완전하나마 통일된 왕국의 면모는 사라지게 되었고, 짧게나마 누렸던 정치적 독립도 한 순간의 물거품이 되고 말았다. 그리고 앗수르와 애굽의 하란 탈환 작전은 실패로 끝난 것으로 보인다. 이제 앗수르는 역사 속으로 영원히 사라지고 말았다.

다음 4-5년간은(609-605) 애굽이 팔레스틴과 시리아 지역을 통제하였다. 요시야가 죽은 뒤 그의 아들 여호아하스가 왕이 되었으나 겨우 3개월 통치하고 났을 때 애굽이 그를 여호야김(609[19]-598)으로 대치하고 말았다(왕하 23:30-37). 여호야김의 치하에서 요시야의 개혁은 뿌리부터 실종되고 말았다. 이방 제의가 부활하고 국가의 도덕과 윤리는 땅에 떨어졌다.

605년 느부갓네살은 갈그미스 전투에서 애굽을 격파한다(렘 46). 604년에 나보폴라살의 뒤를 이어 왕이 된 느부갓네살은 팔레스틴과 시리아에 대한 그의 영향력을 공고히 하는데 이 지역의 모든 왕들로부터 조공을 받기 시작하였고 여호야김도 그 중의 하나였다.

601년[20] 느부갓네살과 느고가 애굽의 국경 근처에서 다시 격렬한 전투를 벌인다. 이 전투는 결정적인 승자 없이 끝이 났고 느부갓네살은 바벨론으로 퇴각하여 군대의 전열을 다시 정비하게 되었다. 여호야김이 601년 바벨론을 배반한 것은 바로 이 틈을 탄 것으로 보인다(왕하 24:1).

598년 느부갓네살은 배반한 예루살렘을 응징하기 위하여 팔레스틴 땅을 침공한다. 그는 성을 포위하고 597년 아달월(3월)에 함락시켰다(왕하 24:10-17).

---

19) 박윤선은 여호야김 통치의 시작을 608년으로 봄.
20) 박윤선은 이 해를 602년으로 보고 있음.

그때 여호야김은 이미 죽은 후였고21) 그의 아들 여호야긴이 왕이 되어 있었는데,
느부갓네살은 여호야긴을 폐위시키고 그의 삼촌이며 요시야의 다른 아들인
맛다니야(시드기야)를 왕위에 앉혔다. 여호야긴은 자신의 어머니와 아내들,
그리고 수천의 관리들, 유력한 자들, 기술자들과 함께 바벨론으로 잡혀간다(왕
하 24:10-16; 대하 36:9-10; 렘 29:2). 그러나 유다인들이나 바벨론인들에게
시드기야는 합법적인 왕으로 여겨지지 않고 오히려 여호야긴이 여전히 왕으로
간주된 것이 아닌가 한다22) 시드기야는 바벨론의 묵인 하에 팔레스틴을 다스린
영주 정도로 간주되었던 것 같다. 아마 전왕의 삼촌이 왕이 된다는 것이 왕위
세습 통념에 맞지 않는 것이었을 수 있다.

시드기야의 통치 기간은(597-587)23) 친애굽파, 친바벨론파, 독립주의파
등이 각축을 벌이며 정치적 혼란을 가중한 시기였다. 595/594년 유다는 한
차례 독립을 쟁취하려는 움직임을 보인다. 이 해는 바벨론에 불발로 그친
내부 반란이 있던 해였다. 아마 이 소식으로 인해 에돔, 모압, 암몬, 두로,
시돈의 대표들이 예루살렘에 모여 모종의 저항 투쟁을 협의한 것이 아닌가
한다. 바벨론의 멍에를 벗기 위해서 연합전선을 구축하자는 논의였을 가능성이
높다(렘 27:1-3). 그런데 이 논의는 어떤 이유에서인지 흐지부지되고 말았다.
그러다 589/588년에 이르러 유다는 독립을 위해 본격적인 저항 전선을 펴게
되었다. 588년 느부갓네살은 드디어 팔레스틴을 재침공하였고 예루살렘을
포위하게 되었다(왕하 25:1).

애굽에서 원병이 온다는 소식과 함께 유다에 구원의 희망이 약간 보이는

---

21) 여호야김이 자연사했는지 정치적 실책 때문에 암살되었는지는 분명치 않다. Bright는 암살
   가능성에 무게를 둔다. Bright, *Covenant and Promise*, 169, 174.
22) 참고: John Bright, *A History of Israel*, 3rd ed. (Philadelphia: Westminster Press, 1981), 328.
   Bright의 *Covenant and Promise*, 174-75도 참조.
23) 박윤선은 596-586으로 봄.

듯 했으나(렘 37:5) 그도 잠시, 애굽군은 이내 돌아가고 바벨론의 포위 공격은 계속되었다. 587(혹은 586)년 4월 9일 바벨론군은 성벽을 깨고 예루살렘 성안으로 공격해 들어왔다(렘 39:2; 52:6-7). 결국 유다 왕조의 마지막 시간이 온 것이었다. 시드기야왕은 밤중에 도망하지만 여리고 근처에서 붙잡혀 립나에 있던 느부갓네살에게로 끌려가고 거기서 그의 아들들이 살해되고 왕 자신도 두 눈이 뽑혀 바벨론으로 잡혀간다(왕하 25:4-7). 성전과 왕궁은 불태워지고 성벽은 허물어졌으며 사람들은 바벨론으로 사로잡혀갔다. 이제 유다 왕국은 명실 공히 그 긴 영욕의 역사를 마치고 종국을 보게 된 것이다.

유다가 멸망한 후 느부갓네살은 그달리야를 그 지역의 행정관으로 임명했다. 그러나 이에 불만을 품은 이스마엘을 비롯한 일단의 무리가 일어나 그달리야를 죽이고 함께 있던 미스바 거민과 바벨론 군사들까지 죽인 다음 암몬으로 달아나는 일이 발생한다(왕하 25:23-25; 렘 40:7-41:15). 이에 많은 백성들은 바벨론의 보복을 두려워하여 애굽으로 피신하게 되는데 이때 그들은 예레미야와 바룩도 함께 데리고 간다(왕하 25:26; 렘 42:1-43:7). 예레미야 52:28-30은 여호야긴이 포로로 잡혀간 때로 생각되는 느부갓네살 제7년부터 시작하여 도합 세 차례의 유수가 있었다고 보도하고 있다. 제3차 포로는 느부갓네살 제23년, 즉 582년에 있었다. 561년에는 여호야긴이 바벨론 옥에서 풀려 났다(왕하 25:27-30; 렘 52:31-34).

III. 예레미야서의 구조

예레미야서는 구조 분석이 매우 어려운 책이다. 대체로 연대기적인 배열을 따르고 있지만 연대기적 순서에 맞지 않는 부분도 있다(24-29장, 35-36장, 45장).
또한 이렇다 할 주제적 발전이 발견되지 않는다. 그래서 많은 학자들이 예레미야
서의 예언을 "여러 책들로 이루어진 책"이라고 부르고 있는 형편이다.24) 대강의
구조로는 아이스펠트가 제시한 것이 무난하다고 본다. 그러나 상세한 구조를
그려내는 데 이르러는 어느 두 학자도 견해의 일치를 보지 못하고 있다. 우선
아이스펠트의 구조를 살펴보자.25)

I.   1-25장   주로 하나님의 백성들을 향한 예언의 말씀(prophecies)
II.   26-45장   주로 예레미야에 관한 내러티브(narratives)
III. 46-51장   이방 나라들에 대한 예언(prophecies)
IV.   52장   역사적 부록(=왕하 24:18-25:21)

렌토르프도 아이스펠트와 동일하게 개괄적 구조를 이해하고 있다. 렌토르
프는 I.과 III.이 "마감하는 언급"(closing note)에 의해 경계가 이루어진다고
보고 있다.26)

I.   1-25장   주로 예레미야의 말씀(sayings)(25:13에 마감하는 언급)27)
II.   26-45장   주로 예레미야에 관한 보도(reports)

24) VanGemeren, "하나님의 증인 예레미야와 예레미야서," 199.
25) Otto Eissfeldt, *The Old Testament: An Introduction*, trans. P. R. Ackroyd (New York: Harper and Row, 1965), 348.
26) Rolf Rendtorff, *The Old Testament: An Introduction*, trans. John Bowden (Philadelphia: Fortress Press, 1986), 201.
27) 25:13은 25장의 마지막 절은 아니지만(마지막 절은 38임) 1-25장의 거의 끝 부분에 배치되어 있다: "내가 그 땅을 향하여 선언한 바 곧 예레미야가 모든 민족을 향하여 예언하고 이 책에 기록한 나의 모든 말을 그 땅에 임하게 하리라." 1장에서 25장 전체에 걸쳐 선포된 심판의 말씀을 종합적으로 정리하고 있는 것처럼 들린다.

III. 46-51장 이방 나라들에 대한 말씀(sayings)(51:64에 마감하는 언급)28)

IV. 52장 부록

그러나 이렇게 단순한 구조는 예레미야서와 같은 큰 책을 이해하는 데는 충분치 못하다. 책을 자세히 이해하기 위하여 좀더 세분화된 '지도'(map)가 필요하다. 필자는 위 두 학자의 분석을 참고로 하여 다음과 같은 구조를 제시하고자 한다.

I. 1:1-3 표제29)

II. 1:4-19 예레미야의 소명

III. 2-25장 유다와 예루살렘에 대한 규중과 재난 선포

IV. 26-29장 예레미야에 관한 전기적 보도 I: 거짓선지자들과의 대결

V. 30-33장 "위로의 책"

VI. 34-38장 예레미야에 관한 전기적 보도 II: 예레미야의 고난과 박해30)

---

28) "말하기를 바벨론이 나의 재난 때문에 이같이 몰락하여 다시 일어서지 못하리니 그들이 피폐하리라 하라 하니라 예레미야의 말이 이에 끝나니라." 46-51장은 애굽으로부터 바벨론까지 아홉 나라에 대한 예언인데 51장 64절은 그 중 마지막 나라인 바벨론에 대한 결론이면서 이 부분 전체에 대한 결론이다.

29) 표제(superscription)에 해당하는 1:1-3은 책의 마지막 부분인 52:31-34와 봉투 구조(inclusio)를 형성한다. 이것은 예레미야서가 아무렇게나 말씀(sayings)이나 이야기들(narratives)을 모아 놓은 것이 아니고 어떤 면밀한 계획 아래 구성한 책(冊)임을 짐작케 한다. 1:1-3과 52:31-34에는 많은 단어의 중첩이 있다. 필자가 조사한 중첩은 다음과 같다: מלא(1:3과 52:31), מלך יהוה(1:2, 3과 52:31), שׁר(1:3과 52:34), ימי(1:2와 52: 33, 34), שׁנה와 חדשׁ와 같은 연대 표시(1:2, 3과 52:31) 등이다. 여기다 1:2의 למלכו와 52:31의 מלכות도 사실은 같은 의미의 단어이다(52:31의 מלכות는 같은 내용을 전하는 왕하 25:27에는 למלכו로 되어 있다). 또한 1:3의 תם("끝남, 완성됨")과 52:34의 (ו)מתו("[그의] 죽음")도 사실상 중복으로 볼 수 있지 않은가 한다. 우선 두 단어가 같이 "완성," "종결"을 의미하고, 자음만 위치 변환하면(metathesis) 다른 쪽이 되기 때문이다. 책의 처음과 끝에 תם/מת을 배치한 것은 책의 완성이라는 의미와도 무관하지 않아 보인다.

30) 예레미야의 고난과 박해에 해당하는 내러티브의 시작점을 어디로 잡아야 하는가는 논의의 여지가 많다. 35장은 순종한 레갑인들을 칭찬하는 내용이므로 예레미야의 고난의 행적과는

IV. 신학과 메시지

예레미야서의 신학과 메시지는 1. 하나님, 2. 꾸중, 3. 임박한 재난의 선포,
4. 회복의 순으로 다루고자 한다. 뒤의 세 가지, 즉 "꾸중"(direct accusation),
"임박한 재난의 선포"(proclamation of impending disaster), "회복"(restoration)은
선지자들의 설교의 대표적인 장르이다. 이 장르 구분을 따라 예레미야서를
살피되 맨 먼저 예레미야가 소개하는 하나님에 대하여 살핀 다음 이 장르들을
순서에 따라 취급할 것이다.

선지서를 이루는 장르에 대해 간단히 설명하면 다음과 같다.31) 선지서는

거리가 있을 수 있다. 36장은 여호야김 시기에 일어난 일이어서 37장 이후의 시드기야
이후 시기의 사건들과는 구별되어야 할 것이라는 주장도 가능하다. 실제로 NIV Study
Bible은 36장부터를 예레미야의 고난 행적으로 잡고 있으며, von Rad는 37장부터를 선지자의
고난 행적으로 보고 있다(von Rad는 37-45장을 바룩이 예레미야의 행적을 기록한 것으로
보고 그것을 바룩 내러티브[the narrative of Baruch]라 부르고 있음). *The NIV Study Bible*,
1118; Gerhard von Rad, *The Message of the Prophets*, trans. D. M. G. Stalker (New York:
Harper & Row, 1965), 175. 문제는 35, 36장을 고난 행적과 구별하여 취급하고자 할 때
34장에서 36장까지는 하나로 묶어야 하는데 이것을 어떻게 처리하느냐 하는 것이다. 물론
앞 단위인 30-33장("위로의 책")과는 성격이 판이하므로 거기다 붙일 수는 없다. 그렇다면
하나의 독립된 단위로 처리하는 수밖에 없는데 그럴 경우 이 단위의 성격 규정이 매우
어렵다. 따라서 본고는 34-36장을 넓게 예레미야의 마지막 행적의 일부로 보고 34-45장
전체를 예레미야의 고난 행적으로 처리하고자 한다. 여기서 예루살렘 함락 전 행적인
34-38장(VI.)과 함락 후 행적인 39-45장(VII.)이 나누어진다.
31) 선지서의 장르에 관한 상세한 해설은 4장을 참고.

크게 세 장르, 즉 예언의 말씀(prophetic speeches), 보도(accounts or reports), 기도(prayers)로 이루어진다. 이 중 가장 중요한 것이 예언의 말씀(선지자의 설교에 해당함)인데 이 예언의 말씀은 다시 심판의 말씀(oracles of judgment)과 구원의 말씀(oracles of salvation)으로 나누어진다. "꾸중"과 "임박한 재난의 선포"는 이 중 심판의 말씀에 해당하는 것이고 "회복"은 구원의 말씀에 해당하는 것이다. 예레미야의 설교는 이 세 가지 (세부) 장르, 즉 꾸중, 임박한 재난의 선포, 회복이 주를 이루는데[32] 이것들이 예레미야서가 말하고자 하는 핵심 주제들이라 할 수 있다. 이 세 장르를 중심으로 책을 살피면 예레미야서의 신학과 메시지가 적절히 파악될 것으로 생각된다.

1. 하나님

선지서는 하나님이 어떻게 역사를 보시는가를 증거한 책이다. 따라서 하나님이 어떤 분으로 나타나는가 하는 것을 살피는 것이 한 권의 선지서를 이해하는 데 중요하다. 다른 주제들을 다루기 전에 예레미야가 하나님을 어떤 분으로 말하는가에 대해 먼저 살펴보자.

예레미야서가 하나님에 대해 가장 두드러지게 말하는 것은 하나님은 유일신이며 그 분은 반드시 배타적으로 예배되어야 된다는 강조일 것이다. 여호와 하나님은 여러 신들 중의 한 신이 아니다. 우주에 신은 여호와 한 분뿐이시다. 다른 신은 존재하지 않는다. 만일 사람들이 여호와 하나님이 아닌 무엇인가를 섬긴다면 그것은 다 헛것이다. 예레미야는 이방 신들을 말할 때 "헛것"(הֶבֶל)(2:5),

---

32) 대부분의 선지자의 설교가 그러한데 예레미야의 설교의 경우에는 이 세 장르가 특히 두드러지게 나타난다.

"신이 아닌 것들"(לא אלהים)(2:11) 등의 용어를 써서 그것들의 존재를 부인하였다. 그리고 그것들을 물을 담지 못하는 "터진 웅덩이"(בארת נשברים)(2:13)요 인간이 고통을 당할 때 아무 도움도 주지 못하는 무력한 것들(2:28)이라고 경멸한다.33) 오직 여호와 한 분만 살아계신 하나님이시며 우주의 유일한 통치자이시다. 인간은(특히 선민) 오직 여호와 한 분만을 섬기고 그 외의 어떤 것에도 눈을 뺏기거나 경배하거나 해서는 안 된다.

여호와 하나님은 만물의 창조주이시며(10:12-16; 51:15-19) 그 만물에 질서를 주신 분이시다(5:22; 8:7; 10:12, 13; 27:5-6; 31:35-36). 또한 그는 이스라엘이 선택될 때부터 그들의 역사를 이끌어 오신 이스라엘 역사의 주인이시며(2:1 이하), 또한 열방의 역사 전체를 통제하시고 주관하시는 세계사의 주인이시기도 하다(5:15; 18:7-10; 25:17-18; 46-51장).

이처럼 여호와 하나님은 초월자이시기도 하지만, 또한 자기 백성을 지극히 사랑하시는 친밀하고 따뜻한 분이시기도 하다. 여호와는 언약의 하나님이시다. 은혜를 베푸시고 율법을 주셔서 이스라엘을 자기 백성으로 삼으신다. 즉 '관계'의 하나님이시다. 이 관계가 "남편"(2:2), "아버지"(3:19), "아들"(3:19, 21; 4:22)이라는 말 속에 잘 표현되어 있다. 하나님은 이스라엘의 남편이다. 하나님은 이스라엘의 아버지이고 이스라엘은 하나님의 아들이다. 이 세상에 부부관계나 친자관계만큼 친밀한 관계는 없다. 하나님은 이스라엘을 사랑하고 이스라엘은 하나님을 사랑하는, 떼래야 뗄 수 없는 관계인 것이다.34) 이스라엘은 자신을 지으시고 구원하신, 자신의 주인이신 하나님과 관계를 맺을 때에만 온전한

---

33) Thompson, *The Book of Jeremiah*, 109.
34) 하나님의 이스라엘과 관계를 맺으시는 사랑은 헤세드(חסד, "인자")란 단어에 표현되어 있다(9:24; 31:3; 32:18; 33:11). 헤세드는 신적인 자비이며 언약의 상대가 배반한다 할지라도 변할 수 없는 성실한 사랑을 말한다.

삶을 영위할 수 있게 되어 있었다.35)

하나님이 인간에게 요구하신 것에서도 하나님의 성품을 읽어볼 수 있다. 하나님은 제사나 희생을 요구하신 것이 아니라 회개와 순종을 요구하신다.36) 사회적인 삶의 영역에서는 정직과 공의와 사랑의 책임도 요구하신다(2:34; 6:7; 21:11-12; 34:8-22). 동료 인간 사이의 관계에 대한 하나님의 요구는 9:24(MT 23)에 요약되어 있다고 할 수 있다.37) 이 땅에서는 사랑(חסד)과 공의(משפט)와 의(צדקה)가 행해지기를 기대하시며 하나님은 이를 기뻐하신다.38)

2. 꾸중

선지자의 설교 중 심판의 말씀은 "꾸중"과 "임박한 재난의 선포" 두 가지 내용으로 되어 있는데 그 중 꾸중은 말 그대로 이스라엘의 삶이 제대로 되지 못했기 때문에 이에 대해 책망한 것이다. 하나님은 이스라엘과 관계(언약)를 맺으실 때 선민의 삶의 원리로서 율법을 주셨는데 그 내용은 하나님만 의지할 것과 공동체 구성원끼리 서로 사랑하라는 것이었다. 그러나 이스라엘은 하나님의 율법을 무시하였고 하나님도 배반했다. 말은 여호와를 섬긴다고 하지만 실상은 온갖 우상이 사람들의 마음을 사로잡았다. 국가에 위기가 오면 하나님께 나아가는 대신 쉽게 주변의 열강의 힘에 기댔다. 사회 내부는 기초적인 윤리마저 설 자리를 잃고 약육강식의 폭력이 생존의 원리처럼 자리를 굳혀 갔다. 이스라엘의 삶의 모습은 결코 하나님을 기쁘시게 할 수 없는 것이었으며 따라서 선지자는

---

35) 하나님과 올바른 관계를 맺을 때에 이스라엘에게 풍성한 삶이 보장된다는 것은 하나님을 비유해서 "생수의 근원"이라고 말한 데서도 찾아볼 수 있다(2:13; 17:13).

36) Thompson, *The Book of Jeremiah*, 109.

37) Thompson, *The Book of Jeremiah*, 109.

38) 유사한 사상이 미가 6:8, 아모스 5:23 등에도 표현되어 있다.

이를 책망하고 율법과 하나님께로 돌이킬 것을 촉구하지 않을 수 없었다.

꾸중은 유다와 예루살렘에 대한 심판의 말씀이 주종인 2-25장 사이에 주로 나온다. "꾸중"과 "임박한 재난의 선포"가 섞여서 나오는 수도 적지 않으나 순수하게 꾸중이거나 섞여 있어도 전체적인 분위기로 볼 때 꾸중이라 할 수 있는 곳들은 다음과 같다: 2:4-13, 14-37; 3:1-5; 4:1-4; 5:1-9, 21-31; 6:1-30; 7:1-15, 16-26, 27-29; 8:4-13; 8:22-9:9; 10:2-5; 11:1-17; 13:15-27; 14:10, 14-18; 17:19-27; 18:12-17; 22:1-5, 11-23; 23:1-4, 9-40; 25:1-14.

유다 나라가 꾸중을 들을 수밖에 없었던 범죄 행위는 대체로 다음 세 가지로 정리될 수 있을 것이다. 즉, 우상숭배, 하나님 대신 강대국을 의지하거나 혹은 주변 국가들과의 동맹을 의지한 것, 유다 사회에 정의가 깨진 것이다.[39] 하나씩 살펴보기로 하자.

---

39) VanGemeren은 하나님을 떠난 이스라엘의 종교 행태를 "인간의 종교"(human religion)라 부르면서 그것의 성격을 *vox populi*("백성의 소리")라는 말과 *Realpolitik*("현실 정치")이라는 말로 규정했다. *vox populi*란 종교의 기초를 계시가 가르치고 요구하는 내용에 두기보다는 사람들이 듣고 싶어 하거나 그로 말미암아 희망을 갖고 싶어 하는 내용에 두는 것을 말한다. 계시 대신 사람들의 요구(popular expectations, popular views)가 종교적 가르침의 기본이 된다. 따라서 이에 기초한 종교는 인간의 안정과 번영, 행복을 목표로 하게 된다. VanGemeren은 이스라엘의 거짓 선지자들, 바리새인들, 사두개인들이 바로 *vox populi*의 종교를 가르친 사람들이라고 한다. *Realpolitik*은 힘의 역학을 따져 정치 논리로만 개인과 국가의 일을 경영하고자 하는 것을 말한다. 하나님과 그의 계시는 아랑곳하지 않고 실용주의적으로 정치적인 역학관계만 계산하는 태도이다. 아람과 이스라엘이 연합하여 침공해 왔을 때 유다 왕 아하스가 하나님은 의지하지 않고 앗수르에 기대는 것으로 국가의 활로를 열려고 한(대하 28:16) 태도가 *Realpolitik*의 예이다. 이 두 가지, 즉 *vox populi*와 *Realpolitik*이 하나님을 떠난 이스라엘 종교의 특성이라는 것이 VanGemeren의 생각이다. Willem VanGemeren, *Interpreting the Prophetic Word* (Grand Rapids: Academie Books, 1990), 26-27. 자신들의 번영과 행복만 위하여 쉽게 하나님을 버리고 이방신들을 섬긴 우상숭배는 *vox populi*에 해당한다 할 것이고 수시로 앗수르, 바벨론, 이집트 등 주변 강국의 힘을 빌려 국가의 안전을 도모하고자 한 지도자들의 태도는 *Realpolitik*이라 할 것이다. 사회 정의의 문제는 여러 선지서에 빈번히 지적되었고 선지자들의 큰 관심 중의 하나였는데 유감스럽게 VanGemeren의 카테고리에는 포함되어 있지 않다.

1) 우상숭배

우상숭배는 하나님과 유다 사이에서 가장 근본적인 범죄에 해당한다. 유다는 역사의 주권자이신 하나님의 뜻을 기다리고 그의 계명을 지키는 대신 손쉽게 복과 안전을 얻을 수 있는 이방의 신들에게로 눈을 돌렸다(1:16; 2:13, 25; 5:19; 7:6, 9, 18; 16:11; 19:4; 22:9; 23:27). 물론 사람들이 노골적으로 여호와 하나님을 떠난 것은 아니었다. 명목으로는 여호와를 믿는다고 하면서 이방 신당을 찾고 우상을 부어 만들었을 것이다. 그러나 이 혼합주의(syncretism)는 하나님 보시기에는 하나님을 버린 것 그 이상도 이하도 아니었다. 하나님과 관계(언약)를 맺은 선민에게 있을 수 없는 이 끔찍한 범죄를 두고 예레미야는 유다에 맹렬한 공격을 퍼붓는다(16:10-13, 20; 22:9; 32:29; 44:2-3, 8, 17-19, 25). 유다는 하나님(또는 그의 언약)을 "버렸다," 또는 "잊었다"고 매도되었다(1:16; 2:13, 17, 19, 32; 3:21; 5:7, 19; 16:11; 17:13; 18:15; 19:4; 22:9; 23:27). 창녀 짓을 했다, 행음을 했다고 통렬히 비판되었다(3:6, 8, 9; 5:7).[40] 여호와만이 참 신이시며(10:10) 살아 계신 하나님이시므로(10:10; 23:36) 그 분만을 섬기는 것이 삶의 길이었다. 유일한 생수의 근원이신(2:13; 17:13) 하나님을 포기한 것은 하나님을 가장 섭섭케 한 것이요 생명의 길을 포기한 것이었다. 우상숭배는 예레미야서 전체를 통해서 가장 많이 지적된, 유다의 대표적인 범죄였다.

---

40) 예레미야는 여러 면에서 호세아의 영향을 많이 받은 것으로 나타난다. 참고: Thompson, *The Book of Jeremiah*, 107. 사상이나 문학적 특징뿐 아니라 어휘 선택에서도 그러하다. "버렸다"(호 1:2; 4:11, 12), "잊었다"(호 2:13; 4:6; 8:14; 13:6)는 어휘가 그러하고 "창녀 짓"(whoredom)이란 비유도 그러하다. 후에 언급하게 될 "안다," "지식"(호 2:8, 20; 4:1, 6; 5:3, 4; 6:3, 6; 7:9; 8:2, 4; 9:7; 11:3; 13:4, 5; 14:9)과 같은 어휘도 호세아의 특징인데 예레미야가 이를 고스란히 채용하고 있는 것을 본다.

2) 강대국 또는 주변 국가들과의 동맹을 의지한 것

유다는 하나님을 멀리하면서 자연히 정치 외교적인 수완을 의지하여 국가의
운명을 타개하고자 노력하게 된다. 강대국의 힘을 빌려 다른 강대국의 압박을
피하려 하였고, 어떤 경우는 작은 나라들끼리 동맹을 맺어 강대국에 저항하는
연합전선을 펴기도 했다. 이와 같이 하나님에 대한 신앙 대신 현실 정치
(VanGemeren의 용어에 의하면 *"Realpolitik"*[41])를 의지하는 태도는 당연히 하나
님께서 못마땅하게 여기신 바이고 선지자는 이를 맹렬히 꾸짖었다.

주위 강대국의 힘을 의지하여 안전을 보장받으려 한 것은 우상숭배와
불가분리의 관계에 있다. 여러 이방신을 섬긴 것은 그 신들의 나라인 제국을
섬기고자 한 것이나 다름없기 때문이다. 유다는 이미 여호와 하나님만 의지하여
자신들의 운명을 타개하겠다는 결의를 잃은 지 오래였다. 강대국의 신들이
위대해 보여 그들에게 빌었고 강대국만이 자신들의 안전을 지켜줄 수 있는
능력의 원천이라 생각하여 열심히 그들에게 사신과 조공을 보내었다. 선지자(하
나님)는 이 일의 어리석음을 개탄하였다. 2:17-18에서는 유다가 하나님을 버리고
애굽과 앗수르로 가서 그들의 도움을 청하려 한 악을 질타하며, 2:36에서는
그 일이 수치로 끝날 것이라고 경고한다. 17:5에서는 하나님에게서 마음을
돌리고 인간의 권력을 의지한 자는 저주를 받을 것이라고 한다.

---

41) VanGemeren은 *Realpolitik*의 범주에 점(divination)과 마술(magic)까지 포함시키고 있는데
(VanGemeren, *Interpreting the Prophetic Word*, 27), 필자의 생각으로는 *Realpolitik*은 그의
원래의 정의대로(VanGemeren, *Interpreting the Prophetic Word*, 26) 정치 군사적인 수단과
그와 관련된 역학(power politics)만을 믿는 태도에 국한하여 쓰는 것이 어떨까 한다. 다른
학자가 이미 쓰고 있는 용어에 수정을 가하는 것은 적합지 않은 일일 수도 있으나 VanGemeren
의 술어들은 한국적 상황을 설명하는 데 있어 유용한 도구가 될 수 있기 때문에 굳이
이러한 제안을 하는 것이다. *vox populi*는 말 자체가 대중의 종교 심성 또는 그 구조를
가리키는 뉴앙스가 강하기 때문에 대중의 종교성과 종교 행태 일체는 여기에 해당하는
것으로 보면 좋을 것 같다. 그러면 점과 마술은 *vox populi*에 해당할 것이다.

외교 자체가 잘못된 것은 아니다. 외교는 필요한 것이로되 유다의 잘못은 하나님을 두려워하는 대신 외교를 선택한 데에 있었다. 유다는 강대국을 의지하려 했을 뿐 아니라 기회가 있을 때마다 강대국의 속박에서 벗어나기 위한 온갖 정치 외교적인 수단을 동원하였다. 이러한 인간적인 책략은 모두 실패했다. 유다의 죄가 깊어서 이미 하나님은 심판을 작정하셨는데도 지도자들은 이러한 역사의 흐름을 읽지 못하고 백성들을 거듭 파탄으로 내몰았을 뿐이었다.

유다는 그 역사의 말기에 몇 차례의 불신앙적인 독립 투쟁을 벌이는데 그중 첫째 예가 601년에 일어난 여호야김의 바벨론에 대한 반역이다. 여호야김은 애굽의 바로느고에 의해 세워진 왕이었지만(609[42]) 갈그미스 전투(605) 이후 바벨론의 느부갓네살에게 조공을 받치고 있었다. 601년에 느부갓네살이 애굽의 국경 근처에서 바로느고와 다시 격렬한 전쟁을 치렀으나 뚜렷한 성과 없이 바벨론으로 퇴각하는 일이 발생한다.[43] 여호야김은 이 때를 바벨론의 속박에서 벗어날 수 있는 절호의 기회로 본 것 같다. 그는 느부갓네살에게 하던 조공을 끊고 바벨론과의 관계를 단절하였다.[44] 결과는 비참한 것이었다. 598년에[45] 느부갓네살이 예루살렘을 침공하여 597년에는 성을 함락시키고 만 것이다. 그리고는 이미 죽은 여호야김 대신 왕으로 있던 여호야긴을 폐위시키고 그와 수많은 인재들을 바벨론으로 사로잡아 가고 말았다.

두 번째 예는 시드기야 때의 독립운동이다. 595/594년 바벨론 내부에 불발 쿠데타가 발생한다. 아마 이것을 팔레스틴의 작은 나라들이 또 하나의 반항의

---

42) 박윤선은 608년으로 봄.
43) 이 정황에 대해서는 Wiseman이 편찬한 바벨론 연대기에서 그 정보를 얻을 수 있다: D. J. Wiseman, ed., *Chronicles of Chaldean Kings (625-556 B.C.) in the British Museum* (London: The British Museum, 1956), 23-35, 46-48, 67-73, quoted in Bright, *Covenant and Promise*, 169.
44) Craigie, Kelly, and Drinkard, Jr., *Jeremiah 1-25*, xlvi.
45) 박윤선은 602년에 느부갓네살이 침공한 것으로 본다.

기회로 삼았던 것 같다. 예레미야 27:3에 보면 예루살렘에 에돔, 모압, 암몬, 두로, 시돈의 대표들이 모여 있던 것을 알 수 있는데 이 기회를 이용하여 바벨론에 저항할 연합전선을 구축하려고 논의하고 있던 것이 아닌가 추측된다.[46] 그 후 어떤 이유에선지 이 논의는 흐지부지 되고 말았다. 그러나 유다의 민족주의는 독립에의 꿈을 결코 접지 않았다. 드디어 589/588년이 되어 다시 조공을 중단하고 바벨론에 반역하게 된다. 이 조치는 예상과 달리 주위의 나라들로부터 많은 지지를 얻지 못했다. 암몬과 두로가 동참하고 애굽이 원군을 보낼 것을 약속했지만, 에돔의 경우는 나중에 바벨론군이 쳐들어 올 때 바벨론군과 한 패가 되어 있을 정도였다.[47] 어쨌든 유다의 이번 반역은 나라의 운명을 돌이킬 수 없는 데로 몰고 간 결정적으로 비극적인 것이었다. 588년 느부갓네살은 드디어 팔레스틴을 재침공하여 예루살렘을 포위하고 1년 6개월여 만에 성을 함락하고 말았다. 이번의 함락은 597년의 함락과는 성격이 전혀 달랐다. 597년의 함락은 국가의 명맥은 유지해 준 것이었으나 587년(또는 586년)의 함락은 나라의 운명을 완전히 끝장내고만 것이다. 왕자들은 다 죽임을 당하고 시드기야도 눈이 뽑혀 바벨론으로 끌려갔다. 성벽이 허물어졌으며 왕궁이 불탔다. 그렇게 의지했던 하나님의 성전도 약탈당하고 불태워지고 말았다.

이 외에도 독립을 쟁취하려고 한 유다의 시도는 더 많았겠지만 위의 두 예가 나라를 파국으로 몰고 간 대표적인 사건일 것이다. 유다의 비극은 하나님의 뜻은 묻지 않고 정치적인 수단만 강구한 데 있다. 하나님의 계획은 전혀 읽으려 하지 않고 세속 국가의 정치적 존립에만 연연한 데에 있다. 항복하라는 선지자의 간곡한 충고에는 아랑곳하지 않고 도성이 함락되기 직전까지도 애굽이 와서

---

46) 참고: Craigie, Kelly, and Drinkard, Jr., *Jeremiah 1-25*, xlvii.
47) Bight, *Covenant and Promise*, 183.

구원해 주기만을 바라고 있을 정도였으니(렘 37:5) 하나님의 음성에 얼마나 둔감한 세대였는지 짐작할 수 있다.[48)]

---

48) John Bright는 예레미야의 항복하라는 권면을 유다 정부의 관리들과 소위 거짓 선지자들이 귀담아 듣지 않은 것은 그들과 예레미야가 서로 '신학'이 달랐기 때문이라고 해석한다. 관리들과 선지자들은 남왕국에 기원을 둔 다윗 언약의 신봉자들이었고 예레미야는 북왕국적인 모세 언약의 신봉자였다는 것이다(전자는 모세 언약을 알지 못했고 후자는 다윗 언약을 알지 못했다고 봄). 다윗 언약은 성전이 있는 시온의 운명은 하나님이 보호하시므로 어떤 환경 속에서도 안전하다는 믿음을 제공하는 것이었기 때문에 계명에 순종치 않으면 심판을 받을 수밖에 없다는 모세 언약의 가르침과는 근본적으로 충돌하는 것이었다. 국가가 위기를 만나자 중요한 정책을 결정해야 하는 상황에서 서로 다른 신학을 신봉하던 예레미야와 지도자들 사이에는 갈등이 연출되지 않을 수 없었다. Bright, *Covenant and Promise*, 171-83 and passim (Bright의 이 책은 기본적으로 두 언약 사이의 갈등이라는 구도로 유다 말기의 역사를 해석하고 있으며 따라서 이러한 그의 입장은 책 어디에서나 찾아 볼 수 있음). 그러나 이러한 생각은 흥미롭기는 하나 예레미야서를 포함한 성경 어디에도 그와 같은 것을 뒷받침하는 뚜렷한 언명이 없다. 게다가 이스라엘의 신앙 전통에 정통한 예레미야처럼 위대한 선지자가 다윗 언약과 같은 중요한 언약을 몰랐다든지 반대로 유다의 관리와 종교지도자들이 모세 언약과 같은 국가의 시원에 해당하는 언약을 몰랐다는 것은 매우 납득하기 어려운 설정이다. 아마 von Rad 이후 풍미한 전승사비평의 메시지인 "다른 전승들"의 이론을 Bright가 무리하게 채용한 것이 아닌가 생각된다. 유다의 지도자들이 예레미야의 말을 듣지 않고 나라를 계속 지키려고만 했던 것은 신학의 차이에 기인한 것이기보다는 신학적 사고의 불균형이 근본적인 원인이었던 것으로 생각된다. 예레미야와 지도자들 모두 두 언약(다윗 언약과 모세 언약)을 공히 알고 있었을 것이다. 그러나 지도자들은 당장의 정치적 야심과 민족주의라는 이데올로기에 눈이 어두워 자신들의 프로파간다를 합리화시켜 줄 수 있는 정신적 지주만을 찾았는데 이때 그들을 만족시켜 준 것이 바로 다윗 언약이었다. 그들은 국가의 영적인 상태에는 관심을 가지지 않고 오직 다윗 언약(혹은 아브라함 언약)이 약속하는 것처럼 이스라엘 나라는 영원히 보존될 것이라는 믿음을 선전하기에 급급했다. 나라의 죄를 지적하는 모세 언약과 율법에는 귀를 기울일 여유가 없었다. 즉, 두 언약을 다 알고 있었으되 자신들의 필요에 맞는 신학으로만 치우쳐 있었던 것이다. 이와 같은 신학적 불균형이 그들 자신을 국가가 완전한 파멸에 이르도록 전쟁을 치르게 하는 치명적인 과오로 몰고 갔다. 예레미야의 생각은 달랐다. 물론 그는 다윗 언약도 잘 알고 있었다. 그러나 다윗 언약이 약속하는 "미래"는 지금처럼 범죄한 나라를 위하여 당장 주어지는 것이 아니었다. 물론 선민의 미래는 분명히 보장되어 있다. 그러나 지금은 모세 언약이 말하는 대로 하나님께 저지른 큰 죄악 때문에 심판이 불가피한 때이다. 심판을 넘어 서면 회복과 구원이 기다리고 있지만 그것은 먼 미래의 일이고 당장은 앞에 놓인 심판을 겸허히 받아들여야 한다는 것이다. 나라가 망하는 것이 정해진 일이니 고집하지 말고 바벨론에 항복해야 한다. 그것이 백성의 피해를 최소화하는 일이다. 그리고 난 후 믿음으로 먼 훗날 하나님이 가져오실 회복의 날을 기다려야 한다. 예레미야는 이처럼 이스라엘 전통 속의 큰 두 사상을 종합적으로 소화했다. 그리고 현실을 직시했다. 예레미야의 신학적 균형은 그로 하여금 시대를 향한 하나님의 뜻을 정확히 분별하여 전할 수 있도록 해주었다. 자신들의

3) 사회에 만연한 불의

마지막으로 큰 범죄는 사회 정의의 영역에 있었다. 하나님과 바른 관계를 유지하는데 실패한 유다는 사회를 건강하게 지탱할 정신마저 잃고 있었다. 서로 세워야 할 그들이 무죄한 자의 피를 흘렸고 이방인, 고아, 과부와 같은 약하고 힘이 없는 사람들을 압제하고 강탈했다(7:6). 이러한 것은 재판의 영역에서 특히 심했던 것 같다(5:28; 7:5; 21:12; 22:3, 16). 사회 불의에 대한 비판은 주로 엘리트들이 받았는데 그들은 자신들의 유리한 사회적 지위를 이용하여 부당하게 약자의 것을 빼앗아(21:12) 자신들의 부를 늘여갔던 것으로 보인다 (22:13, 17). 사회는 전체적으로 10계명의 윤리적인 부분을 통째로 어기며 질서를 잃어 갔고(7:9, 11) 폭력과 탈취가 나날이 심해져 일상이 되었다(6:6-7). 이제 유다는 이와 같은 부패와 범죄로 인해 치유될 수 없이 병들었고 도성 예루살렘은 말 그대로 "벌 받을 성"이 되어 붕괴의 수순만을 남겨 놓고 있었다(6:6-8).

선지자는 이처럼 사회적인 불의를 다른 범죄 못지않게 강하게 지적하는데 바른 신앙이란 곧 이웃과의 관계, 즉 사회적인 삶으로 나타나야 함을 강조한 것과 다를 바 없다. 이스라엘의 사회를 향해서 하나님은 강자가 약자를 억압하지 않고 서로 세우며 더불어 살아가는 세상이 될 것을 원하셨다. 이러한 사회적 이상은 전통적으로 의(צדקה)와 공의(משפט)란 말로 표현되었다. 왕이 세워지면 그는 의와 공의로 나라를 다스리도록 기대되었다. 의가 있고 공의가 지켜지는 사회는 하나님이 받으시기에 합당한 아름다운 사회였다. 메시야가 와서 이루실

욕심에만 이끌린 정치 종교 지도자들의 행태를 신학의 차이라는 중립적인 평가로 호도할 수는 없다. 신학이 균형을 잃었기 때문에 인본적인 사고에 휩싸이게 되었고—사실 인본적인 사고가 너무 압도하여 신학적 불균형이 초래된 것이겠지만—그것은 결국 국가와 백성들에게 큰 재앙을 가져오고 말았기 때문이다.

나라도 다름 아닌 의와 공의로 다스려지는 나라였다(사 9:7; 11:3-5; 42:6; 렘
23:5-6; 33:15-16; 슥 9:9⁴⁹); 시72),⁵⁰⁾ 이스라엘의 선생들은 앞으로 사회의 지도자
가 될 젊은이들에게 의와 공의의 의식을 심어 주는 것을 자신들의 교육 이념으로
삼았다(잠 1:3; 2:9⁵¹⁾). 이러한 전통적인 사회적 이상은 유다에서 찾아 볼 수
없는 것이 되고 말았다. 그것은 곧 하나님과의 언약을 파기한 것이며 하나님
자신을 버린 것과 다를 바 없다.

의와 공의를 말씀하시는 하나님(선지자)에게서 발견되는 한 가지 흥미로운
점은 하나님(선지자)은 특히 약자를 위한 의와 공의에 관심을 가지신다는
것이다. 5:28에서는 유다가 "가난한 자의 공의(משפט)"가 서도록 재판하지 않는
것에 대해 힐책한다.⁵²⁾ 7:5-6에서는 서로 서로 공평히(משפט) 행할 것을 요구하면
서 이방인과 고아와 과부를 학대하지 말도록 말하고 있다. 21:12에서는 공의로
(משפט) 재판할 것을 말할 때에 갈취당한 자를 갈취한 자의 손에서 놓여나게
하라고 강하게 요구하고 있다. 22:3에서는 공의와 의(משפט וצדקה)로 행하라고
하면서 갈취당한 자를 갈취자의 손에서 구원할 것과 이방인, 고아, 과부에게
폭력 등의 부당한 조치를 취하지 말도록 요구하고 있다. 사회가 원래 하나님이
의도하신 바의 모습을 잃고 부패와 불의에 빠져들어 갈 때 가장 먼저 피해를
보는 것은 약하고 힘이 없는 사람들이다. 하나님은 누구보다도 먼저 이 사람들에
게 관심을 가지셨다. 하나님의 공의란 단순히 평등을 이루고자 하는 관심(equal

---

49) 예루살렘에 임하는 메시야("왕")는 "의로우신 분"(צדיק)(개역개정, "공의로우시며")이라고
말해지고 있다.
50) 참조: D. W. Diehl, "Righteousness," *Evangelical Dictionary of Theology*, ed. W. A. Elwell
(Grand Rapids: Baker book House, 1984), 952.
51) 사회의 이상인 צדק(의), משפט(공의)의 의식(意識)에 더하여 그것을 실천할 인격적 자질인
מישרים(정직)을 교육하려 한다고 하고 있다.
52) 개역개정: "빈민의 재판을 공정하게 판결하지 아니하니."

justice)이 아니라 "약자의 편을 들고 그들을 보호하는 편의(偏倚)"(bias in favor of the poor)라는 학자들의 설명은 설득력이 있다.53) 사회가 자신들의 약자들에 대해서 얼마나 배려하는 정신을 갖느냐, 엘리트들의 불법적인 욕심이 얼마만큼 억제될 수 있느냐 하는 것은 그 사회의 건강도의 지표이다. 약자가 보호되고 상부상조하는 사회가 될 때에 그 사회는 건전하게 발전할 수 있기 때문이다.54) 그러나 유다는 이 점에서 합격점과는 너무 거리가 멀었다. 언약의 하나님을 저버린 것은 생명의 관계를 상실한 것이었고 그러한 상태로 유다는 사회를 건강하게 지탱할 정신적인 힘이 없었던 것이다. 유다의 사회 붕괴는 하나님과 그분의 언약에 대한 성실성을 잃어버린 데서 빚어진 필연적인 결과이기도 했다.

3. 임박한 재난의 선포

하나님과의 언약을 버려서 하나님도 떠나고 사회도 부패와 불의로 만연해진

---

53) R. Niebuhr, *Pious and Secular America* (New York, 1958), 92 quoted in Abraham J. Heschel, *The Prophets*, vol. 1 (New York: Harper Torchbooks, 1969), 201. Heschel은 선지서 일반에 나타나는 공의의 의미를 해설하기 위해 Niebuhr를 인용하며 거기다 자신의 설명을 부연하고 있다. Heschel의 문맥을 옮기면 다음과 같다(따옴표가 Niebuhr 인용 부분임): It would be wrong to assume that there was a dichotomy of *mishpat* and kindness; "Justice was not equal justice but a bias in favor of the poor. Justice always leaned toward mercy for the widows and the orphans." Divine justice involves His being merciful, compassionate.

54) 예레미야서 9:24(MT 23)에는 צדקה משפט(공의와 의)와 חסד(사랑, 또는 자비)가 (접속사 없이) 병렬되어 있어 동의어처럼 취급되고 있다. 따라서 이스라엘 사회에서 공의나 의라는 것은 사실상 사랑을 의미했음을 알 수 있다. 예레미야서 외에서도 משפט, צדקה가 חסד와 병렬되어 쓰이므로 전자의 두 단어와 후자가 동의어임을 암시하는 곳이 많다: 시 36:5-6(MT6-7), 40:10(MT11), 143:11-12 등을 볼 것(시 85:10[MT 11], 48:9-11[MT 10-12]도 참고). 여기 든 본문들은 Heschel이 찾은 것에다 필자 자신이 조사한 것을 더한 것이다. Heschel의 본문 제시는 부정확한 데가 많아 모두 다시 검토했다. 참고: Heschel, *The Prophets*, vol. 1, 201, n. 10.

유다에게 남아 있는 것은 언약에 명시된 대로 심판뿐이었다. 이것이 선지자가 "꾸중"에 이어 "임박한 재난"을 선포하는 이유다. 물론 먼저는 "꾸중"만 하고 시간이 어느 정도 지난 다음에는 "임박한 재난의 선포"만 했다는 말은 아니다. 두 말씀이 번갈아 가며 주어졌는데 논리적으로 보면 "꾸중"이 먼저이고 "임박한 재난의 선포"가 나중이 될 수 있다는 뜻이다. 다음의 구절(문단)들이 임박한 재난의 선포이다: 4:5-8; 4:11-18; 4:29-31; 5:14-17; 8:1-3, 16-17; 10:17-18, 22; 12:7-13, 14; 14:1-6; 16:1-13; 21:11-14; 22:6-10, 24-30; 25:15-38.

임박한 재난의 선포의 내용은 북방으로부터 심판의 칼이 들이닥칠 것이라는 경고이다. 모두 다 전쟁과 그로 말미암는 멸망과 황폐를 예고하는 말씀이다.

> 들을지어다 북방에서부터 크게 떠드는 소리가 들리나니 유다 성읍들을 황폐하게 하여 승냥이의 거처가 되게 하리로다. (10:22)

> 너희는 유다에 선포하며 예루살렘에 공포하여 이르기를 이 땅에서 나팔을 불라 하며 또 크게 외쳐 이르기를 너희는 모이라 우리가 견고한 성으로 들어가자 하고
> 시온을 향하여 깃발을 세우라, 도피하라, 지체하지 말라, 내가 북방에서 재난과 큰 멸망을 가져오리라
> 사자가 그 수풀에서 올라왔으며 나라들을 멸하는 자가 나아왔으되 네 땅을 황폐하게 하려고 이미 그의 처소를 떠났은즉 네 성읍들이 황폐하여 거민이 없게 되리니
> 이로 말미암아 너희는 굵은 베를 두르고 애곡하라 이는 여호와의 맹렬한 노가 아직 너희에게서 돌이키지 아니하였음이라. (4:5-8)

예레미야의 메시지가 이와 같은 심판의 말씀이 될 것은 그가 애초에 부름을 받을 때부터 예고된 것이다. 하나님께서 당신의 말씀을 예레미야의 입에 두실 때 그 말씀은 우선적으로 "뿌리를 뽑고 허물어뜨리고 파괴하며 전복하기 위

한"(1:10) 것이었다.55) 예레미야가 부름 받을 때에 본 환상도 끓는 가마가 북쪽으로부터 유다를 향해 기울어 있는 것이었다(1:13). 이 영상(imagery)보다 더 생생하게 임박한 심판을 보여줄 수 있는 방법은 없을 것이다. 이에 대한 해설은 1:14-16에 주어지고 있다.

> 여호와께서 내게 이르시되 재앙이 북방에서 일어나 이 땅의 모든 거민들에게 부어지리라
> 내가 북방 왕국들의 모든 족속들을 부를 것인즉 그들이 와서 예루살렘 성문 어귀에 각기 자리를 정하고 그 사방 모든 성벽과 유다 모든 성읍들을 치리라 여호와의 말이니라
> 무리가 나를 버리고 다른 신들에게 분향하며 자기 손으로 만든 것들에 절하였은즉 내가 나의 심판을 그들에게 선고하여 그들의 모든 죄악을 징계하리라

그러나 심판의 말씀은 문자 그대로 하나님의 백성을 파멸하려는 것이 아니었다. 말씀의 주제는 심판이지만 그 목적은 달랐다. 그들을 회개케 하여 생명과 축복의 길로 돌아오도록 하려는 것이었다.56) 예레미야는 유다 백성들에게 악한 행위에서 돌이켜 여호와께 돌아와 율법에 순종하는 삶을 살라고 간곡히 호소한다(3:12-14; 4:1-4; 18:11; 31:18-1957)). 비록 지금까지는 하나님을 배반하고 율법을 어기는 생활을 해왔지만 이제라도 늦지 않다. 뉘우쳐 돌이키기만 하면 살 길이 열려 있는 것이다. 예레미야는 이러한 희망을 보고 거듭 유다를 향해 회개를 촉구한 것이다(8:4-7; 15:19; 36:7).58) 하나님은 굳은 말을

---

55) 개역개정: "뽑고 파괴하며 파멸하고 넘어뜨리며."
56) 선지서의 심판 본문의 해석법에 대해서는 2장을 참고.
57) 31:18-19는 구원의 말씀(oracle of salvation)에 들어 있지만 회복을 말하는 정황 속에 하나님께 돌아온 유다의 모습을 보이므로 간접적으로 회개를 촉구하고 있다고 볼 수 있다.
58) 예레미야는 대표적인 선지자답게("the prophet *par excellence*") 회개를 많이 강조했다.

하실 때에도 여전히 유다를 깊이 사랑하고 계셨음을 31:20이 잘 말해 준다.

> 에브라임은 나의 사랑하는 아들 기뻐하는 자식이 아니냐 내가 그를 책망하여
> 말할 때마다 깊이 생각하노라 그러므로 그를 위하여 내 창자가 들끓으니
> 내가 반드시 그를 불쌍히 여기리라 여호와의 말씀이니라

하나님의 유다를 향한 사랑은 부모의 그것과 같이 애절한 것이었다. 자식이
옳은 길로 돌아서기를 바라는 부모처럼 하나님은 유다가 돌아오기만을 기다리
셨고 돌아올 때에는 기꺼이 용서하고 자비를 베푸실 준비가 되어 계셨다.
하나님의 유다를 향한 마음은 언제나 측은히 여기며 아파한 사랑(pathos) 그것이
었다.[59]

　그러나 실로 심각한 문제는 여기서부터였다. 하나님이 그토록 간절히 바라
셨지만 유다는 회개하지 않은 것이다. 그들은 점점 더 완고해져서 더더욱
자신들의 방법만 내세우며 선지자와 하나님으로부터 등을 돌렸다. 해가 지나면
서 예레미야는 유다가 회개한다거나 또는 회개할 수 있을 것이라는 생각을
점점 포기하게 된 것 같다. 부지런히 회개를 촉구하던 예레미야가 이제는
그 촉구 자체를 접는 것으로 나타난다. 이는 하나님이 유다를 용서하실 수
없다거나 그들이 돌이킬 때 회복시켜 다시 자신과 교제토록 하고자 하는
의지를 잃으셨다거나 하는 것을 의미하지 않았다. 다만 유다의 회개치 않는

Thompson은 그 어떤 선지자도 예레미야만큼 "회개하다," "돌아서다"라는 뜻의 단어 שוב('슈
브')를 많이 쓴 사람은 없을 것이라고 말한다. Thompson, *The Book of Jeremiah*, 111.
59) 31:20ba (המו מעי לו)(개역한글 "그를 위하여 내 마음이 측은한즉"; 개역개정 "그를 위하여
내 창자가 들끓으니")가 하나님 마음의 파토스(pathos)를 잘 표현해주고 있다. 이 말씀은
직역하면 "내 창자가 진동한다"이다. 여기 쓰인 동사 המה는 "깊은 동정이나 연민으로 인해
전율한다"는 의미이다(BDB, 242a). 하나님은 유다를 사랑하신다. 그러나 그들의 범죄로
인해 전율하듯 아파하며 사랑하고 계시다.

습관이 이제 굳을 대로 굳어져서 전혀 돌이킬 가망이 없어졌다는 뜻이다.[60]

관행처럼 회개치 않는 태도가 치유의 한계를 넘어 있었기 때문에 예레미야는 "회개하라"는 말을 멈추고 "항복하라"고 권하기 시작한다. 심판은 이미 정해졌고 돌이킬 수 없다. 그러니 인명 피해나마 최소한으로 줄이는 것이 그들에게 남아 있는 최선의 길이라는 것이다. 그리고는 심판 저 너머의 하나님의 은혜를 기다리면 된다는 것이다. 이와 같은 메시지의 변화는 시드기야 왕 때에 이르러 현저해진다.[61] 유다는 그나마 이 권면에도 불순종한다. 끝까지 자신들의 주장을 고집하며 마지막 파국을 향해 치닫고 있었다.

4. 회복

예레미야는 기본적으로 유다의 죄를 지적하고 심판을 선언하도록 부름 받은 선지자였으나, 동시에 회복을 선포하는 사명도 지니고 있었다. 소명의 목적을 언급한 1:10이 선지자가 "뿌리를 뽑고 허물어뜨리고 파괴하며 전복하기 위해서" 뿐만 아니라 "건설하고 심기 위해" 부름받고 있다고 말하는 데에서 이를 알 수 있다.[62] 예레미야서는 암울한 내용으로만 되어 있는 책으로 생각하기

---

60) 이러한 예레미야의 태도 변화에 대해서는 Thompson, *The Book of Jeremiah*, 112를 참조.
61) 예레미야는 여호야김 왕 때에는 아직 성전 설교 등을 통해서 유다의 잘못을 지적하며 회개를 촉구하고 있었다(26장; 7장). 그러나 시드기야 때에 이르러는 왕에게 모반을 꿈꾸지 말고 바벨론 왕의 멍에를 메고 그를 섬기라고 권한다(27장). 그것이 예루살렘으로 하여금 황무지가 되지 않도록 하는 길이라고 했다. 바벨론의 포위 공격이 시작되고 시드기야가 상담을 청해왔을 때 예레미야는 노골적으로 그에게 항복할 것을 권했다(38:17-23). 그래야만 목숨을 부지하고 모든 게 잘될 거라고 했다. 백성들에게도 성에 남아 저항하면 죽음을 면치 못할 것이라고 하고 성밖으로 나가 바벨론군에게 투항하여 목숨을 건지라고 선포했다 (38:2). 예레미야는 이 항복 권면으로 인해 그가 받았던 박해 중에 가장 심한 것인 물 없는 구덩이에 던져지는 형을 받는다(38:6). 사형에 상당하는 형집행이었다(38:4).
62) "건설하다," "심는다"는 말은 1:10 이후에도 여러 차례 반복하여 나온다: 18:9; 24:6; 31:4, 5, 18; 45:4.

쉬우나 구원과 회복의 소망이 찬연히 빛나고 있는 책이 또한 예레미야서인 것이다.

예레미야의 회복의 메시지는 소위 "위로의 책"이리 불리는 30-33장에 주로 집중되어 있다. "위로의 책" 말고는 2-25장(심판의 말씀이 주종인 부분) 사이에 들어 있는 16:14-21, 23:5-8, 24:4-7 등이 구원과 회복의 말씀이다.63) 예레미야서의 구원의 말씀은 다른 선지서(이사야, 에스겔)의 그것에 비해 분량이 적은 것이 사실이다. 그러나 구원의 말씀이 지녀야 할 골자는 다 갖추고 있다. 또한 "새언약"이라는, 다른 책에서는 찾아 볼 수 없는 고유하고 소중한 내용이 들어 있어 예레미야서의 구원의 말씀은 성경 내에서 어느 선지서의 구원의 말씀 못지않게 중요한 위치를 점하고 있다.

나라는 이제 멸망을 눈앞에 둔 시점에 와 있다. 예루살렘 민족주의자들의 환상과는 달리 예레미야는 국가와 왕조와 종교 시스템의 붕괴를 불을 보듯 환히 내다보고 있었다. 선지자는 이 시점에 이르러 회복의 희망을 선포하기 시작한 것이다.64) 유다에게 심판은 불가피하다. 그러나 심판이 끝은 아니다.

---

63) 회개를 촉구하는 말씀인 3:11-14에도 구원과 회복의 소망이 나타나고 있다.

64) 학자들 중에는 30-33장과 같은 구원의 말씀을 나라가 망한 다음에 행해진 설교로 보려는 사람들이 있다. 그것이 멸망을 전제로 하여 회복을 약속하고 있기 때문에 그것이 전해진 상황은 역사적으로 예루살렘 함락이 일어난 다음일 것이라는 것이다. 아니라고 군이 고집해야 할 이유도 없고 또 그런 시각으로 보면 그 말씀들의 메시지가 더 생생해지는 면이 있는 것도 사실이다. 그러나 그렇게 보는 입장은 성경의 기록을 너무 합리적인 시각으로만 해석하려는 태도라는 인상을 지울 수 없다. 이 입장은 예언이라는 성경 장르의 특성을 약화시키고 선지자의 능력마저 과소평가하는 것이 되기 때문이다. 필자는 예레미야서의 구조 자체가 30-33장의 연대에 대해서 무언가를 말해주고 있다는 인상을 떨치지 못한다. 현재 그것이 배치된 자리는 멸망이 예언되고 그에 따라 실제로 멸망이 일어나는 34-39장 직전이다. 또 바벨론에 반역하지 말고 투항하여 목숨을 잘 부지할 것을 권면하는 26-29장 직후이다. 즉 아직 멸망은 일어나지 않고 멸망에 어떻게 대처해야 할 것인가를 말하고 있는 문맥에 배치되어 있는 것이다. 이 정경상의 문맥은 30-33장이 멸망이 일어난 후가 아니라 아직 멸망이 일어나지 않은 상황에서 되어진 설교라는 것을 강하게 시사하고 있지 않을까. 만일 30-33장이 멸망 후에 전해진 설교라면 성경 기자가 그것을 39장 후의 적당한 어느 곳, 즉 45장 다음이라든지 또는 넉넉히 51장이나 52장 다음에 배치하는 것이 자연스러운

사람에게는 끝으로 보이겠지만 하나님의 사랑(ㅜ미)은 멈추지 않고 여전히 계속된다.[65] 일정 기간의 정화(淨化)의 과정을 두신 다음 이스라엘을 고토로 회복시키시며 다시금 복된 미래를 열어주시는 것이다! 포로들이 즐겁게 돌아올 것이다 (31:1-26). 이스라엘과 유다는 통일 왕국을 이루고(31:6) 옛 영화를 회복할 것이다 (30:3, 18; 31:23; 32:42, 44; 33:7, 11, 26). 용서와 치료가 그 땅에 임하게 될 것이다(33:1-13). 그리고 메시아("의로운 가지")가 도래하여 의와 공의로 자신의 나라를 다스리실 것이다(23:5-6; 33:15-16). 예레미야의 회복의 메시지는 이처럼 사람들에게 심판 너머의 미래에 희망이 있음을 알려 주는 것이었다.[66]

일이 아니었을까. 물론 예레미야서는 예언들을 반드시 연대순으로 배열한 책은 아니다. 개별 예언들은 책 전체의 목적에 맞게 나중에 된 것이 앞에, 또 먼저 된 것이 뒤에 배열된 경우도 더러 있다(예: 35, 36장의 여호야김기의 예언이 32장 시드기야기의 예언보다 뒤에 배치됨). 그러나 책의 큰 구도로 보면 예언들은 대체적으로 역사순으로 배열되어 있다. 시대순으로 배열하는 것이 기자의 의도였을 것이다. 그렇다면 정경은 우리에게 30-33장을 아직 붕괴는 일어나지 않은, 다만 그 붕괴가 임박한 시점에 행해진 설교라고 구조적으로 말해주고 있는 것이 아닐까. 선지자의 능력은 과소평가될 수 없다. 그는 아직 멸망이 오지 않았어도 그것을 확연히 내다보는 능력이 있었고 그래서 마치 그것이 이미 일어난 것처럼 전제하고 모든 것을 말할 수 있었다.

65) 하나님의 언약적 사랑인 헤세드(ㅜ미)는 인간의 역사와 함께 명멸하는 것이 아니다. 헤세드는 어느 학자의 정의대로 "하나님의 자비로운 사랑과 말로 다할 수 없는 성실"이다(G. A. F. Knight, 『시편 (상)』, 이기문 옮김 [서울: 기독교문사, 1985], 17). 헤세드의 사랑은 하나님의 자비의 깊이와 동시에 인간의 이해를 넘어 오래 지속되는("long duration") 성실성을 그 본질로 삼는다. 그러므로 비록 이스라엘이 실패하여 나라와 종교마저 잃어버렸다 해도 하나님의 사랑은 계속될 뿐만 아니라, 더 나아가서 하나님은 그러한 실패의 계기를 새로운 역사를 창조하는 기회로 삼으시는 것이다. 이러한 하나님의 사랑의 성실성은 에스라 때에 귀환한 유다 백성들이 성전 지대를 놓을 때 부른 찬송에 잘 반영되어 있다. "그는 선하시며 그의 인자하심(헤세드)이 이스라엘 위에 영원하시도다"(스 3:11, 필자의 사역). 이스라엘의 역사는 다 끝나버린 것처럼 보였지만 성전 지대를 다시 놓게 되는 상상할 수 없는 은혜를 받게 되었을 때 이스라엘은 하나님의 사랑은 인간으로서는 뛰어넘기가 불가능해 보이는 수렁까지도 뛰어넘어 역사하는 것임을, 그래서 "영원한" 것임을 고백하지 않을 수 없었던 것이다. 회복 후 이 찬송이 불려질 것이 이미 예레미야서 33:11에 예언되어 있었다.

66) 예레미야는 말씀 선포로 뿐 아니라 상징 행동(sign act)으로도 회복을 설교했다. 32장에 보면 그가 아나돗에 있는 그의 사촌 하나멜의 밭을 돈을 주고 구입한다. 아직 바벨론 군대가 전 국토를 휩쓸고 있었고 다만 일시적으로 예루살렘 포위 공격을 푼 상태였지만 조만간 전면적인 공격이 개시되면 성은 이내 함락되고 말 그런 상황이었다. 이런 상황에서

예레미야의 메시아에 대한 희망은 "다윗의 의로운 가지"라는 상징으로 표현된다. 다가오는 어느 날 하나님은 다윗 집에67) "의로운 가지"를 일으키실 것이며 이 의로운 가지는 땅을 지혜롭게 다스릴 것이고 공의와 의가 시행되게 할 것이다(23:5; 33:15). 의로운 가지는 하나님의 백성의 구세주이기도 한데 그것은 그가 옴으로 유다와 이스라엘이 구원을 받아 평안하게 살게 될 것이기 때문이다. 그에게 "여호와 우리의 의"(יהוה צדקנו)라는68) 이름이 붙여진다(23:6; 33:16).69)

새 희망을 말하는 예레미야의 사상은 새언약을 묘사하는 31:31-34에 이르러 정점에 달하게 된다. 날이 이르면 하나님은 이스라엘과 새언약을 맺으신다. 이 언약은 이스라엘이 수세기 동안 어겨온 그런 언약이 아니다. 이 언약은 하나님의 법을 백성들의 마음에 새기는 언약이다. 이스라엘에게 하나님을 아는 지식은 자연스러운 것이 될 것이며 하나님은 지난날의 이스라엘의 죄를 다 용서하여 주실 것이다.

새언약이 옛 것에 비해 달라지는 것은 지켜야 하는 내용이나 형식이 아니다.

밭을 사는 것은 평범한 일은 아니었다. 예레미야는 나라가 멸망하지만 반드시 회복될 것이요 그렇게 되면 밭을 사고파는 일상적인 상거래도 재개될 것이라는 것을 말하기 위해 이와 같은 상징 행위를 한 것이었다. "만군의 여호와 이스라엘의 하나님께서 이와 같이 말씀하시니라 사람이 이 땅에서 집과 밭과 포도원을 다시 사게 되리라 하셨다 하니라"(32:15). 예레미야는 편지를 통해서도 회복의 확실성을 설교했다. 29장에 보면 바벨론 포로들에게 보내는 편지에서 70년이 지나면 하나님께서 자기 백성을 돌아보실 것이요, 그들을 그들의 땅으로 돌이키시며 그들의 재산도 회복시켜 주실 것이라고 확신시키고 있다. 그러므로 몸을 잘 보존하여 훗날을 도모해야 한다는 권면도 함께 한다.

67) 전치사 ל를 써서 לדוד("다윗에게")이라 하고 있음.
68) 개역개정 "여호와 우리의 공의"를 따르지 않고 개역한글을 따름.
69) 구약이 사회적 이상을 설명할 때 חסד(자비)와 צדקה(또는 צדק)(의)를 동의어로 쓰는 수가 많은 것을 앞에서 보았다(주 54). חסד는 하나님의 사랑을 뜻하는 말이고 צדקה는 건강한 사회 질서를 상징하는 말이다. 그렇다면 צדקה란 하나님의 사랑인 חסד를 사회의 윤리와 통치 영역에 적용한 것에 다름 아님을 알 수 있다. 그러므로 메시아에게 붙여진 יהוה צדק('아도나이 치드케누')란 이름은 그가 연약한 이스라엘을 도우셔서 구원하신(그리고 구원하시는) "사랑의 하나님"이란 뜻이 될 것이다.

지켜야 하는 내용인 율법이 그대로요, 하나님과 이스라엘 사이의 주종 관계가
율법을 지킬 때 유지된다는 형식도 그대로이기 때문이다. 이번에 달라지는
것은 사람이다. 언약을 지킬 사람들을 새 존재(new being)로 만드는 것이 새언약
의 골자인 것이다. 그 동안도 언약 갱신은 여러 차례 있었다. 그러나 모든
갱신이 실패로 끝났었다. 매 갱신 때마다 율법을 잘 지키고 하나님께 충성하겠다
는 요란한 맹세와 결심이 있었지만 시간이 지나면 늘 과거의 불순종으로
돌아가 버리곤 했던 것이 지난날의 뼈아픈 경험이었다. 오랜 역사의 경험은
언약의 유지란 것이 인간의 맹세와 결심으로 되는 것이 아님을 분명히 가르쳐
주었다. 그래서 이번의 "새" 언약은 사람을 새 것으로 바꾸기로 한 것이다.
인간을 새 마음(new heart)을[70] 지닌 새 존재가 되게 하므로 원래 의도하신
하나님의 뜻이 이루어지도록 하는 것이다. 31:33에 "내가 나의 법을 그들의
속에 두며 그들의 마음에 기록하여 나는 그들의 하나님이 되고 그들은 내
백성이 될 것이라"고 하신 말씀이 바로 이것을 의미한다. 율법을 사람들의
마음에 기록했다는 것은 그들에게 율법에 순종하고자 하는 소원(desire)과
순종할 수 있는 능력(ability)을 주셨다는 것을 의미한다.[71] 전에는 순종하려는
자발적인 마음이 없었지만 이제는 자발적인 마음이 생긴다는 것이고 전에는
순종하고자 해도 순종할 능력이 없었지만 이제는 그 능력이 주어진다는 것이다.
참으로 놀라운 일이 일어나는 것이 새언약의 약속이다. 인간이 새로운 존재가
됨으로 하나님의 율법에 순종하게 되어 깨어지기 일쑤였던 언약 관계가 이제는
공고히 유지된다는 것이다. 예레미야의 미래의 희망은 이와 같이 이전에는

---

70) "마음"이란 말의 의미를 이해하는 데는 주의가 필요하다. 현대인들에게 마음이란 감정의
좌소(the seat of the emotions)를 의미하는 것으로 받아들여진다. 그러나 예레미야를 포함한
고대 이스라엘인들에게 "마음"(לב)은 그와 달리 지성과 의지(the mind and will)를 의미하는
것이었다. 참고: Bright, *Covenant and Promise*, 151, n. 21.
71) Bright, *Covenant and Promise*, 195.

상상할 수 없던 엄청난 일이 일어나는 것을 주 내용으로 하고 있다. 먼 훗날 그리스도가 오셔서 새언약을 체결하실 때(눅 22:20; 고전 11:25; 히 9:15) 그 언약에 소속되는 사람들은 이 "새 것"이 되는 (그래서 그 새 것이 주는) 영광과 축복을 누리게 될 것이었다(고후 5:17).

V. 결론: 자유와 책임을 새롭게 각성시키는 선지자

예레미야서의 메시지는 오늘날 한국 교회를 향해 어떤 교훈을 주는 것일까. 예레미야의 책망(심판의 말씀)을 통해 한 가지 교훈을 묵상하는 것으로 결론을 대신하고자 한다. 예레미야는 유다 백성에게 하나님이 주신 율법에 순종하는 삶을 살도록 요구하였다. 유다의 지도자들과 백성들은 순종하는 일에는 마음을 쓰지 않고 자기들 마음대로 신을 정하여 그것들을 예배하면서 사회에서는 서로 물고 뜯는 삶으로 일관하고 있었다. 그러면서도 자신들은 선민이고 하나님의 성전이 예루살렘에 있기 때문에 나라는 하나님의 보호 아래 오래도록 안전할 것이라는 망상에 가까운 믿음에 사로잡혀 있었다. 예레미야는 바로 이 책임 없는 미신적인 믿음을 향하여 질책을 아끼지 않은 것이다. 돌이켜 하나님만 섬기고 그 분의 계명에 순종하지 않으면 안전은 결코 있을 수 없음을 통렬히 지적했다. 왜냐하면 유다의 신앙은 바른 신앙이 아니었고 이미 가나안의 이방종교에 잔뜩 물들은 미신에 가까운 것이었기 때문이다. 회개의 촉구에 적절히 반응하지 못한 유다는 결국 나라와 종교를 통째로 잃어버리는 비운을 겪게 되었다.

한국 교회의 근자의 신앙 행태도 유다가 그랬던 것처럼 이방화와 미신화의 경향을 짙게 띠는 것이 아닌가 생각하게 된다. 은혜에 관심을 많이 쏟고 복을 열심히 구하지만 말씀에 순종하여 사는 책임 부분은 터무니없이 소홀한 것을 부인할 수 없다. 책임의 문제는 관심의 대상도 아니고 가르쳐 지지도 않는다. 대신 교회의 가르침은 사람들의 (종교적) 요구만 지나치게 반영하는 쪽으로 편향되고 있다. 사람들의 종교적 요구(popular expectations)란 복은 될 수 있는 대로 많이 받고 재액은 될 수 있는 대로 피하고자 하는 욕구이다. 이 요구(또는 욕구)는 기복방액(祈福防厄)이란 말로 간단히 표현할 수 있겠는데 한국인의 종교 심성 속에 시원(始原)을 알 수 없는 오랜 옛날부터 오랫동안 자리잡아 온 독특한 종교성이다. 오늘날 이 욕구는 교회의 가르침의 중심에 자리를 틀어 복음의 핵심마저 밀어 낼 정도로 대단한 위력을 발하고 있는 것이 아닌가 보인다. 종교학적인 술어로 말하자면 한국 교회는 계시의 종교가 아니라 민중의 소리의 종교(religion of *vox populi*)가 되어 가고 있는 것이다.[72]

복음은 하나님이 죄인을 구원하신 구속의 은혜를 믿고 감사할 것과 그 하나님의 뜻인 성경 말씀에 순종하는 삶을 살라고 요구한다. 복이란 이러한 삶의 맥락 안에서 허락되는 무엇인 것이다. 복을 독립적인 실체로 파악하고 그것을 신앙의 지상적(至上的) 가치인 양 추구하는 것 자체가 성경적 신앙의 구조에 정면 배치되는 것이다. 복은 확보하고 재액은 피하려 하는 중심, 즉 기복방액의 태도가 가져오는 부작용은 정리하면 다음 몇 가지가 될 것이다. 첫째, 신앙이 무속주의화된다. 기복과 방액이란 것이 원래 무속신앙의 본질적 속성이므로 이에 열심을 내게 되면 그것 자체가 곧 신앙의 무속화를 의미한다. 신자의 관심이 무속적 기복방액에 초점이 맞춰지면 십자가 구속의 은혜라든지 영생이라든지 내세의 소망과 같은 기독교 핵심 교리들이 신자의 삶에서 빛을

---

72) 참고: VanGemeren, *Interpreting the Prophetic Word*, 19-27.

바래며 힘을 잃게 된다. 둘째, 신앙의 율법주의화와 인본주의화가 촉진된다. 무속종교의 기복방액은 목표를 이루기 위하여 사람이 드리는 '정성'에 높은 가치를 누어 왔다. 물질로든지 예배 행위로든지 정성을 많이 쌓을 때 원하는 바가 이루어진다고 가르친다. 이 같은 정성 중심의 의식 구조가 기독교 신앙 안에 둥지를 틀게 되면 사람의 공적을 중시하는 풍토가 되어 하나님의 주권과 은혜를 받아들이는 데 상당한 걸림돌로 작용하게 된다. 신앙인은 늘 불안해하며 무엇인가 더 하여 안전을 보장받아야 되겠다는 인본주의 및 율법주의적 강박에 계속 시달리게 된다. 셋째, 신앙이 마술주의화된다. 이것은 둘째의 부작용과 밀접하게 관련된 것이겠는데 신앙이란 인간이 무엇인가 해서 하나님으로부터 무언가를 받아내는 것이기 때문에 인간 편에서의 조작(manipulation)이란 의미가 강해진다. 많은 이방 종교들처럼 의식 무의식적으로 마술(magic)이 되어 갈 수 있는 것이다. 마술에는 윤리나 책임 같은 것이 없다. 성령의 열매에 깃들어 있는 사랑의 정신 같은 것도 없다. 오직 방법을 가리지 않고 자신의 목표를 달성코자 하는 이기주의만 있을 뿐이다. 한국 교회에서 강조되는 많은 봉사가 — 예컨대 헌금생활, 교회 출석, 교회봉사 등의 — 조금이라도 이러한 의식 속에 이뤄지는 점이 있다면 그것은 성경적 신앙과는 매우 먼 거리에 있는 것임을 주의할 필요가 있다.

예레미야서를 읽으며(다른 선지서도 마찬가지일 것임) 엄청나게 새로운 교훈을 끌어내고자 하는 것이 아니다. 복음이 주는 자유를 누리고 순종함으로 책임을 다하는 성경이 가르치는 본래적 신앙으로 돌아가자는 것이다. 무언가 두렵기 때문에 그 두려움을 해소하기 위하여 또한 적절한 안전을 보장받기 위하여 무엇인가 해야 하는 것이 신앙이라면 그 신앙은 이미 성경의 신앙이 아니다. 성경의 신앙은 그렇게 도피적이고 소극적이지 않다. 성경의 신앙은 이미 받은 은혜가 크기 때문에 그것에 감사하고, 좋으신 하나님을 믿고 그분의 주권이 보장하는 안전에 극히 안심하는 것이다. 그리고 복음이 주는 자유를 마음껏 누리며, 은혜를 힘입어 순종하는 새 사람이 되어(렘 31:33) 적극적으로 사랑의 책임을 다하는 것이다. 기복(祈福)과 방액(防厄)에는 자유도 없고 책임도 없다. 오직 두려움과 이기적인 공로주의만 있을 뿐이다. 성경적 신앙은 죄에서 해방된 자유를 누리는 것이다. 어떠한 이방적 요소도 신자의 영혼으로부터 이 자유를 박탈하도록 방치되어선 안 된다. 성경적 신앙은 또한 성경 말씀에 순종함으로 하나님과 사람 앞에 자신의 책임을 다해 나가는 성숙을 의미한다. 어떠한 이방적 요소도 이 성숙을 방해하도록 방치해선 안 된다. 오늘날 한국교회가 자신 안에 깊숙이 침투해 있는 이 기복방액의 요소를 과감히 떨쳐내는 노력을 하지 않는 한 그동안 겪어온 질적 양적 침체를 면할 길은 결코 찾아내지 못할 것이다. 선지자가 날카롭게 제기하는 순종과 책임의 문제를 우리 상황에서 듣고 복음이 가르치는 자유와 책임에 대해 새롭게 각성하는 길만이 우리가 열어 가야할 돌파구라 할 것이다.

제8장
에스겔서의 분석과 메시지

I. 들어가는 말

에스겔은 자기 민족이 멸망하는 시점에 그 멸망을 지켜보며 백성들의 신앙이 붕괴하는 것을 막은 풍운의 선지자이다. 멸망을 향해 달음질하는 죄악된 사회를(예루살렘과 포로 모두) 향하여 무서운 질타를 했고, 나라와 종교가 하나님의 예언대로 멸망한 다음에는 좌절하고 자포자기한 백성들에게 새로운 희망의 꿈을 그려주었다. 하나님 그리고 하나님께 돌아가는 일만이 참된 가치요 개인과 국가의 존립을 위한 희망이란 것을 강력히 깨우쳐 주었다. 이 과정을 통해서 에스겔은 무수한 고난을 겪어야 했다. 하나님이 가지신 자기 백성을 향한 아픈 심정을 그대로 몸으로 체현해야 했던 그야말로 그는 하나님의 대리인이었다. 에스겔서가 주는 메시지와 선지자에 대한 설명은 비록 당시의 격랑 속의 이스라엘을 향해 주어진 것이긴 하지만 오늘날의 우리 사회와 그 사회에서 일하는 복음 사역자들에게도 거의 직접적으로 해당되는 내용이다. 에스겔서를 탐구함으로 하나님께서 이 책을 통하여 오늘 우리에게 주시는 음성을 들어보기로 하자.

에스겔서는 여러모로 난해하게 느껴지는 책이다. 이상한 상징행동(sign acts, dramas), 난해한 환상, 알레고리 등 이해하기 어려운 것이 많다. 그러나 책의 구조라든가 메시지의 단순함 따위는 오히려 다른 선지서들보다 책의 이해를 쉽게 해 주는 면도 있다. 구약성경의 가장 위대하고 영적인 대작이라 불리우는1) 에스겔서를 책이 주는 표면적인 인상만 가지고 탐구를 포기할 것이 아니라 진지하고 새롭게 탐구하여 깊은 교훈을 얻는다면 이 시대와 사역자들에게 큰 유익이 될 수 있을 것으로 본다. 본 장은 에스겔과 그의 활동연대, 많이 쓰인 장르들, 그리고 책의 구조에 대해 먼저 분석한다. 이러한 예비적 분석이 끝난 다음에 에스겔의 선지활동을 통해 주어진, 에스겔서 전체에 나타난 하나님의 메시지를 찾을 것이다.

II. 에스겔과 그의 활동 연대

에스겔서는 책의 저자를 부시의 아들 제사장 에스겔이라 밝히고 있다(1:3). 비평학자들은 책의 어떤 부분들을 문체와 반복 등을 이유로 들어 에스겔 자신의 저작이 아닌 후대의(제자 등) 저작으로 평가하기도 하나 그것은 균질성(homogeneity) 또는 일관성(consistency) 따위의 근대적 범주를 성경의 저술에 적용한 것으로 받아들일 수 없는 것들이다. 작금에 와서는 학자들 사이에 과거의 지나친 분해적 비평을 반성하며 성경의 책들을 그 자체로 그리고

---

1) Charles H. Dyer & Eugene H. Merrill, 『구약탐험』, 마영례 옮김 (서울: 도서출판 디모데, 2003), 726.

전체론적으로(holistically) 보려는 시도가 강해지고 있는데 에스겔서도 책 전체가 부시의 아들 에스겔 자신의 손에서 비롯된 것이라는 입장이 힘을 얻어가고 있다.2) 어쨌든 본고는 에스겔이 책 전체의 저자라는 전통적인 입장을 견지하면서 에스겔서의 메시지를 탐구하고자 한다.

에스겔은 예레미야와 스가랴처럼 아론 계열에서 탄생하여 훈련받은 제사장이었다. 그러나 B.C. 598년에 바벨론에 포로로 잡혀 오기까지는 제사장의 직무를 정식으로 수행해 보지는 못했던 것으로 보인다. 1:1절의 "제 삼십년"이라는 말은 그의 나이를 말하는 것으로 보는 것이 보통인데3) 만일 이게 사실이라면 에스겔은 포로로 잡혀 올 때 아직 25세에 불과했고 그렇다면 나이 30이 되어야 성막의 일을 볼 수 있게 했던 레위지파(그중 고핫 자손)의 규례에 따라4) 예루살렘에서는 고작해야 인턴 정도의 사역만 했을 것으로 보이는 것이다.5) 그는 나이

---

2) 이와 같은 입장에 대해서는 다음 글 참조: Moshe Greenberg, "The Design and Themes of Ezekiel's Program of Restoration," *Interpreting the Prophets*, ed. J. L. Mays and P. J. Achtemeier (Philadelphia: Fortress, 1987), 215, 217-22. 특히 pp. 217-22에서 Greenberg는 근대 비평학자들의 분해적 비평이 원리적으로 잘못된 방법이라는 것을 고대 서기관들의 저작 관행을 근거로 들어 비판하고 있다.

3) 사실은 1:1의 "제 30년"이라는 숫자의 의미에 대해서는 학자들 사이에 통일된 견해가 없다. 에스겔이 자신의 예언들을 모은 해라느니(C. G. Howie, *Ezekiel·Daniel*, the Layman's Bible Commentaries [London: SCM Press, 1961], 22) 에스겔서가 최종적으로 편집된 해라느니(R. R. Wilson, "Ezekiel," *Harper's Bible Commentary* [San Francisco: Harper & Row, 1988], 661a) 하는 견해가 개진되었지만 이 모두 선지자가 소명을 받았다는 1:2의 "5년"과 조화를 이루지 못한다. 어쩌면 이 숫자의 의미는 영구 미제로 남아 있다고 할 수 있는데 이 숫자에 대한 해석의 역사적인 난맥상에 대해 알려면 Moshe Greenberg, *Ezekiel 1-20*, AB (New York: Doubleday, 1983), 39-40나 C. F. Keil, *Commentary on the Old Testament in Ten Volumes: Ezekiel, Daniel* (Reprint, Grand Rapids: Eerdmans, 1983), 19 등을 보면 된다. 학계의 이러한 고민에도 불구하고 복음적인 학자들은 이 숫자를 선지자의 나이로 보는 데 큰 무리를 느끼지 않는 듯하다. 참고: P. C. Craigie, *Ezekiel*, DSB (Edinburgh, Scotland: Saint Andrew Press, 1983), 7; *The NIV Study Bible* (Grand Rapids: Zondervan, 1985), 1231.

4) 민 4:3, 23, 30, 35, 39, 43, 47.

5) "30년"을 선지자의 나이로 볼 때 에스겔서는 처음부터 어딘가 애조를 띤 책이라 말할 수 있다. 에스겔이 정식으로 제사장의 직무를 수행할 나이인데 정작 봉사할 성전은 없는 것이다. 포로로 와 있으니 그러하고 그나마 고국 땅의 성전도 얼마 안 있으면 파괴되려는

30이 되던 해에 선지자로 소명을 받아 22년 동안(B.C. 593-571) 선지 활동을
한 것으로 보인다. 에스겔서에는 에스겔의 구체적인 사역시기를 밝혀주는
곳이 13 군데나 된다.6)

장절	포로 후 년월		실제 년월 (햇수는 B.C.)7)	
	년	월	년	월
1:2	5	4	593	7
8:1	6	6	592	9
20:1	7	5	591	8
24:1	9	10	588	1
26:1	11	?	587	?
*29:1	10	10	587	1
*29:17	27	1	571	4
30:20	11	1	587	4
31:1	11	3	587	6
32:1	12	12	585	3
32:17	12	12⁸⁾	585	3
*33:21	12	10	585	1
40:1	25	1	573	4

에스겔서의 연대 배열은 대체로 시대순으로 되어 있다. 다만 * 표시를 붙인
것들은 시대순을 따르지 않고 있는데 예컨대 29:1의 연대는 26:1의 연대보다
앞선 것이고 29:17의 것은 제일 나중의 시기인데 중간에 배치되어 있다. 33:21의

운명에 놓여 있다. 에스겔은 기대했던 제사장의 일 대신 그 나이에 선지자로 부름 받고
있다. 하지만 그는 자신의 사역 전체를 통해서 성전에 대한 깊은 관심의 불을 끌 수 없었음이
분명하다(특히 1장, 8-11장, 40-48장 등을 볼 것). "30년"이라는 초두의 숫자는 에스겔이
애초부터 애틋한 슬픔 속에 자신의 사역을 시작하고 있음을 보여주는 것 같다.
6) 1:1의 "30년"은 1:2의 "5년"과 같은 것임을 전제한다.
7) 성경의 월(月) 표시는 성력(聖曆)이므로 이에 3을 더하여 현대력의 월로 환산함.
8) 32:1에 12월이라고 되어 있으므로 32:17의 "그 달"(ㄸㅐㄴ)은 의당 12월을 의미했을 것이다.
Greenberg도 그렇게 간주하고 있음. Greenberg, *Ezekiel 1-20*, 8, 11. 개역개정(개역한글도
마찬가지임) 32:17의 "어느 달"은 잘못된 번역으로 "그 달"로 고쳐야 함.

연대도 32:1의 것보다 앞선다. 어쨌든 에스겔서의 연대 정보가 주는 바에
의하면 에스겔의 예언 활동은 적어도 B.C. 593에서 571년 사이에 왕성하게
이루어졌고 전체 사역 기간은 이 기간보다 더 길었을 가능성도 충분히 있다.

에스겔이 활동한 기간은 이스라엘 민족에게 가장 어두운 시기였다. 그는
나라가 망하려는 무렵에 먼저 포로로 잡혀 갔고 실제로 망하는 현실을 목도하였
으며(환상으로 보고 실제 보고를 받음) 잡혀간 포로들이 절망 속에 신앙마저
포기해 가는 현실을 지켜보아야 했다. 그렇다고 이스라엘 사람들(포로들)이
쉽사리 하나님께 돌아오는 것도 아니었다. 그들은 계속해서 완고했으며 그들의
죄는 여전히 뿌리가 깊었다. 엄청난 역사의 충격 앞에서 회개하기는커녕 재앙의
원인을 조상이나 하나님 탓으로만 돌리면서 고작해야 회복의 희망을 국제
정치 환경의 변화 따위에나 걸고 있었다. 그러나 에스겔은 가장 어두운 역사의
순간에 희망을 본 사람이었고 그것을 자기 백성들에게 가르쳐 준 사람이었다.
허황된 곳에서 가능성을 찾는 것을 멈추고 오직 "근본적인 질문"(fundamental
question)으로 돌아가서 그 질문에 충실할 때에만 거기에서 참된 희망을 발견할
수 있음을 갈파하였다. 정치도, 경제도, 군사도, 심지어 종교마저도 답이 아니었
다. 이스라엘과 하나님의 관계 회복(심지어 한 개인과 하나님의 관계 회복)만이
살 길임을 일생을 통하여 역설한 사람이었다.

III. 에스겔서에 쓰인 대표적인 장르들

장르의 관점에서 본다면 에스겔서는 다른 선지서들, 특히 이사야나 예레미
야에 비해 특이한 점이 있다. 우선 이사야나 예레미야처럼 시가 주종을 이루는

것이 아니고 산문이 대부분을 차지한다. 뿐만 아니라 다른 선지서들에는 선지서
의 전형적인 장르인 신탁(oracles)이 주종을 이루는 데 비해 에스겔은 다른
장르를 많이 도입하고 있다. 이는 에스겔의 예언 내용의 독특성과도 무관하지
않다. 먼저 선지서의 장르에는 어떤 것이 있고 그것들은 어떻게 분류되는지
다시 한 번 살피면서 논의를 진행하자.

크게 선지서의 장르에는 보도(reports, accounts), 예언의 말씀(prophetic
speeches), 기도(prayer)가 있다고 생각된다.9) 이 중 가장 기본이 되는 예언의
말씀은 심판의 말씀(oracles of judgment)과 구원의 말씀(oracles of salvation)으로
나누어지는데10) 이는 영어 명칭이 말해 주듯 다 신탁(oracles)이다. 심판의
말씀을 직접 꾸중(direct accusation)과 다가오는 재난의 선포(announcement of
impending disaster) 등으로 다시 나눌 수 있겠는데11) 이들이 모두 신탁인 것은
두 말할 나위없다. 본서가 여기서 지적하고자 하는 것은 보통의 선지서에서
가장 기본이 되는 선지자의 선포 내용은 주로 신탁이라는 것이다. 그러나
이 점이 에스겔서에서는 달라진다.

에스겔서에서 선지자 에스겔이 하나님의 말씀을 선포하는 방식은 신탁뿐
아니라, 상징행동, 환상, 알레고리 등 몇 가지가 더 있다.12) 그리고 이 추가된

---

9) Claus Westermann, *Basic Forms of Prophetic Speech*, trans. H. C. White (Philadelphia: Westminster/John Knox Press, 1991), 90.
10) Westermann, *Basic Forms of Prophetic Speech*, 94-96.
11) 이 분류는 Robert Alter의 도움을 받고 있다. Alter는 "oracles of judgment"라는 이름 대신"reproof"라는 말을 쓰고 있으며 이 reproof 안에 (1) direct accusation (2) satire (3) the monitory evocation of impending disaster의 3개의 하위 범주를 설정할 수 있다고 보고 있다. 필자가 보기에 두 번째 satire는 굳이 필요한 범주인지 의문이 가며 첫째와 셋째 범주로 충분하지 않을까 한다. 참고: R. Alter, *The Art of Biblical Poetry* (New York: Basic Books, 1985), 141.
12) 물론 이 중 알레고리는 신탁의 범주에 포함시킬 수도 있으나 에스겔서에는 알레고리만으로 된 선포가 종종 나오기 때문에 신탁과 구별하여 따로 분류했다. 에스겔서에서 신탁이란 은유를 많이 쓰지 않으면서 순수하게 꾸중하시거나 위협하시는(재앙의 도래를 말하면서) 말씀을 한 경우에만 한하는 분류로 하기로 한다. 예컨대 6장과 7장은 신탁으로, 17장과

수단(장르)들은 부수적으로 쓰이는 것이 아니라 신탁과 마찬가지 또는 그 이상의 빈도로 쓰여 어느 것이 주(主)요 어느 것이 종(從)이라고 할 수 없으리만치 같은 비중으로 쓰이고 있는 것을 본다. 그러므로 에스겔서를 장르 분석하려면 베스터만이나 알터를 따르는 통상적인 분류법보다는13) 에스겔서 자체를 위한 별도의 분류법을 갖는 게 바람직하다 하겠다. 그것은 다름 아닌 에스겔서 전체를 (1) 신탁 (2) 환상 (3) 상징행동 (4) 알레고리의 4 범주로 나눠 이해하는 방법이다. 간략히 이에 대해 살펴보자.

신탁(oracle)은 단어 자체의 의미대로 하나님의 말씀을 대신 받아 전한 것이다.14) 선지자가 말로 한 설교, 즉 하나님의 뜻이 말로 전달된 것을 말한다. 영상으로 보여주신 환상(vision)이나 선지자가 직접 드라마를 연출한 상징행동(sign act)이 아닌, "말씀"으로 된 계시이다. 6장의 이스라엘 땅의 우상숭배에 대한 꾸지람, 7장의 그러한 이스라엘에 대한 종말("끝")의 예고 따위가 신탁이며 13장의 거짓 선지자와 거짓 여선지들에 대한 책망, 14장의 장로들의 우상과 잘못된 교리에 대한 책망, 18장 개인의 책임과 회개에 대한 교훈 등도 모두 신탁이다. 대체로 "여호와의 말씀이 내게 임하여 가라사대"(ויהי דבר־יהוה אלי לאמר)로 시작되는 내용을 신탁으로 보면 틀림없을 것이다. 25-32장의 이방 나라들에 대한 심판 예고와 34-36장의 이스라엘의 회복과 근본적 갱신에 대한 약속도 신탁의 장르로 주어졌다.

환상(vision)은 하나님께서 특별히 에스겔의 영안(靈眼)을 열어주셔서 보게

19장은 알레고리로 분류할 수 있을 것이다.

13) 이에 관해 전반적으로 살피려면 Westermann, *Basic Forms of Prophetic Speech*, 90-98과 Alter, *The Art of Biblical Poetry*, 141, 155-56, 217 Chapter VI n. 3를 보면 된다.

14) Webster 사전에 의하면 oracle은 "a person (as a priestess of ancient Greece) through whom a deity is believed to speak," 또는 "an answer or decision given by an oracle"로 정의되어 있다 (Merriam-Webster Online Dictionary).

하신 신비한 영상이다. 에스겔은 이사야와 예레미야에 비해서 월등히 많은
환상을 보았고 또한 기록했다. 1-3장의 하나님의 영광의 환상과 소명, 8-11장의
예루살렘의 우상숭배와 하나님의 임재의 떠나심, 40-48장의 새 성전과 새
나라의 청사진 등 많은 부분이 환상의 내용이다. 에스겔로 하여금 환상을
보게 한 것은 여호와의 손이거나(1:3; 3:14, 22; 8:1; 37:1; 40:1) 여호와의 영이라고
(2:2; 3:12, 14, 24; 8:3; 11:1, 5, 24; 37:1; 43:5) 말씀되고 있다.

　상징행동(정확한 영어 표현은 symbolic action)은 표적행동(sign act)이라고도
불린다. 선지자가 말씀으로나 직접 본 환상으로 하나님의 뜻을 전한 것이
아니고 몸으로 극(드라마)을 연출하므로 하나님의 의중을 전한 방법인데 단순한
상징의 수준이 아니라 사건의 시작을 의미하는 보다 실질적인 수준의 계시이기
때문에 필자는 표적행동(sign act)이라는 용어가 더 적합한 표현이라고 생각한
다.15) 그러나 어쨌든 상징행동이라는 말도 종래에 많이 통용된 말이기 때문에
두 표현은 겸용되어도 무방하다고 본다. 상징행동은 단순히 메시지 전달효과를
극대화하려고 한 기술은 아니었다. 선지자가 고뇌와 고통을 무릅쓰며 자신의
전 존재를 기울여 감행해 내지 않으면 안 되었던 '몸으로 한 설교'였다.16)

---

15) 선지자가 하나님의 계시를 전하기 위해 드라마를 연출한 것을 전통적으로 학자들은 symbolic
action이라고 불러왔는데 Zimmerli가 다른 이유로 이를 sign act로 고쳐 부를 것을 제안한
바 있다. 선지자의 드라마는 단순한 상징 이상의 의미를 지닌다는 것이 그의 생각이다.
선지자의 드라마는 상징을 넘어 서서 미래에 일어날 일이 시작되도록 작용하는("initiates
the beginning of a future event") 힘을 가진 것이었기 때문에 symbolic action은 의미가 부족하고
sign act라고 해야 제대로 그 성격이 드러나도록 표현한 것이라는 것이다. Walter Zimmerli,
"The Special Form- and Tradition-Historical Character of Ezekiel's Prophecy," VT 15/4 (1965):
518-19. 선지자의 드라마에 Zimmerli와 같은 식의 '마술적인' 힘이 있었는지는 의심스럽지만
그러나 드라마가 단순한 상징이나 예화의 수준에 머문 것이 아님은 분명하기 때문에 symbolic
action이란 표현이 충분치 않다는 그의 견해는 틀린 것은 아니다. 선지자의 드라마는 적어도
그 드라마의 내용이 되는 사건이 이미 시작되었다고 말하고 있는 것으로 보인다. 따라서
의미를 축소 왜곡시킬 여지가 있는 symbolic action이란 말보다는 어떤 다른 용어가 필요한
것이 사실이다.
16) 상징행동(표적행동)의 의의는 다음 몇 가지로 정리될 수 있을 것이다. 1. 특별한 볼 거리가

상징행동은 이사야서와 예레미야서에도 나타난다.17) 특히 예레미야서 경우는
필자의 조사에 의하면 11번의 상징행동이 기록되고 있다(13:1-11; 13:12-14;
16:1-8; 18:1-11; 19:1-5; 27:1-5; 32:6-15; 35:1-19; 36:23; 43:8-13; 51:63-64).18)
상징행동은 예레미야에게 중요한 설교 수단 중의 하나였음을 알 수 있다.
에스겔에 이르면 상징행동은 필수적인 메시지 전달 수단이 된다. 예레미야에게
는 상징행동이 빈도는 많아도 어디까지나 주종인 신탁에 대해 부차적인 것이었
다. 그러나 에스겔의 경우는 그것이 다른 설교 장르들과 맞먹는 대등한 가치를
지닌 것으로 나타난다. 에스겔서에서 14번의 상징행동을 찾을 수 있다: 1.
3:1-3 두루마리 먹기; 2. 3:25-26 몸이 묶이고 혀가 입천장에 붙음; 3. 4:1-3
예루살렘의 포위를 상징하는 지도와 모델; 4. 4:4-8 포위를 상징하는 왼쪽,
오른 쪽으로 눕기; 5. 4:9-12 누워서 음식 먹기; 6. 5:1-4 머리털을 잘라 태우고
칼로 치고 바람에 날림; 7. 6:11 손뼉치고 발구르기; 8. 12:1-6 피난 보따리
메고 떠나기; 9. 12:17-20 떨며 음식 먹기; 10. 21:6-7 큰 한숨; 11. 21:8-17 검무:
칼로 자신의 넓적다리를 찌름; 12. 21:18-23 두 길 표시; 13. 24:18 아내의 죽음;
14. 37:15-23 두 막대기 이어 잡기.19)

없던 고대 사회에서 상징행동은 사람들의 주의를 끌기 쉬웠을 것이고 또 직접 보여주는
설교였기 때문에 이해도 훨씬 쉬웠을 것이다; 2. 행동으로 사건을 보여주는 것이기 때문에
말로 하는 설교보다 훨씬 강력한 메시지 효과가 있었을 것이다; 3. Zimmerli의 견해처럼
'마술적' 기능은 없었다 하더라도 적어도 그 사건이 이미 시작되었다는 사실을 알리는,
심각하고 엄중한 의미를 내포하고 있었을 것이다; 4. 선지자의 입장에서 보면, 말로 설교한
것이 아니고 다가 올 재난을 몸으로 미리 형상화한(prefigure) 것이었기 때문에 백성이
당할 고난을 먼저 겪고 하나님의 아픔(파토스; pathos)을 함께 맛봐야 했던 힘겨운 사역이었다.
17) 이사야의 경우는 20장 전체가 상징행동에 관한 것임. Fohrer는 이사야서에서 3개의 상징행동을
    찾아 냈다고 한다. Zimmerli, "The Special Form- and Tradition-Historical Character of Ezekiel's
    Prophecy," 519.
18) Fohrer는 7개를 계산한다: 13:1-11; 16: 1-9; 19:1-15; 27장 이후; 32:1-15; 43:8-13; 51:59-64.
    Zimmerli, "The Special Form- and Tradition-Historical Character of Ezekiel's Prophecy," 519.
19) Fohrer는 12개를 계산한다: 3:22-27; 4:1-3; 4:4-8; 4:9-11; 4:12-15; 5:1-3; 12:1-16; 12:17-20;
    21:11-12; 21:23-29; 24:15-24; 37:15-28. Zimmerli, "The Special Form- and Tradition-Historical

알레고리는 상징적인(은유적인) 의미를 갖는 등장인물이나 역(役)들로 이루어진 이야기를 말한다.20) 알레고리가 은유와 다른 점은 은유가 하나의 단어나 하나의 문장과 같은 작은 단위에서 구사되는 표현 기교라 한다면 알레고리는 이야기 전체에 은유가 퍼져 있거나 이야기 전체가 하나의 총체적인 은유로 관철되어 있다는 점일 것이다.21) 알레고리 역시 에스겔의 설교에서 한 몫을 단단히 하고 있다. 15장의 쓸모없는 포도나무 이야기, 16장의 사랑을 배반한 아내의 이야기, 17장의 두 독수리 이야기, 19:1-9의 두 젊은 사자의 이야기, 19:10-14의 포도나무 가지의 이야기, 22:17-22의 모든 광물이 쓰레기(찌끼)가 되는 이야기, 23장의 두 음란한 자매의 이야기, 24:1-14의 녹슨 가마의 이야기, 27장의 장엄한 배가 침몰하는 이야기, 31:1-18의 거대한 나무의 이야기 등이 알레고리로 되어 있다.

이상 네 가지가 에스겔서에 채용된 대표적인 장르들이다. 이와 더불어 묵시(apocalypse)적인 내용을 적극적으로 채용하고 있는 것도 에스겔서의 한 특징이다. 아주 흔하게 나타나는 것은 아니지만 매우 효과적으로 사용되고 있는 것이 사실이다. 묵시(apocalypse)란 "하나님이 개입함으로써 하나님의 백성의 대적들에 대한 최종적인 승리가 이루어지는 것"이라고 라소어(LaSor)가 정의한 것처럼22) 초자연적인 작인(作因)에 의해 전 우주적 재앙/격변이 일어나는 내용(cosmic catastrophe/cataclysm caused by supernatural agency)을 다룬 장르

Character of Ezekiel's Prophecy," 519.

20) Webster 사전은 allegory를 다음과 같이 정의한다: "the expression by means of symbolic fictional figures and actions of truths or generalizations about human existence; or an instance (as in a story or painting) of such expression" (Merriam-Webster Online Dictionary). 알레고리로 쓰인 대표적인 작품으로는 John Bunyan의 The Pilgrim's Progress가 있는데 이 작품을 떠올리면 알레고리라는 장르에 대해 쉽게 이해할 수 있다.

21) 국립국어연구원, 『표준국어대사전』 (서울: 두산동아, 2002) 참고.

22) W. S. LaSor, D. A. Hubbard and F. W. Bush, 『구약개관』, 박철현 옮김 (서울: 크리스찬다이제스트, 2000), 592.

를 말한다.23) 에스겔서에서 본격적으로 발달하기 시작한 묵시의 장르는 이후 스가랴서와 다니엘서에 이르러 보편화되고 중간사 시대의 에녹서와 신약의 요한계시록 같은 책들에 이르러 너욱 널리 쓰이게 된 것으로 생각되고 있다.24) 에스겔서에서 분명한 묵시의 내용이 나타나는 곳은 38장과 39장이다. 하나님께서 40-48장에서 새 예배와 새 세계의 청사진을 주시기 직전에 최종적으로 역사를 완전히 "정리"하신다는 것이 이 두 장의 내용인데 여기서 하나님은 온 세상을 격동시키시며 악을 청소하시는 모습으로 나타난다. 이와 더불어 6장, 7:5-12, 9장 등도 묵시의 내용을 담고 있는 것으로 생각된다.25)

기타 보도(report)를 담고 있는 곳도 있고(33:21-22) 법전적 성격의 입법 내용이 집중되어 있는 곳도 있다(43:18-27; 44장; 45장; 46:1-18; 47:13-23; 48장).

IV. 에스겔서의 구조

에스겔서는 매우 조심스럽게 구성되어 있다. 통상 그것은 크게 세 부분으로 되어 있는 것으로 생각된다: 1-24장 예루살렘 멸망 전의 유다에 대한 심판 예언; 25-32장 이방 나라들에 대한 예언; 33-48장 예루살렘 멸망 후의 유다의

---

23) 참고로 Chris Baldick, *The Concise Oxford Dictionary of Literary Terms* (Oxford: Oxford University Press, 1991)는 apocalypse를 "world-consuming holocaust"로 풀어 설명하고 있다(p. 14). Webster Dictionary는 apocalypse를 "the expectation of an imminent cosmic cataclysm in which God destroys the ruling powers of evil and raises the righteous to life in a messianic kingdom"라고 정의한다 (Merriam-Webster Online Dictionary).
24) C. G. Howie가 그의 주석에서 이 점을 명확히 말하고 있다: *Ezekiel·Daniel*, 30.
25) 6장과 7:5-12에 대해서는 Jensen의 도움을 받았고 9장은 Howie의 도움을 받았다. Jensen은 6장, 7장, 38장, 39장 외에도 여러 군데를 더 지적하고 있으나 다 동의할 수는 없다. I. L. Jensen, *Jensen's Survey of the Old Testament* (Chicago: Moody Press, 1978), 366; Howie, *Ezekiel·Daniel*, 30-31.

구원에 대한 예언26) 그러나 세밀히 살펴보면 다음과 같은 좀더 긴밀한 구조를 관찰할 수 있다.

I.   1-11장   예루살렘의 범죄로 인해 하나님의 영광이 떠남

II.   12-24장 포로들의 거짓된 희망과 그릇된 사고에 대한 교정

III.   25-32장 이방 열방에 대한 심판

IV.   33-48장 회복 및 재건과 하나님의 영광이 돌아옴

저자가 책 전체에 대해 이와 같은 구상을 가졌다는 것은 각 부분의 구조 분석이 말해 준다. 먼저 1-11장이 하나의 단위를 이루고 있음을 알 수 있다. 얼핏 보기에는 1장에서 24장 전체가 멸망 전의 예루살렘과 유다에 대해 막연한

---

26) 대표적인 것으로 Gerhard von Rad, *The Message of the Prophets*, trans. D. M. Z. Stalker (New York: Harper & Row, 1965), 189 참고. G. Archer도 기본적으로는 같은 구조를 관찰하고 있는데 그는 책 전체를 네 부분으로 나누어 이해한다.

I. 1:1-3:27 선지자의 소명과 사명
II. 4:1-24:27 예루살렘 멸망전의 유다에 대한 예언들
    A. 4:1-7:27 제5년(593-592 B.C.)의 메시지들
    B. 8:1-19:14 제6년(592-591 B.C.)의 메시지들
    C. 20:1-23:49 제7년(591-590 B.C.)의 메시지들
    D. 24:1-27 제9년(589-588 B.C.)의 메시지들
III. 25:1-32:32 이방 나라들에 대한 예언들
    대(對)암몬, 모압, 에돔, 블레셋, 두로, 시돈, 애굽
IV. 33:1-48:35 멸망후의 재건과 회복
    A. 33:1-39:29 새 왕국에 대한 준비
    B. 40:1-48:35 새 왕국과 새 성전(聖殿)
        1) 40:1-43:27 새 성전의 비전
        2) 44:1-46:24 새 예배
        3) 47:1-48:35 땅의 새 분배와 축복의 강.

Gleason L. Archer, 『구약총론』, 김정우 옮김 (서울: 기독교문서선교회, 1985), 423-24.

심판 선언을 하는 것처럼 보이지만 11장에서 이 부분은 명확히 둘로 나뉘어진다. 1장에서 11장까지는 하나님의 영광(임재)이 예루살렘을 떠나 포로에게 임한 경위에 대해 예루살렘의 우상숭배를 중심으로 진술하는 것이다. 1-11장은 예루살렘(그리고 성전)의 문제를 다루고는 있지만 사실은 예루살렘에 살고 있는 사람들에게 한 설교는 아니고 일차적으로는 그들에게는 관심이 없다. 이 사실은 12-24장을 보면 명백해진다. 12-24장은 포로들을 향하여 그들의 정신 상태를 안타까워하며 한 설교들이다. 즉, 1-11장이나 12-24장 모두가 예루살렘 거민이 아닌 바벨론 그발강가의 포로들을 향해 한 설교들인데 1-11장은 하나님의 임재가 포로들에게 임한 경위를 설명하고자 한 것이고 12-24장은 포로민들에게 잘못된 교리나 정신 상태를 뜯어 고치고 문제 해결의 참 근원이신 하나님과 바른 관계를 맺으라고 권장하는 내용인 것이다.

본서의 관찰에 의하면 1-11장은 다음과 같은 구조로 되어 있는 것으로 생각된다.

A.	1-3장	임재
B.	4-5, 6-7장	심판
C.	8장	우상숭배
B'.	9:1-10:8	심판
A'.	10:9-11:25	임재

에스겔서 전체의 관심은 하나님의 임재인 것으로 보인다. 에스겔서는 예루살렘과 성전의 멸망이라는 전대미문의 사건을 다루는 책인데 이 사건이 본질적으로는 하나님의 임재의 떠남이라는 근본적인 문제에 연결되어 있음을 설명하고

있다. 이 근본적인 문제에 대한 관심이 책의 서두인 1-11장에 잘 표출되고
있다. 첫 11장을 이 문제에 할애하므로 에스겔서는 다음 이야기들을 풀어가고
있는 것이다. 그런데 하나님의 임재라는 근본적인 관심은 1-11장의 구조 자체에
잘 드러나 있다. 1-3장(A)에서는 하나님의 임재가 그발강가에 찾아오시는 것
을,27) 10:9-11:25(A')에서는 그 하나님의 임재가 예루살렘 성전을 떠나는 장면을
보여주고 있다. 뒤의 사건을 먼저 보여주고 앞의 사건을 나중에 밝혀주고
있다. 봉투구조(inclusio)의 틀(A와 A') 안에는 임재가 이동하게 된 경위에 대한
설명이 들어 있다. 구조의 핵심은 8장(C)에 있다. 8장은 성전 안에서 이루어진
4가지 끔찍한 우상숭배에 대해 기술하는데28) 이 우상숭배가 바로 하나님의

27) 본서는 1장의 하나님의 임재를 긍정적인 의미로 보는 전통적인 입장을 따르고 있다. 즉,
1장은 하나님께서 포로 가운데 임하여 그들과 함께 계시겠다고 말씀하시는 것으로 보는
것이다. 오랫동안 1장을 긍정적인 의미로 해석하는 '다수'의 의견에 별 이견이 없었다.
그러나 최근에 부정적인 의미의 가능성을 주장하는 '소수' 의견의 부활을 시도하는 움직임이
있는 것도 사실이다. 이는 Leslie C. Allen, "The Structure and Intention of Ezekiel," VT 43/2
(1993): 145-61에서 찾아볼 수 있다. 소수 의견은 1장의 하나님의 임재가 사랑이나 보호가
아닌 심판의 의미라는 것이다. 이 소수 의견의 역사는 1900년의 Kraetzschmar까지 거슬러
올라가는 것으로 보고된다 (Allen, "The Structure and Intention of Ezekiel," 152-53). Allen은
1장에 나타나는 '폭풍의 신현'(the storm theophany)과 '보좌 신현'(the throne theophany)의
모티프가 구약 성경에서 심판의 문맥에서만 쓰인다는 점을 들어 1장이 심판의 의미를
갖는다고 주장한다(Allen, "The Structure and Intention of Ezekiel," 153-55, 160-61). 그러나
다른 문맥에서 쓰인 모티프만 가지고 현재 문맥의 의미를 절대적으로 결정할 수 있는지
의문이며 오히려 Craigie의 말처럼 마지막 절인 28절에 '무지개' 모티프를 제시함으로
말미암아 1장 전체는 홍수후 노아와 맺으신 보호의 언약이 상기되면서 희망의 메시지로
주어지고 있는 것이 아닌가 하는 생각이 드는 것이다. 참고: Craigie, Ezekiel, 12-13. Allen은
가까운 문맥인(immediate context) 2-3장에서 에스겔이 심판의 선지자로 부름받고 있는
것도 1장을 부정적인 의미로 해석케 하는 실마리라고 말한다(Allen, "The Structure and
Intention of Ezekiel," 158-59). 그러나 이 주장도 심판을 너무 '최종적인' 것으로 보기 때문에
생긴 착오라고 생각된다. 에스겔서에 나타나는 심판들은 파괴적이거나 최종적인 것들이
아니다. 포로들의 정신 상태를 뜯어고치고 회개케 하려는 의도에 지나지 않는다. 그러므로
1장에서 포로들에게 절대적인 안전 보장, 즉 임재와 보호의 약속을 공고히 해놓고 그
후에(2-3장) 에스겔은 그들을 위한 '구중하는' 선지자로 불러 세우는 에스겔서 전체의
구도에도 아무런 문제가 있을 수 없다.
28) 네 가지 우상숭배는 1. 내전 북문에 있었던 "투기의 우상"(가나안의 아세라상으로 생각됨)(3
절), 2. 밀실에서 행한 70 장로의 곤충과 우상에 대한 분향(이집트의 우상들로 생각됨)(10-12

영광이 성전을 떠나시게 한 결정적인 원인이었던 것이다. 날개 양쪽의 4-5장, 6-7장(B)과 9:1-10:8(B')에서는 우상숭배로 말미암고 임재 축출의 결과로 야기된 예루살렘과 전 국토의 멸망에 대해 말한다.29)

A(1-3장)와 A'(10:9-11:25)의 상응은 더 설명이 필요 없을 정도로 명료하다. 하나님의 영광의 임재에 관한 여러 단어들이 양쪽에 공통적으로 나타나고 있다: 환상(1:1과 11:24), 그발강(1:1, 3과 10:15, 22), 하나님의 영광(1:28과 10:18, 19; 11:23), 생물들(1:5, 13, 14, 15, 19, 20, 21, 22와 10:15, 17, 20), 날개(1:6, 8, 11, 23과 10:16, 19, 21; 11:22), 바퀴(1:15, 16, 18, 19, 20, 21과 10:9, 10, 11, 13, 16, 19; 11:22), 얼굴(1:8, 10, 11과 10:14, 22), 눈(1:18과 10:12) 등. 10장에서 1장의 생물들을 바로 그룹들로 확인하는(10:15) 등 A'에서 A를 받고 있음은 자명하다. B(4-5, 6-7장)와 B'(9:1-10:8)의 호응도 많은 어휘의 반복으로 증명된다: 도시/성읍(4:1, 3, 7; 5:2; 7:23과 9:4, 5, 9; 10:2), 땅(6:14; 7:2, 7, 23과 9:9), 이스라엘의 집(4:3, 4; 5:4; 6:11과 9:9), 유다(4:6과 9:9), 가증한 것(5:11; 6:9, 11; 7:3, 4, 8, 9, 20과 9:4), 불의(7:23과 9:9), 진노(5:15, 6:12; 7:8, 12, 14, 19와 9:8), 치다(smite)(5:2; 7:9와 9:5, 7, 8), "불쌍히 여기지 아니하며 긍휼을 베풀지 아니하고"(5:11; 7:4와 9:5, 10) 등.

절), 3. 역시 북문 입구의 담무스에 대한 애곡(바벨론 종교의식임)(14절), 4. 성전 현관과 제단 사이에서 25명의 제사장이 행한 태양숭배(고대근동의 보편적 우상임)(16절) 등이다. 하나님 한 분만 섬기게 되어 있는 성전에서 행해진 이 우상숭배들은 이스라엘 주변 지역의 모든 종류의 종교를 수입하여 자행한 상상할 수 없는 종교 파행이었다. 이 일로 하나님은 자신이 자신의 집에서 "쫓겨나게" 되었음을 말씀하신다(6절).

29) 10:1-8은 A', 즉 10:9-11:25(임재)에 포함시킬 수도 있다. 10:1-8에 나오는 "보좌", "사파이어"(1절), "바퀴"(2절), "하나님의 영광," "문지방"(4절) 등이 10:9-11:25의 임재의 내용과 상통하기 때문이다. 그러나 10:1-8은 그 내용이 9장에 되어지고 있는 예루살렘 심판의 연속이요 종결이기 때문에 B'(9장)과 연결하여 보았다. 사실 근대적 개념으로는 어느 쪽에 속하는지 명확히 결정되기를 기대할 수 있지만 고대 히브리 기자는 앞(B')과 뒤(A') 모두에 연결되는 문단으로 10:1-8을 썼을 수 있다. 앞의 주제를 이어 받으면서도 다음에 나올 내용을 예견하는 글의 작법이다. 10:1-8를 소위 야누스 문단(Janus passage)이라고 이름할 수 있을 것이다.

12-24장과 25-32장은 각기 내용과 주제로 연결되고 있을 뿐 도식화할 만한 구조는 발견되지 않으므로 생략하고 다음은 IV. 33-48장 중 책의 대미를 장식하는 독립된 단위인 40-48장의 구조에 대해서 살펴보기로 한다.[30] 40-48장은 세 개의 주 단위(main divisions)와 세 개의 막간(interludes)으로 나누어진다. 주 단위는 로마자로 막간은 아라비아 숫자로 표시하면 다음과 같다.

    I. 40-42장 새 성전

       1. 43:1-12 임재의 귀환

       2. 43:13-27 제단의 식양과 정화

    II. 44-46장 새 예배

       3. 47:1-12 성소에서 흘러나오는 소생의 강

    III. 47:13-48:35 새 세계[31]

---

30) 12-24장과 25-32장의 구조에 대해서는 학자들 사이에서도 이렇다 할 도식이 제시되지 못하고 있다. 몇 가지 시도가 있기는 하나 만족스러운 것은 없는 것 같다. 참고: David A. Dorsey, 『구약의 문학적 구조: 창세기-말라기 주석』, 류근상 옮김 (서울: 크리스챤 출판사, 2003), 401-9; C. H. Dyer & E. H. Merrill, 『구약탐험』, 738-57.

31) 이 구조에 대해서 필자는 Greenberg의 도움을 입은 바 크다. 그러나 Greenberg는 세 개의 주 단위와 두 개의 연결문단(transitions)만을 생각하고 있다. 주 단위 세 개는 (1) 40:1-43:12, (2) 44:1-46:24, (3) 47:13-48:35이며 연결문단 둘은 43:13-27과 47:1-11인데, 연결문단 43:13-27은 주 단위 (1)과 (2)를, 47:1-11은 주 단위 (2)와 (3)을 연결하는 것으로 보고 있다. M. Greenberg, "The Design and Themes of Ezekiel's Program of Restoration," 222f. Greenberg는 주 단위들을 각각 한 개씩의 "다리"(연결문단)가 연결하고 있는 것이 모양새 좋은 구도라 생각하고 이러한 제안을 하는 것 같다. 그러나 사실은 주 단위 세 개—새 성전, 새 예배, 새 세계—가 부드럽게 흘러가도록 하는 가교 역할의 문단은 세 개가 아닌가 싶다. 즉 43:1-12도 연결문단으로 보아야 한다는 것이다. Greenberg는 43:1-12를 주 문단의 일부로 보고 있지만 이는 40-42장이 말하는 성전의 식양과는 거리가 먼 내용이다. 43:1-12는 떠나셨던 하나님의 임재가 준비된 성전에 귀환하는 내용으로 새 성전에서 새 예배를 드릴 수 있는 조건이 최종적으로 만족되고 있음을 시사한다. 따라서 43:1-12는 40-42장과는 분리하여 43:13-27과 함께 '새 성전'(40-42장)과 '새 예배'(44-46장)를 연결 짓는 문단으로 보는 것이 좋을 것으로 생각된다.

I. 40-42장의 '새 성전'은 임재의 귀환(1. 43:1-12)과 제단의 준비(43:13-27)로32) 말미암아 비로소 '새 예배'(II. 44-46장)를 드릴 수 있는 장소가 된다. '새 성전'을 컴퓨터 하드웨어에 비유한다면 '새 예배'는 그 하드웨어에서 여러 프로그램이 활발히 돌아가는 모습이라 할 것이다. '임재의 귀환'과 '제단의 준비'는 하드웨어를 돌리기 위해서 소프트웨어가 갖춰지는 과정으로 비유할 수 있겠다. 40-42장에서 측정되고 묘사되기만 하는 동안은 성전은 어디까지나 정적인 건물에 불과하지만 적절한 준비를 거친 다음 44-46장에 이르러 여러 성전 활동의 규율이 제시될 때에는 그 성전이 하나님과 이스라엘 사이에 친밀한 교제가 이루어지는 역동적인 예배의 장소가 되고 있는 것이다.

II. 44-46장의 '새 예배'는 단순히 예배를 위한 예배가 아니다. 삶의 전 영역을 살찌게 하는 근원으로서 하나님의 임재와 그와의 이스라엘의 교제가 강조되고 있다. 이를 극명히 보여주는 것이 막간 3. 성소에서 흘러나오는 소생의 강(47:1-12)이다.

III. 47:13-48:35의 '새 세계'는 새 땅이 각 지파에 고루 분배될 것과 같이 거주하는 외국인에게도 차별 없이 분깃을 나눠줄 것을 명한다. 그리고는 '여호와가 거기 계시다'라는 별명을 가진 하나님의 도성을 기술하고 있다. 이 차별 없고 공평한, 하나님이 함께 하시는 축복의 땅은 성소가 공급하는 생명 샘 근원 때문에 가능하다. 44-46장에서 드려지는 예배를 통하여 성소(임재)는 생명의 물을 흘려 보내는데 이 물이 큰 강을 이루어 온 땅을 양식과 치료로 소생시킨다(47:1-12). 이것이 47:13-48:35의 축복을 가능케 하는 근원이다.

---

32) 번제단을 정화하는 과정은 에스겔이 심각하게 문제 삼는, 포로직전 또는 포로기의 이스라엘의 특정 범죄들과는 무관하다. 그보다는 제단을 예배드리기에 적합지 못하게 하는 통상적인 죄—시체나 문둥병등의 자연적인 오염, 또는 부지불식간에 지은 도덕적 과실 등—에서 깨끗케 하는 과정으로 생각된다. Greenberg, "The Design and Themes of Ezekiel's Program of Restoration," 226.

V. 에스겔서의 메시지

1. 사역자에 관한 교훈: 고난에 동참하는 자

에스겔서는 크레이기(P. C. Craigie)의 제안처럼 크게 선지자(사역자)에 관한 교훈과 에스겔을 통해 말씀하시고자 한 바, 즉 선지자의 메시지에 대해 읽을 수 있는 책이라 하겠다.33) 먼저 선지자에 관한 교훈을 살펴보자. 선지서들은 어느 책이나 선지자 자신의 삶과 고난에 대해 많은 정보를 준다. 한 예로 예레미야서는 예레미야 자신의 고난에 대해 많은 이야기를 하고 있다. 동족의 죄와 조국의 암담한 미래가 그에게는 큰 부담이었고 피할 수 없는 자신의 사명이 또한 부담이었다.34) 예레미야는 하나님의 말씀을 정직히 전한 그 이유 하나 때문에 숱한 곤경을 치러야 했던 많은 선지자들을 대표하는 사람일 것이다. 에스겔서 또한 예레미야서 못지않게 선지자의 삶에 대해 풍부한 정보를 제공하고 있다. 예레미야서가 선지자에 삶에 대해 감정적인 면에 많이 호소하며 정보를 준다면 에스겔서는 비교적 냉정한 분위기 속에 그것을 소개한다. 선지자의 삶은 무엇인가에 대해 이론적으로는 오히려 에스겔이 더 탄탄하고 정확한 내용을 전하고 있다고 말할 수 있을지도 모른다.

선지자는 하나님께 세움을 받아 하나님의 말씀을 선포한 사람들이다.35)

---

33) Craigie, *Ezekiel*, 1-6, 15-16, 20, 24, 32, and passim.
34) 예레미야의 부담과 고통은 그의 기도들에 잘 나타난다. 그의 대표적인 탄식(불평) 기도가 한 예이다. "여호와여 주께서 아시오니 원하건대 주는 나를 기억하시며 돌보시사 나를 박해하는 자에게 보복하시고 주의 오래 참으심으로 말미암아 나로 멸망하지 아니하게 하옵시며 주를 위하여 내가 부끄러움을 당하는 줄을 아시옵소서... 내가 기뻐하는 자의 모임 가운데 앉지 아니하며 즐거워하지도 아니하고 주의 손에 붙들려(개역한글, '주의 손을 인하여') 홀로 앉았사오니 이는 주께서 분노로 내게 채우셨음이니이다 나의 고통이 계속하며 상처가 중하여 낫지 아니함은 어찌 됨이니이까 주께서는 내게 대하여 물이 말라서 속이는 시내 같으시리이까"(렘 15:15, 17-18).

그런데 이 말씀을 선포하는 일은 말처럼 간단한 일이 아니었다. 특히 에스겔에게 그 일은 '말씀과 하나 되는' 일이었다. 예레미야도 마찬가지였지만 에스겔에게 하나님은 말씀이 쓰인 두루마리를 "먹으라"고 명령하셨다. 예레미야는 단순히 말씀을 먹기만 하면 되었는데(렘 15:16)[36] 에스겔은 이에서 한 걸음 더 나아가 말씀이 쓰인 두루마리를 먹어야 했다(겔3:1-3). 두루마리에는 "애가와 애곡과 재앙의 말"이 앞뒤에 빼곡히 적혀 있었다(겔 2:10). 에스겔의 경우 상징행동으로 수행해야 했던 이 말씀-두루마리를 먹는 행동은 '선지자와 말씀은 하나'라는 하나님의 계시를 예레미야의 경우보다 훨씬 현실감 있게 전달한다. 그리고 그 말씀은 위로와 소망의 흥겨운 말씀이 아니었고 이스라엘에 임할 재앙을 알리는 쓰디쓴 말씀이었다.[37]

　　예레미야의 상징적인 "먹음"보다 한 걸음 더 나아간 에스겔의 상징행동은 단순한 상징에 머무는 것이 아니라 에스겔의 삶 자체가 메시지였음을 실제적으로 그리고 강렬하게 말하고 있다. 에스겔은 말로만 재앙과 심판을 전하고 자신은 이 메시지에서 자유로운 사람이 아니었다. 그의 거의 모든 상징행동이 예루살렘에 임하는 심판에 관한 것이었는데[38] 그는 현대의 배우들처럼 심판의 내용을 단순히 연기(performance)만 한 사람이 아니라 그 내용이 담고 있는

---

35) 선지자가 누구인가에 대해서는 1장을 참고. Young의 언명도 참고할 것: "선지자들은 하나님으로부터 세움을 받은 자들로서 그들의 입에는 하나님의 말씀이 있고 그 말씀을 선포하는 사람들이다." Edward J. Young, 『선지자 연구』, 정충하 옮김 (서울: 기독교문서선교회, 1989), 7.

36) "만군의 하나님 여호와시여 나는 주의 이름으로 일컬음을 받는 자라 내가 주의 말씀을 얻어 먹었사오니..."

37) 예레미야의 경우도 그렇고 에스겔도 그렇고 말씀을 먹은 뒤에 기쁘고 즐겁다거나(렘 15:16) 말씀이 달다거나(겔 3:3) 따위의 말을 한 것은 말씀의 내용이 그렇다는 말이 아닐 것이고 말씀을 깨달음으로 얻은 즐거움이었는지 아니면 말씀의 근원이신 하나님과의 교제가 이루어지므로 얻게 된 달콤함이었는지 하는 종류의 것이었을 것이다.

38) 37:15-23의 두 막대기를 이어 잡는 상징행동을 제외하면 나머지 13개가 모두 심판에 관한 것이다. 앞의 III의 장르 부분을 참고할 것.

아픔을 실제로 아팠던 사람이다. 그는 메시지의 내용인 고통과 수치를 그의 상징행동을 통해 몸과 마음으로 다 겪었던 사람인 것이다. 몸이 묶이고 혀가 입천장에 붙는다든지(3:25-26) 430일간 모로 누워 있으면서(4:4-8) 금식 수준의 식사를 했다든지(4:9-12) 체력이 극도로 쇠약해져서 음식을 먹을 기력조차 없게 되었다든지(12:17-20) 칼로 자신의 넓적다리를 찌른다든지(21:12) 자신의 사랑하는 아내가 죽는다든지(24:28) 머리털을 잘라 대머리가 되고(5:1-4) 불결한 음식을 먹도록 종용되었다든지(4:9-12) 하는 이 모든 것이 에스겔 자신이 고난과 수치에서 자유롭지 못했음을 보여준다.

선지자 에스겔의 메시지 선포 사역은 짐멀리(Zimmerli)의 말처럼 "고난에의 연합"(solidarity of suffering)이라 부르는 것이 적절할 것이다.[39] 에스겔은 이스라엘이 자신을 떠난 것에 대해 아파하시는 하나님의 아픔에 동참한 사람이었고, 메시지의 내용인 재앙이 자신의 동족에게 가져올 아픔을 먼저 아픈 사람이었다. 재앙의 말이 쓰인 두루마리를 먹었다는 것은 이와 같이 아픔에 동참할 것을 단적으로 상징하는 행위였다. 하나님의 말씀의 사역자인 에스겔에게 메시지는 말로만 전하고 자신은 그 모든 내용으로부터 면책특권을 누릴 수 있는 중립지대는 없었다.

두루마리를 먹는 행위가 주어진 소명 문맥을 살펴보면 이러한 사실이 더욱 분명해진다. 선지자는 우호적인 사람들에게 보내지는 것이 아니라 "반역의 백성"에게 보내지고 있다. 에스겔의 청중이 반역적일 것임이 여러 차례 반복적으로 말해진다(2:3, 5, 6, 7, 8; 3:9). 그들은 이마가 굳고 마음이 강퍅한(3:7) 사람들이었고 처음부터 범죄한(2:3) 사람들이었다. 이러한 연유로 에스겔은 가시와

---

39) Walther Zimmerli의 언급은 Craigie의 주석에 인용되어 있음: "the prophet sees himself set alongside God in an impressive solidarity of suffering." Craigie, *Ezekiel*, 20.

찔레가 찌르고 전갈이 무는(2:6) 것과 같은 고난과 두려움으로 가득한 환경에서 일하게 되어 있었다. 에스겔은 하나님의 동정의 마음(pathos)을 가지고 백성들의 아픔을 먼저 아파해 하면서 완고한 사람들에게 회개의 메시지를 전해야 했다.

오늘날 말씀의 사역자에게도 사역자 자신과 메시지는 구별 지어 생각할 수 없다. 십자가 고난의 복음을 전하는 데 있어 사역자는 그것을 먼저 체험하고 설교하게 된다. 사역자의 고난은 하나님의 마음의 아픔 때문에 오는 것이다. 고난을 통하여 사역자는 하나님의 동정(compassion)과 그로부터 야기된 그분의 아픔을 깨닫고 배우게 된다.40) 사역자는 또한 인간이 보편적으로 겪게 되는 고난을 (그것이 비록 제한적이고 부분적이라 하더라도) 먼저 겪어 보는 사람이다. 사역자의 고난은 청중을 "이해"하며 동정하게 되는 길이다. 그들의 삶을 직접 살아보지 않지만 고난을 통하여 그들을 "알게" 되는 것이다.41) 오랜 고난은 무의식중이라 할지라도 사역자의 체질에 깊이 박혀서 그로 하여금 인간을 이해하고 동정하게 하며 위로하는 본능을 갖추게 한다. 쓰디쓴 고통이 사역자의 사역에 가장 기본적인 자산이 된다는 것은 이성이나 논리로는 설명할 수 없는 하나님의 경륜의 신비라 해야 할 것이다. 그러나 어쨌든 하나님의

---

40) Abraham Heschel이 성경(선지서)에 나타난 하나님의 사랑을 "파토스"(pathos)라는 한 단어로 잘 표현하고 있음을 2장에서 밝힌 바 있다. 바로 그 파토스가 하나님 마음속의 동정과 아픔을 이르는 말이다.

41) 사역자는 먼저 겪는(first to suffer) 사람이라 말할 수 있다. 필자는 70년대 군사독재 시절 시인들이 자신들을 "잠수함의 토끼"에 비유하는 것을 들은 일이 있다. 잠수함에는 보통 토끼를 함께 싣고 가는데 그 이유는 토끼들이 사람보다 일찍 수압의 크기에 반응해서 배가 잠수할 수 있는 한계를 가르쳐 주기 때문이라 한다. 배가 바다 밑으로 잠수할 때 일정 수심에 이르면 사람보다 먼저 수압을 느낀 토끼들은 어떤 거부반응으로 '위기' 신호를 보내게 되고 선원들은 이것을 보고 배의 잠수를 제어한다는 것이다. 이 잠수함의 토끼처럼 시인들은 시대의 아픔을 먼저 아프게 되는 사람들인데 이들은 자신들이 먼저 감지한 이 아픔을 글로 써서 민중을 깨우치게 된다는 논지였다. 그런데 사실 이것은 기독교의 말씀 사역자들에게도 그대로 적용할 수 있는 비유가 아닌가 싶다. 사역자들은 먼저 고난을 겪어보고 그 아픔으로 말씀을 전하는 사람들이기 때문이다.

아픔과 인간의 고통에 참여함이("enter into") 없이는 사역과 설교가 존재하지 않는다. 동정이 배워지지 않은 사역이나 설교는 존재할 수가 없는 것이다. 사랑이 가진 여러 얼굴 중의 하나는 고뇌(agony)와 고통(pain)이라고 한 크레이기 교수의 말은 이러한 진실을 잘 반영하고 있다.42)

2. 선지자의 메시지: 하나님과의 정상적인 관계

에스겔서는 하나님에 대해서 여러 가지 소중한 진리들을 가르쳐 준다. 예컨대 1장이 보여주는 하나님의 불가해성(unfathomability)과 사랑에 대한 교훈 같은 것은 어떤 개념적인 신학적 논리나 체계가 가르쳐 줄 수 없는 최고의 신론(神論)이라 할 수 있다. 여기서 에스겔서가 지닌 하나님에 관한 지식의 보고(寶庫)를 일일이 다 탐구할 수는 없다. 본서에서는 책 전체에 일관되이 흐르는 바 하나님께서 이스라엘과의 관계에 대해서 말씀하시는 핵심적인 내용만을 살펴보기로 한다.

한 마디로 에스겔의 메시지는 이스라엘을 향해서 하나님과 정상적인 관계를 회복하라는 것이다. 모든 문제는 이스라엘과 하나님 사이의 깨어진 관계에서 비롯되었다. 게다가 더욱 심각한 것은 문제가 진행되고 있는 현재에도 이스라엘은 그 문제를 해결할 바른 방법을 찾고 있지 못할 뿐만 아니라 그 문제를 문제로조차 인식하지 못하고 있다는 것이다. 에스겔은 이스라엘에 대한 집행유

---

42) Craigie, *Ezekiel*, 20. 바울이 사역자의 생애를 교회를 위한 인고(忍苦)의 길로 이해하는데 이 또한 에스겔서의 사역자에 대한 이해와 일치하는 것이라 볼 수 있다: "우리가 항상 예수의 죽음을 몸에 짊어짐은 예수의 생명이 또한 우리 몸에 나타나게 하려 함이라 우리 살아 있는 자가 항상 예수를 위하여 죽음에 넘겨짐은… 그런즉 사망은 우리 안에서 역사하고 생명은 너희 안에서 역사하느니라"(고후 4:10-12); "나는 이제 너희를 위하여 받는 괴로움을 기뻐하고 그리스도의 남은 고난을 그의 몸된 교회를 위하여 내 육체에 채우노라"(골 1:24).

예 또는 보호관찰의 기간 동안에 활동한 사람이다.[43] 하나님께서는 이스라엘(유다)을 단숨에 멸망시키시지 않으시고 유예의 기간을 주셨는데 즉, 598년의 여호야긴 왕을 위시한 1차 포로와 586년의 예루살렘 멸망 사이의 11-12년이 그것이다. 이 기간은 이스라엘에게 문제를 주시며 그들로 하여금 그 문제의 근본 원인을 생각해 보도록 기회를 주신 기간이다. 이스라엘은 근본 원인을 파악하지 못했다. 군사나 경제, 정치 따위가 사태를 해결해 줄 것으로만 생각하여 1차 포로 이전보다 영적으로 더 나아진 면을 나타내 보이지 못하였다. 선지자는 바로 이 상황에 문제의 핵심을 깨닫도록 깨우치는 일에 보냄을 받은 사람이었다.

여기서 다시 한 번 심판과 관련된 하나님의 사랑에 대해 언급하고 넘어갈 필요가 있다. 하나님이 심판을 선포하시거나 시행하신 것도 사실은 그분 속에 있는 이스라엘을 향한 사랑 때문이었다는 것을 2장에서 밝힌 바 있다. 선지서 주해를 위해 늘 상기해야 할 내용이므로 그 한 부분을 여기에 옮겨보자.

> 즉, 하나님의 마음속에는 죄를 꾸짖고 엄포로 심판을 말할 때부터 즉 아예 처음부터 억제할 수 없는 사랑이 끓고 있었던 것이다. 사람들이 죄를 짓고 있었기 때문에 그 사랑의 심정은 더욱 간절했을지도 모른다. 심판을 말씀하시는 동안도 진정으로 하나님의 마음속에 있었던 것은 유일하게 이 애끓는 동정심이었다... 의와 심판을 말하는 선지서의 역사 해석의 저류에는 바로 하나님의 파토스가 흐르고 있다는 사실이 기억되어야 한다. 메마른 법률의 적용이 아니라 하나님의 통렬한 심정이 선지서의 역사 해석의 기조였다는 사실을 기억할 때만 선지서는 바른 각도로 읽혀질 수 있는 것이다.[44]

이 부분은 에스겔서를 비롯한 모든 선지서에 나타난 하나님을 이해하는 데

---

43) 물론 나라가 완전히 망한 후에도 15년여 활동을 했지만 그의 설교의 핵심이라고 할 수 있는 책망하는 내용의 대부분은 나라가 망하기 전까지의 7년 기간에(B.C. 593-586) 주로 집중되어 있다.

44) 제2장 심판 본문의 해석법, II. 선지서에 나타나는 하나님의 공의와 사랑.

가장 중요한 내용이다. 하나님은 이스라엘이 계명을 준수하지 못한 데 대해 기계적이고 '율법적인' 책벌을 시행하신 분이 아니라 자기 백성을 사랑한 나머지 그들의 개선을 위하여 매를 드신 분이시라는 것이다. 심판이 시행되거나 선포될 때에도 중요한 것은 심판이라는 비인격적 현상 자체가 아니고 그 현상 배후에 깊이 깔려있는 하나님의 사랑이라는 동기이다. 이 동기 때문에 심판은 비인격적 무자비성을 넘어 하나님이 계획하시고 시행하시고 그 분의 목표를 이루어 가신다는 경륜으로서의 큰 의의를 갖는다. 피쉬베인(M. Fishbane)의 표현을 빌려 말한다면 "인격적인 하나님의 공의"(personal divine justice)라 할 것이다.45) 이스라엘(유다)이 용납될 수 없는 종교적 사회적 범죄를 저지른 것은 사실이지만 에스겔의 하나님은 이스라엘의 언약의 하나님으로서 비인격적인 기계적 보응을 시행하고 계신 분이 아니시고, 마음으로 통렬히 아파하시는 분이시고 이 아픔 때문에 자기 백성이 제 자리로 돌아오도록 모진 매를 들고 계신 분인 것이다. 피쉬베인은 하나님의 이러한 인격성을 엿볼 수 있는 근거를 둘을 든다. 즉, 하나는 하나님께서 죄인들을 심판하실 때마다 "자신의 자비를 유보한다"(withhold his mercy)고 말하심으로 자신은 근본적으로 자비의 하나님 이며 지금은 그 자비를 잠시 유보하는 것뿐이라는 점을 말하는 점, 그리고 또 하나는 심판하실 때마다 "왜냐하면," "그러므로" 등의 말을 써서 범죄한 내용을 반드시 밝히시는데 이로써 자신이 임의로(까닭 없이) 심판의 칼을

---

45) 참고: Michael Fishbane, "Sin and Judgment in the Prophecies of Ezekiel," *Interpreting the Prophets*, ed. J. L. Mays and P. J. Achtemeier (Philadelphia: Fortress Press, 1987), 184-87. Fishbane 교수 자신은 "the personal justice of Israel's covenantal God"(Fishbane의 원고에 'convenantal'이라고 되어 있는 것은 오타로 보임), 또는 "a personalized divine justice"라는 표현을 쓰고 있음. Fishbane의 말을 직접 옮겨 보면 다음과 같다: "The persistent theme of divine judgment of Jerusalem (and Judea) for her sins makes it clear that the punishment to come is the personal justice of Israel's covenantal God, not simply the working out of some impersonal principle of natural balance or retribution. Indeed, this quality of a personalized divine justice is emphasized both by..."

휘두르는 것이 아니라 분명한 이유가 있음을 밝히고 있는 점이다.46) 두 번째 근거도 중요하다. 하나님은 자신이 주권자이시니까 아무런 이유를 대지 않으시고도 모든 것을 시행할 수 있으시지만 그러나 이스라엘에게 굳이 자신의 행동을 합리화하시는 것은 이스라엘을 하나의 인격으로 대우하시며 매우 존중해 주시는 태도인 것이다. 어쨌든 피쉬베인 교수의 견해도 표현만 다를 뿐 필자가 심판의 본질을 하나님의 성품인 파토스로 이해한 것과 크게 다른 점이 없다.

그러면 이렇듯 하나님의 파토스가 모진 매로 나타나는 이유는 무엇인가? 그것은 하나님께서 이스라엘이 바른 관계를 회복하여 자신에게 돌아오기를 간곡히 원하시기 때문이다. 하나님의 이러한 소원은 에스겔서 어디서나 발견되는데 가히 에스겔서의 중심 메시지라 해야 할 것이다. 이스라엘과의 관계회복을 원하신다는 것은 심판과 회복 예언 후에 빈번히 쓰인 저 유명한 인지공식(認知公式, recognition formula)으로부터도 알 수 있다. 인지공식이란 "그들이(너희가) 나를 여호와인 줄 알리라"(ידעו כי־אני יהוה)는 말씀을 말하는데47) 약간 변형된 표현을 포함하면 에스겔서에만 65회 가량 쓰이는 것으로 조사되고 있다.48)

---

46) Fishbane, "Sin and Judgment in the Prophecies of Ezekiel," 185. 본문의 내용은 Fishbane의 진술을 그대로 옮기지 않고 필자가 알기 쉽게 재구성한 것임.

47) 이 말씀은 하나님이 자신의 행동의 목적을 나타내는 말인데 구약 성경에 굳혀진 형태로 빈번히 쓰이기 때문에 공식(formula)이라고 이름이 붙여졌다. 독일 학자들에 의해 Erkenntnisformel이라 명명된 이 공식은 '선지적 증명 말씀'(Prophetisches Erweiswort)이라는 장르를 구성하는 성분으로 생각되고 있다. 참고: Ronald M. Hals, Ezekiel, FOTL, vol. 19 (Grand Rapids: Eerdmans, 1989), 362, 353-54.

48) The NIV Study Bible, 1228. 학자에 따라 이 공식의 계수는 다르다. 예컨대 Mandelkern의 콘코던스는(S. Mandelkern, Veteris Testamenti concordantiae hebraicae atque chaldaicae [Tel Aviv: Sumptibus Schocken Hierosolymis, 1971]) 이 공식이 에스겔서에 60-66회 정도 나오는 것으로 보고하고 있다. 필자의 조사에 의하면 이 공식이 나오는 절은 대강 다음과 같다: 5:13; 6:7, 10, 14; 7:9; 12:15, 16, 20; 13:14, 23; 14:8; 16:62; 17:21; 20:38, 42, 44; 22:16; 23:49; 24:24, 27; 25:7, 11, 14, 17; 26:6; 28:24, 26; 29:6, 8, 16, 21; 30:8, 19, 25, 26; 32:15; 33:29; 34:27, 30; 35:4, 9, 15; 36:11, 23, 38; 37:6, 13, 14, 28; 38:23; 39:6, 7, 22, 28.

이 공식은 에스겔서에 유난히 많이 사용되고 선지서의 다른 곳에서는 이사야서
49:23, 49:26, 60:16 정도에 나오는데 그치고 있다.49) 한 책에 60회 이상이라는
높은 빈도로 쓰이고 있다면 이는 이 말씀이 그 책에서 대단히 중요한 의미를
갖는다는 뜻이다.50) 에스겔서 신학의 유일한 중심이라고는 못한다 하더라도
중요한 하나의 신학을 반영하고 있는 것만은 틀림없다. 이 공식(말씀)을 통해
에스겔은 하나님의 행하심(심판과 구원)의 진정한 목적을 나타내려 한 것
같다. 특히 심판을 행하실 때 그것은 하나님이 자신의 '윤리적 분노'를 나타내신
것이 아니고 오직 자신을 계시하고자 하신 방편이었다는 것을 알 수 있다.51)
인지공식은 이스라엘(또는 전 인류)과 정상적인 관계를 가지시려는 하나님의
소원을 잘 보여준다(이방을 향하여도 이 공식이 쓰인 것으로 보아 하나님은
모든 인류에게 같은 관심을 가지고 있다고 말할 수 있다). 심판(구원은 물론이거
니와)의 배후에는 하나님께서 '지식을 창조'하시려는 목적이 있었다. '하나님을
아는 지식'이 역사의 모든 회오리의 배후에 숨겨진 하나님의 목표였던 것이다.
가혹해 보이기만 하는 심판이었지만 그 역사 현상 자체는 중요한 것이 아니다.
참으로 중요한 것은 현상 배후에 있는 경륜, 즉 하나님께서 이스라엘을 자신과
바른 관계로 돌이키시려는 깊은 섭리였다. 하나님은 아픈 마음을 가지고 자기
백성과 격의(隔意) 없는 교제의 계제를 기다리고 계셨던 것이다.52)

---

49) 사 49:23 וידעת כי־אני יהוה; 사 49:26 וידעו כל־בשר כי אני יהוה מושיעך; 사 60:16
וידעת כי אני יהוה מושיעך.

50) 예컨대 "이스라엘의 거룩한 자"(the Holy One of Israel)란 구절이 이사야서 한 권에 26회
나오는 것을 두고 이 구절이 이사야의 중심신학이라고 학자들이 평가하고 있는 사실과
비교해 보라.

51) 이 점은 Zimmerli가 잘 지적하고 있다. Walter Zimmerli, "The Message of the Prophet Ezekiel,"
Int 23/2 (1969): 148.

52) 구원을 의미하는 말인 ישע가 에스겔서에서 한 군데를 제외하고는 나머지가 모두 외부의
적이나 곤란으로부터의 구속과 같은 일반적인 용례가 아닌, 영적인 더러움에서의 구원이라는
의미로 사용되고 있다는 사실이 조사되었다. 제44차 한국복음주의 신학회 논문발표회에서

에스겔서가 유독 하나님과 이스라엘 사이의 정상적인 관계를 강조한다는
것은 책 전체의 구조도 잘 보여준다. 에스겔서는 '하나님의 임재(영광)'라는
주제가 책의 틀을 이루고 있다. 하나님 임재의 주제는 에스겔서에서 세 차례에
걸쳐 상세히 다루어지는데 이 주제는 일단 다루어지면 스쳐 지나가는 언급으로
끝나지 않고 매우 상세하게, 그리고 진지한 관심을 가지고 다루어졌다. 맨
먼저는 1-3장인데 메소포타미아의 포로들에게 임하시는 하나님의 임재가 선지
자의 소명과 함께 묘사되었다. 두 번째는 8-11장인데 성전의 우상숭배 때문에
어쩔 수 없이 떠나시는 하나님의 영광이 비장하게 그려져 있다. 마지막으로는
책의 마지막 부분인 40-48장의 진지한 언급이다. 43:1-12은 떠나셨던 하나님의
임재가 새 성전에 다시 돌아오시는 장면이 대화와 함께 상세히 언급된다.
48:30-35에서는 하나님의 도성의 이름이 "주께서 거기에 계시다"(יהוה שמה)로
바뀜을 말하여[53] 하나님의 자신의 백성에의 임재가 영원한 상징으로 약속되고
있다. 그리고 사실 40-48장은 전체가 하나님의 자기 백성 중의 임재를 말하고

성결대 이성훈교수는 에스겔 37장을 다루면서 이 조사 결과를 발표했는데 이 교수는
שוב의 이러한 용례는 이스라엘의 회복에 있어 영적인 관계의 회복이 얼마나 중요했는가
하는 것을 단적으로 보여주는 것이라고 했다. 역시 이스라엘과의 정상적인 관계를 원하시
는 하나님의 의중을 엿볼 수 있는 대목이다. 이 교수가 들고 있는, שוב가 영적인 더러움에서
의 구원이라는 의미로 쓰인 예 둘은 다음과 같다: 겔 36:29 והושעתי אתכם מכל טמאותיכם
("그리고 내가 너희를 너희의 모든 더러움으로부터 구원할 것이다," 필자의 사역), 겔 37:23
והושעתי אתם מכל מושבתיהם אשר חטאו בהם("그리고 내가 그들을 그들이 죄를 지은 그들의 모든
장소로부터 구원할 것이다," 필자의 사역). 참고: 이성훈, "민족복음화와 남북통일—'두
나라가 하나가 되리라': 에스겔 37:15-28절을 중심으로," 『제44차 한국복음주의신학회
논문발표회』 (미간행 책자, 한국복음주의신학회, 2004), 209-10.

53) Moshe Greenberg는 에스겔이 도성의 이름을 지긋지긋한 "예루살렘"에서 "여호와 삼마"로
아주 바꾸는 것이라고 재미있는 해석을 했다. 에스겔은 우상숭배와 사회적 범죄들을 이유로
예루살렘을 지겨울 정도로 곳곳에서 비난했는데 그에게 그 이름은 참으로 "더러운 이름"(겔
22:5)이었다. 에스겔은 새로운 하나님의 도성에 대하여 고약한 이미지를 씻어낼 수 없는
이 옛 이름(예루살렘)은 도무지 합당하지 않다고 보고 아주 새로운 이름으로 갈아버리고
있다는 것이다. Greenberg, "The Design and Themes of Ezekiel's Program of Restoration,"
233.

있다. 성전(40-42장)은 하나님의 임재의 장소이며 예배(44-46장)는 그분과의 교제이다. 제일 끝에 주어진 지시인 땅 분배(47-48장)도 성전과 성역(holy district) 을 중심으로 한 것이어서 이 역시 하나님의 임재가 중심이 되는 이스라엘의 삶을 말하고 있다.

에스겔서는 시작과(1-3장) 끝에(40-48장) 임재에 관한 단원이 배치됨으로 책 전체가 임재라는 주제로 마무름 되고 있다. 여기다 8-11장에 임재가 한 번 더 언급되어 책 전체는 임재라는 주제의 '틀'로 기본 구조가 짜여지고 있는 것을 보게 된다. 에스겔서는 전체가 하나님의 임재라는 관심아래 움직이도 록 짜여진 책 같다. 임재는 이스라엘의 반역 행위 때문에 도성의 멸망이라는 전대미문의 비운을 동반하면서 원래의 장소인 예루살렘 성전을 떠난다(8-11장). 떠난 임재는 그 경륜의 신비 속에 일정 기간을 포로들 중에 머무른다(1-3장). 그러나 임재는 결국 성전으로 돌아오게 되는데 그것은 옛 성전이 아닌 새롭게 지어진 성전으로의 영원한 귀환인 것이다(40-48장). 이 임재라는 기본 골격이 세워진 다음에 책의 나머지 부분에는 임재가 떠나게 된 이유, 결과, 그러한 결과를 피할 수 있었던 각종 비결, 교훈, 꾸지람, 위협, 여기에다 어쩔 수 없이 다가온 비운 후의 회복 등 갖가지 신학적 윤리적 주제들에 관한 언급이 여기저기에 배치되어 있는 것이다. 이처럼 일별한 책의 구조도 에스겔서의 중심되는 관심이 하나님과 이스라엘 사이의 정상적인 관계 수립이라는 점을 잘 드러내 보여주고 있는 것이다.

이외에도 에스겔서 안에서 하나님이 자기 백성과 바른 관계를 맺으시려는 관심을 보여주는 개별적인 예들을 더 찾고자 하면 끝도 없는 일일 것 같다. 몇 가지 예만 든다면 족할 것이다. 각종 심판(멸망) 예언(그것이 신탁이든 상징행동이든 환상이든 할 것 없이)들은 알고 보면 뒤에 숨겨진 하나님의 의중은 자신에게 돌이키라는 부르심이다. 12-24장 사이의 많은 교훈들은 대부분 하나님께 돌이키라는 메시지에서 크게 벗어나지 않는다. 18장 같은 경우는 가장 노골적으로 하나님의 속마음을 드러낸다 하겠다. "회개하라!"(18:30), "돌이키라, 그리고 살아라!"(18:32), "정신을 차려라!(새 마음과 새 정신을 갖춰라!)"(18:31)는 외침은 우회와 함축의 '치장'이 다 벗겨진, 가장 솔직히 하나님의 마음이 표현된 말씀이다. 이외에 회복의 예언 중에서, 언약을 상기시키시며 (36:28) 하나님의 참 소원은 "자기 백성 중에 거하는" 것임을 말씀한 내용(37:27) 같은 것들도 모두 하나님께서 이스라엘과의 관계에 지대한 관심을 보이신 말씀이라 하겠다.

VI. 맺는 말

에스겔서는 가장 어두운 시간에 희망을 본 책이다. 나라와 종교가 망해 가는 순간에 또 이미 망해 버린 순간에 이스라엘 사람들에게 남은 것이라곤 허탈과 절망뿐이었다. 이 상황에 에스겔은 이스라엘에게 신앙마저 붕괴하는 것을 막기 위하여 지난 역사를 해석하고 나아갈 바를 제시하며 새로운 미래를 꿈꿨다. 이스라엘의 불운은 자신들이 자초한 것이었다. 하나님께서 친히 맺어 주신 관계를 저버린 것이다. 결과는 나라와 성전의 멸망이었다. 하나님은 다시 은혜로 이스라엘을 회복시키려 하신다. 그러나 마술적이고 자동적으로 그 일이 일어나는 것이 아니고 이스라엘 각인의 내면에 새로운 변화가 일어나야 하는데 그것은 에스겔이 그토록 꾸준히 부르짖었던 하나님과의 관계의 회복인 것이다. 새 마음, 새 영 등으로 표현된 이 관계의 회복은 이스라엘이 갖추었다면 나라의 멸망도 막을 수 있었던 그러한 것이었다. 그러나 일이 이미 그르쳐진 지금도 이 관계의 회복은 얼마든지 새로운 시대를 열 수 있는 열쇠가 되는 것이다. 이것이 에스겔이 본 희망의 역동적인 힘이다.

에스겔서는 한편으로는 하나님과의 관계 회복을 말하는 책이지만 다른 한편으로는 이를 위한 인간 편의 '회개'를 역설하는 책이다. 에스겔이 바라보는 희망은 값싼 희망이 아니라 회개를 통한 희망이다. 이스라엘이 헛다리를 짚은 예루살렘과 유다 왕가를 향한 기대는 거짓된 희망이었지만 에스겔이 가르치는 회개를 통한 하나님과의 관계 회복은 참된 희망인 것이다. 4:1-3의 상징행동에서는 하나님과 예루살렘 사이에 "철판/철성벽"이 있음을 보여준다. 이 상징이 웅변적으로 말씀하는 것은 무수히 부르짖었을 예루살렘 거민의 기도에 하나님은 철판을 사이에 두시듯 귀를 막으시겠다는 것이다. 방법은 하나, 거민들은(포로들도 포함) 마음에 있는 완고하고, 뿌리 깊은 죄의 철판을 뽑아내야 한다. 4:1-3보다 더 힘있는 회개 촉구 설교가 있을 수 있을까. 성전의 우상숭배에 대한 기술을 마감하는 8:18에서는 이스라엘이 크게 부르짖어도(ויקרא ... קול גדול) 하나님께서 듣지 않으시겠다고 하신다. 대신에 9:1에서 하나님께서 큰 소리로 심판을 명하실(ויקרא ... קול גדול) 따름이다. 부르짖음이 응답되려면 8장에 나온 것과 같은 심각한 우상숭배와 죄들이 회개되고 바른 방향으로 고쳐져야 한다. 단회적 회심으로 족한 것이 아니고 꾸준한 회개를 통한 개선(innovation)이 필요하다. 이스라엘의 큰 실수는 범죄 자체가 아니라 범죄를 뉘우치도록 조처된 11-12년의 보호관찰 기간에도 전혀 문제의 핵심을 보지 못하고 죄만 더하는 헛발질을 계속했다는 점이다. "회개하라"는 18:30의 한 말씀에는 에스겔서의 교훈 전체가 압축되어 있다.

우리는 '근본적인 질문'(fundamental question)을 할 줄 아는 지혜를 지녀야 한다. 신앙생활과 기도생활의 주 관심이 눈앞의 안일, 무사, 번영, 형통 따위에만 맞춰져 있다면 멸망 직전의 이스라엘의 오류와 별반 다를 바 없다. 하나님과의 정상적 관계가 닥친 문제와 도전들을 해결하고 이겨내는 정도(正道)요 유일한 길인 줄 알고 관계 회복을 위해 기도해야 한다. 근본적인 질문에 충실한 기도/신앙은 건전한 기도/신앙이다. 이에서 벗어나면 늘 실패의 연속이요, 성장/성숙은 기약할 수 없다. 막다른 골목에 들어선 것 같은 교회의 상황은 근본적인 질문을 하는 습관이 안 된, 또는 할 줄 모르는 우리의 신앙 행태와 불가분의 관계 속에 있는 것으로 보인다. 회개가 되지 않으니 찌든 죄에서 돌이킬 방법이 없고 회개의 힘이 약하니 잘못된 줄 알면서도 나쁜 습관을 개선할 힘이 생기지 않는다.

우리가 회개생활을 습관화하면 하나님께서 아마 우리의 많은 해묵은 어려움들도 제거해 주시지 않을까 한다(참고: 겔 4:1-3). 그리고 신생의 길이 시작되는 것이다(11:19, 18:31, 36:26).[54] 그야말로 참으로 새롭고 날마다 새롭고 또한 항상 새로워지는(苟日新 日日新 又日新)[55] 역사가 개인과 사회 전체에 얼마든지 일어날 수 있는데[56] 이는 에스겔서 자체가 약속하고 있는 바이다(11:20, 36:27, 37:23). 우리는 회개 생활의 회복을 통하여 끝없이 되풀이되어 온 결실 없는 소모전(dissipation)을 끝내고 내용과 진보가 있는 성숙한 훈련기로 들어가야 되리라 본다. 고난에서 '해방'되는 것이 그 자체로 목적은 아니다. 하나님의 계획 안에서 해방은 새로운 순종의 길을 걸을 수 있는

---

54) 에스겔 47:8-9은 성소에서 나온 강이 죽은 물을 소성케 하고 이로 말미암아 모든 것을 살려낸다고 말씀한다.
55) 대학(大學)에 나오는 이 말은 은(殷) 탕왕(湯王)이 세면기에 새겨 놓고 매일 아침 세수할 때마다 새로운 하루를 다짐한 내용이다.
56) 한국교회를 새롭게 한 교회사의 분수령인 1907년의 평양대부흥이란 것도 사실상 그 내용은 회개운동에 다름 아니었다. 당시 부흥운동에 대한 상세한 소개를 김영재, 『한국교회사』 (서울: 한국개혁주의신행협회, 1992), 110-18에서 찾아볼 수 있다.

자유를 얻는 것을 의미한다(11:20, 36:27[57]). 문제 해결을 위하여 항상 피하고 방어만 하던 데서 이제는 자원적 순종을 할 수 있는 힘과 동기를 부여받은 신앙으로 거듭나는 것이다. 이제 새로운 생각을 가지고 그 분의 뜻에 기쁨으로 순종하는 생활을 하는 시대가 온다. 지난날에 패배적이며 방어적이고 소극적으로 밀려만 다녔던 신앙 행태는 사라지고 적극적이고 생산적이며 진보가 있는 신앙으로의 놀라운 전환을 맛보게 되는 것이다. 이벤트성 회개는 이 일을 가져오지 못한다. 주변적이 아닌, 신앙/기도의 중심에 들어온 회개 (centered repentance), 그리고 일회성이 아닌, 기도와 생활 속에 늘 계속되는 지속적 회개(continual repentance)가 이러한 변화를 가져올 것이다. 세상의 어떤 귀하게 보이는 것보다, 세상의 어떤 어렵게 생각되는 문제보다, 하나님과의 바른 관계가 가장 중요하고 심각한 문제라는 것을 깊이 의식하면서, 자기 앞에 놓여 있는 거룩과 사랑이라는 숙제를 들고 늘 하나님 앞에 나아가 자신의 죄를 돌이켜 보는 고도의 훈련된 신앙이 절실히 요청된다. 에스겔서는 바로 이러한 신앙을 요청하고 있다.

---

57) 또한 롬 8:2과 롬 6:18, 22을 참조.

■ 참고문헌

Achtemeier, E. *Preaching from the Old Testament.* Louisville, KY: Westminster/John Knox Press, 1989.

Albright, W. F. *From the Stone Age to Christianity.* Garden City, NY: Doubleday, 1957.

Allen, L. C. "The Structure and Intention of Ezekiel." *VT* 43/2 (1993): 145-61.

Alter, R. *The Art of Biblical Narrative.* New York: Basic Books, 1981.

_____. *The Art of Biblical Poetry.* New York: Basic Books, 1985.

Archer, G. L. 『구약총론』. 김정우 옮김. 서울: 기독교문서선교회, 1985.

Baldick, C. *The Concise Oxford Dictionary of Literary Terms.* Oxford: Oxford University Press, 1991.

Barr, J. *The Semantics of Biblical Language.* London: Oxford University Press, 1961.

Berlin, A. *Poetics and Interpretation of Biblical Narrative.* Sheffield: Almond Press, 1983.

_____. *The Dynamics of Biblical Parallelism.* Bloomington, IN: Indiana University Press, 1985.

Blenkinsopp, J. *A History of Prophecy in Israel.* Philadelphia: Westminster Press, 1983.

Botterweck, G. J., and H. Ringgren, eds. *Theological Dictionary of the Old Testament.* Trans. J. T. Willis et al. Vols. 1-15. Grand Rapids: Eerdmans, 1977/2006.

Bright, J. "The Book of Jeremiah." *Int* 9 (1955): 259-78.

_____. *A History of Israel*. 4th ed. Louisville, KY: Westminster John Knox Press, 2000.

_____. *Covenant and Promise*. Philadelphia: Westminster Press, 1976.

_____. *Jeremiah*. AB. Garden City, NY: Doubleday & Company, 1965.

Bromiley, G. W. et al. ed. *The International Standard Bible Encyclopedia: Fully Revised*. Vols. 1-4. Grand Rapids: Eerdmans, 1979/1988.

Brown, F., S. R. Driver, and C. A. Briggs. *Hebrew and English Lexicon of the Old Testament*. Oxford: Clarendon Press, 1907.

Brueggemann, W. "The Book of Jeremiah: Portrait of the Prophet." *Interpreting the Prophets*. Ed. J. L. Mays and P. J. Achtemeier. Philadelphia: Fortress Press, 1987. Pp. 114-29.

_____. 『구약신학: 증언, 논쟁, 옹호』. 류호영·류호준 옮김. 서울: 기독교문서선교회, 2003.

Bullinger, E. W. *Figures of Speech Used in the Bible*. London: Messrs. Eyre and Spottiswoode, 1898; reprint ed., Grand Rapids: Baker Book House, 1968.

Caird, G. B. *The Language and Imagery of the Bible*. Philadelphia: Westminster Press, 1980.

Ceresko, A. R. *Introduction to the Old Testament: A Liberation Perspective*. Maryknoll, NY: Orbis Books, 1992.

Childs, B. S. "The Canonical Shape of the Prophetic Literature." *Int* 32 (1978): 46-55.

_____. *Introduction to the Old Testament as Scripture*. Philadelphia: Fortress Press, 1979.

Craigie, P. C. *Ezekiel*. DSB. Edinburgh, Scotland: Saint Andrew Press, 1983.

Craigie, P. C., Page H. Kelly, and Joel F. Drinkard, Jr. *Jeremiah 1-25*. WBC. Dallas TX: Word Books, 1991.

Diehl, D. W. "Righteousness." *Evangelical Dictionary of Theology.* Ed. W. A. Elwell. Grand Rapids: Baker Book House, 1984. Pp. 952-53.

Dorsey, D. A. 『구약의 문학적 구조: 창세기-말라기 주석』. 류근상 옮김. 서울: 크리스챤 출판사, 2003.

Dyer, C. H., and E. H. Merrill. 『구약탐험』. 마영례 옮김. 서울: 도서출판 디모데, 2003.

Eissfeldt, O. *The Old Testament: An Introduction.* Trans. P. R. Ackroyd. New York: Harper and Row, 1965.

Ellis, R. "이사야 40-55장에 나타난 고난 받는 종."「그말씀」(2000. 3): 70-85.

Emerding, C. E. "구약의 예언을 어떻게 이해할 것인가?"「그말씀」(1997. 6): 56-68.

Fee, G. D., and Douglas Stuart. *How to Read the Bible for All Its Worth.* Grand Rapids: Zondervan, 1981.

Fishbane, M. "Sin and Judgment in the Prophecies of Ezekiel." *Interpreting the Prophets.* Ed. J. L. Mays and P. J. Achtemeier. Philadelphia: Fortress Press, 1987. Pp. 170-87.

Green, J. B. 『어떻게 예언서를 읽을 것인가?』. 한화룡 옮김. 서울: 한국기독학생회출판부, 1987.

Greenberg, M. "The Design and Themes of Ezekiel's Program of Restoration." *Interpreting the Prophets.* Ed. J. L. Mays and P. J. Achtemeier. Philadelphia: Fortress, 1987. Pp. 215-36.

_____. *Ezekiel* 1-20, AB. New York: Doubleday, 1983.

Greidanus, S. *The Modern Preacher and the Ancient Text.* Grand Rapids: Eerdmans, 1988.

Haeussermann, F. *Wortemphang und Symbol in der alttestamentlichen Prophetie.* Giessen: Alfred Töpelmann, 1932.

Haldar, A. *Associations of Cult Prophets among the Ancient Semites.* Uppsala: Almqvist & Wiksell, 1945.

Hals, R. M. *Ezekiel.* FOTL 19. Grand Rapids: Eerdmans, 1989.

Heschel, A. J. *The Prophets.* 2 vols. New York: Harper & Row, 1962.

Howie, C. G. *Ezekiel·Daniel.* The Layman's Bible Commentaries. London: SCM Press, 1961.

Jensen, I. L. *Jensen's Survey of the Old Testament.* Chicago: Moody Press, 1978.

Kaiser, W. C. *A History of Israel.* Nashville, TN: Broadman & Holman, 1998.

Kautzsch, E., ed. *Gesenius' Hebrew Grammar.* Trans. A. E. Cowley. 2nd English ed. Oxford: Clarendon Press, 1910.

Keil, C. F. *Commentary on the Old Testament in Ten Volumes: Ezekiel, Daniel.* Reprint ed., Grand Rapids: Eerdmans, 1983.

_____. *The Prophecies of Jeremiah.* Vol. 1. Biblical Commentary on the Old Testament. Trans. D. Patrick. Grand Rapids: Eerdmans, reprint ed. 1982.

Kittel, G., ed. *Theological Dictionary of the New Testament.* Trans. and ed. G. W. Bromiley. Vols. 1-10. Grand Rapids: Eerdmans, 1964/1976.

Knight, G. A. F. 『시편 (상)』. 바클레이패턴 구약주석. 이기문 옮김. 서울: 기독교문사, 1985.

Koehler, L., and W. Baumgartner. *The Hebrew and Aramaic Lexicon of the Old Testament*. Rev. W. Baumgartner and J. J. Stamm. Trans. M. E. J. Richardson. Study Edition. 2 vols. Leiden: Brill, 2001.

Kugel, J. L. *The Idea of Biblical Poetry: Parallelism and Its History*. New Haven: Yale University Press, 1981.

Lane, D. "선지서를 어떻게 설교화할 것인가." 「그말씀」 (1997. 6): 180-88.

LaSor, W. S., D. A. Hubbard, and F. W. Bush. 『구약개관』. 박철현 옮김. 서울: 크리스챤다이제스트, 2000.

Liddell, H. G., and R. Scott, *An Intermediate Greek-English Lexicon*. Oxford, 1889.

Longman, T. *Literary Approaches to Biblical Interpretation*. Grand Rapids: Zondervan, 1987.

Mandelkern, S. *Veteris Testamenti Concordantiae Hebraicae atque Chaldaicae*. Tel Aviv: Sumptibus Schocken Hierosolymis, 1971.

Muilenburg, J. "A Study in Hebrew Rhetoric: Repetition and Style." *VT Sup*. Vol. 1 (1953): 97-111.

_____. "Form Criticism and Beyond." *JBL* 88/1 (1969): 1-18.

Oswalt, J. N. *The Book of Isaiah Chapters 1-39*. NICOT. Grand Rapids: Eerdmans, 1986.

Rendtorff, R. "*Prophētēs: nābî'* in the Old Testament," *TDNT* 6 (1968): 796-812.

_____. *The Old Testament: An Introduction*. Trans. John Bowden. Philadelphia: Fortress Press, 1986.

Roberts, J. J. M. "Isaiah in Old Testament Theology." *Int* 36 (1982): 130-43.

Robinson, G. L., and R. K. Harrison. "Isaiah." *ISBE* 2 (1982): 885-904.

Sawyer, J. F. 『이사야 (상)』. 바클레이패턴 구약주석. 장귀복 옮김. 서울: 기독교문사, 1987.

Schaefer, K. *Psalms*. Berit Olam: Studies in Hebrew Narrative & Poetry. Collegeville, MN: the Liturgical Press, 2001.

Seow, C. L. *A Grammar for Biblical Hebrew*. Nashville, TN: Abingdon Press, 1987.

Seybold, K. "הֶבֶל *hebhel*; הָבַל *hābhal*." *TDOT*. Vol. 3 (1978): 313-20.

Soderlund, S. K. "Jeremiah, Book of." *ISBE* 2 (1982): 985-91.

Sternberg, M. *The Poetics of Biblical Narrative*. Bloomington, IN: Indiana University Press, 1985.

Stuart, D. *Hosea-Jonah*. WBC. Waco, TX: Word Books, 1987.

The NIV Study Bible. Grand Rapids: Zondervan, 1985.

Thomson, J. A. *The Book of Jeremiah*. NICOT. Grand Rapids: Eerdmans, 1980.

VanGemeren, W. "Theological Systems and the Testaments: Systems of Continuity," *Continuity and Discontinuity: Perspectives on the Relationship between the Old and New Testaments*. Ed. J. S. Feinberg. Wheaton, IL: Crossway Books, 1988. Pp. 37-62.

_____. "하나님의 증인 예레미야와 예레미야서." 「목회와 신학」 (1999. 11): 198-204.

_____. *Interpreting the Prophetic Word*. Grand Rapids: Zondervan, 1990.

von Rad, G. *The Message of the Prophets*. Trans. D. M. G. Stalker. New York: Harper & Row, 1965.

Waltke, B. K., and M. O'Connor. *An Introduction to Biblical Hebrew Syntax*. Winona Lake: Eisenbrauns, 1990.

Watson, W. G. E. *Classical Hebrew Poetry: A Guide to its Techniques*. JSOT Sup 26. Sheffield, England: JSOT Press, 1986.

Watts, J. D. W. *Isaiah 1-33*. WBC. Waco, TX: Word Books, 1985.

Westermann, C. *Basic Forms of Prophetic Speech*. Trans. H. C. White. Philadelphia: Westminster/John Knox Press, 1991.

_____. *Praise and Lament in the Psalms*. Trans. K. R. Crim and R. N. Soulen. Atlanta: John Knox Press, 1981.

Wilson, R. R. "Ezekiel." *Harper's Bible Commentary*. San Francisco: Harper & Row, 1988. Pp. 652-94.

_____. *Prophecy and Society in Ancient Israel*. Philadelphia: Fortress Press, 1980.

Wood, L. J. *A Survey of Israel's History*. Grand Rapids: Zondervan, 1970.

Young, E. J. 『선지자 연구』. 정충하 옮김. 서울: 기독교문서선교회, 1989.

Zimmerli, W. "The Message of the Prophet Ezekiel." *Int* 23/2 (1969): 131-57.

_____. "The Special Form- and Tradition-Historical Character of Ezekiel's Prophecy." *VT* 15/4 (1965): 515-27.

김영재. 『한국교회사』. 서울: 한국개혁주의신행협회, 1992.

김의원. 『구약역사』. 서울: 개혁주의신행협회, 1995.

김희보. 『구약이스라엘사』. 서울: 총신대학출판부, 1981.

박윤선. 『구약주석 예레미야서 (상)』. 서울: 영음사, 1985.

_____.『구약주석 이사야서 (상)』. 서울: 영음사, 1985.

_____.『구약주석 이사야서 (하)』. 서울: 영음사, 1985.

송병현. "이사야서 연구의 과거와 현재."「그말씀」(2000. 3): 63-69.

송제근. "이사야서의 신학적 주제와 구조."「그말씀」(2000. 3): 10-23.

윤영탁 옮김·엮음. 『구약신학 논문선집』. 수원: 합신대학원출판부, 2012.

이성훈. "민족복음화와 남북통일─'두 나라가 하나가 되리라': 에스겔 37:15-28절을 중심으로." 『제44차 한국복음주의신학회 논문발표회』. 미간행 책자, 한국복음주의신학회, 2004. Pp. 202-14.

지원용 감수·엮음.『세계를 위한 목회자』. 루터선집 제9권. 서울: 컨콜디아사, 1983.

현창학. "소선지서 연구 (I): 호세아서."「신학정론」29/1 (2011): 43-72.

_____. "아모스서 연구." 「신학정론」 30/1 (2012): 37-64.

_____. "에스라·느헤미야서의 신학적 이해."「그말씀」(2005. 2): 18-26.

_____.『구약 지혜서 연구』. 수원: 합신대학원출판부, 2009.

■ 찾아보기_주제